'না' বলতে শিখুন

রেনু সরন

ডায়মন্ড বুকস

প্রকাশক	ঃ	ডায়মণ্ড পকেট বুক্স (প্রা.) লিমিটেড
		X - 30, ওখলা ইণ্ডাস্ট্রিয়াল এরিয়া, ফেজ - II
		নৃতন দিল্লী - 110 020
ফোন	ঃ	011 - 40712200
ই-মেল	ঃ	sales@dpb.in
ওয়েবসাইট	ঃ	www.diamondbooks.com

NA KAHNA SEEKHEN (BENGALI)
By: Renu Saran

বিষয় সূচী

-ঃ কেন এই পুস্তকের অবতারণা ঃ-

'না' বলাটা যদি আপনার কাছে কঠিন কাজ হয় তবে বেশীর ভাগ সময়ে অন্যের ইচ্ছা মতন আপনাকে এমন কাজ করতে হবে যা আপনি মন থেকে করতে চান না। ঐই প্রক্রিয়া যদি ক্রমাগত চলতেই থাকে তবে যেন কোন ব্যক্তির মনে ঝঞ্ঝাট বোধ এবং হতাশার সৃষ্টি হতে পারে, যার ফলে বন্ধুত্বের সম্পর্ক বা যে কোন সম্পর্কই তিক্ত হয়ে উঠতে পারে। না বলতে পারলে আপনার মনে হবে যে, আপনার নিজের সময় ও জীবনের প্রতি আপনার কোন রকম নিয়ন্ত্রণ নেই।

আপনি যখন 'না' বলতে সংকোচ বোধ করবেন তখন চারদিকে এমন পরিস্হিতির সৃষ্টি হবে যে আপনার চতুর্দিকে জল পড়ছে অথচ আপনি কল বন্ধ করতে পারছেন না। যদি কাউর অনুরোধের জবাবে আপনি না বলতে চান অথচ 'না' এর পরিবর্তে যদি আপনার মুখ থেকে 'হ্যাঁ' বেরিয়ে যায় তবে আপনার ভেতরে একটা চাপও ক্ষোভের ভাব জমাবে এবং সেই ক্ষোভ উত্তরাত্তর বৃদ্ধি পাবে। এতে আপনার শরীরের উপরেও বিপরীত প্রভাব পড়তে পারে এবং সর্বপ্রথম মাথার ফত্রণা রূপে সেই প্রতিক্রিয়া ব্যক্ত হবে। 'না' বলার অর্থ হল জল নির্গত কলের মুখ বন্ধ করে দেওয়া এবং বাইরের চাপের ধারা বন্ধ করে দেওয়া। আপনি কি করবেন তা নির্ণয় করার ক্ষমতা আপনার নিজের হাতেই আছে এবং এতে করে আপনার সময় ও জীবনের উপর নিয়ন্ত্রণ বজায় থাকে। সরাসরি না বলতে পারলে তার ভেতর থেকে আপনার আত্মবিশ্বাস প্রকাশিত হয়।

যে সমস্ত ব্যক্তিরা না বলতে সংকোচ বোধ করে তাদের মনে বিভিন্ন ধারণার সৃষ্টি হয়। তারা জানে যে ভালো লোকেদের কর্তব্যই হল অপরের কাজ করা, না বলার মানে হল স্বার্থপরতা, লোকেরা তাদের কাছে খুবই গুরুত্বপূর্ণ, তাই কখনই না বলা উচিত না, যদি আমি না বলি তবে অন্যেরা আহত, মনক্ষুন্ন হবে এবং অপমানিত বোধ করবে ও

আমাকে পছন্দ করবে না। যদি আপনার মনে এমন ধারণা থেকে থাকে তবে শীঘ্র তা বদলানোর প্রয়োজন, তা না হলে আপনার বেঁচে থাকা সংকট জনক হয়ে উঠতে পারে।

সাধারণত মানুষের চিন্তা ধারায় দুটি ভ্রান্তির সৃষ্টি হয় বলেই মানুষ না বলতে সংকোচ বোধ করে। প্রথম ভ্রান্তি হল–আপনার মনে হয় যে কোন ব্যক্তির অনুরোধে না বললে তাকে সরাসরি তিরস্কার করা হয়। দ্বিতীয় ভ্রান্তি হল–আপনার মনে হতে পারে যে, সামনের লোক আপনার 'না' এত সহজে স্বীকার করতে পারবেনা। কিন্তু প্রকৃত সত্য হল, যদি সঠিক উপায়ে সততার সাথে না বলা যায় তবে যে কোন ব্যক্তি খুশী মনে তা স্বীকার করে নিতে পারে। অনেক সময় এই ভাবে 'না' বলতে পারলে সম্পর্কের গভীরতা আরোও বৃদ্ধি পায়, কারণ যখন আপনি সততা বজায় রাখেন তখন আপনার সামনের লোকও খোলা মনে নিজের মনের ভাব ব্যক্ত করতে পারে এবং ভবিষ্যৎ-এও সে খোলা মনে আপনার কাছ থেকে সাহায্য প্রার্থনা করে থাকে।

প্রথমবার 'না' বলতে গিয়ে একটু অসুবিধা বোধ হতে পারে। তার পর অভ্যাস করতে থাকলে 'না' বলার অভ্যাস বিকশিত হতে থাকে। ভিন্ন-ভিন্ন পরিস্হিতিতে না বলার জন্য ভিন্ন-ভিন্ন টেকনিকের প্রয়োজন হয়। এই বইতে কিভাবে না বলবেন সে ব্যাপারে অতি সূক্ষ্ম বিচার দেওয়া আছে এবং সেই সঠিক উপায়ও বলে দেওয়া হয়েছে, যেগুলি প্রয়োগ করে সে কোন ব্যক্তি দৈনন্দিন জীবনে না বলতে সক্ষম হবে এবং এই পরম্পরা চলতেই থাকবে, ফলে তার জীবনও আনন্দময় হয়ে উঠবে।

ভালো মানুষ আশীর্ব্বাদ
না অভিশাপ

যে সময় চতুর্দ্দিকে শুধু আক্রমণের খবর এবং হিংসার তাণ্ডব, সেই রকম সংকটের মুহূর্তে সমাজে কিছু ভালো লোক আছে তা ভাবতেও ভালো লাগে। আমাদের পরিবেশকে শালীন ও আনন্দময় করে তোলার প্রয়োজন নেই কি? এই রকম পরিস্হিতিতে একটু কম ভালো করার যুক্তি দেওয়ার অর্থ কি হতে পারে?

চতুর্দ্দিকে আক্রমণ বৃদ্ধি পাওয়ার একটা প্রধান কারণ এই হতে পারে যে, আমরা প্রয়োজনের তুলনায় একটু বেশী ভালোতে বিশ্বাস করি। যখনই আমরা আহত হই, তখনই কেউ আমাদের সাথে খারাপ ব্যবহার করে এগিয়ে যায়, আমরা অপরকে সুযোগ নিতে দিই, এবং অপরের সামনে নিজেদের সুখ-শান্তি বর্জন করে দিয়ে প্রয়োজনের তুলনায় নিজেকে

বেশী ভালো প্রমাণ করতে চাই। শান্তি বজায় রাখার জন্য এবং অশান্তিকর পরিবেশকে এড়িয়ে যাওয়ার জন্য আমরা যত বার সব কিছু স্বীকার করতে রাজী হয়ে যাই, যতবার অপরের চাপ স্বীকার করে নিই, ততবার নিজের ভেতরে অসন্তোষ এবং ক্রোধের মাত্রা বৃদ্ধি পায়, এর থেকেই পরে বিস্ফোরণের সৃষ্টি হয়।

যখন আমরা নিজেদের বিচারও অভিজ্ঞতাকে প্রভাবশালী ঢঙে ব্যক্ত করতে অসমর্থ হই তখন তার ফল আমাদেরই ভোগ করতে হয়। আমাদের অন্তরের জগৎকে বাইরে সর্ব সমক্ষে পেশ করতে না পারা যে অক্ষমতা সেই কারণেই আমাদের ভালোমানুষি আশির্বাদের পরিবর্তে অভিশাপ হয়ে দাঁড়ায়।

আমরা সকলেই জানি যে, আমরা যে পরিবেশে থাকি তার ভিত্তিতেই আমরা তৈরী হই। ছোট থেকেই শেখানো হয় যে, সকলের কাজ করে দিলে নিজেকে ভালোমানুষ হিসাবে প্রতিষ্ঠিত করা যায়। ভালো কিছু করলে তবেই ভালো কিছু পাওয়া যায়। সর্বদা আমাদের অপরের উপকার করা উচিত। এই ধরণের ভালো বিচার গুলিকে কখনই খারাপ বলা যায় না, এবং আপনি ভালো হবেন না, এমন পরামর্শও আপনাকে দিচ্ছি না।

নিম্নে কিছু বিষয় দেওয়া হল, এই ব্যাপারে এই বিষয়টি আপনার পরিচিত বলে মনে হতে পারে ঃ

নীরা চায়ের কাপ নিয়ে আরাম করে সোফার উপর বসা মাত্রই ফোনটা বেজে ওঠে।

"হ্যালো, নীরা আমি রুচি বলছি। আমি জানি এখন তুমি একটু খালি আছো, কারণ বাচ্চারা স্কুলে চলে গেছে এবং তোমার স্বামী অফিসে বেরিয়ে গেছে। এখন তুমি ঘরে একা বসে আছো, আমার মাথায় একটা ভালো আইডিয়া এসেছে, শহরে জুয়েলারীর মেলা লেগেছে। তুমি তোমার গাড়ী নিয়ে চলে এসো, তোমার সাথেই যাব। আসলে আমি নিজের গাড়ী নিয়ে যেতে পারতাম কিন্তু ওটা একটু পুরানো হয়ে গেছে। আমি ভাবছি, তোমার গাড়ী নিয়ে গেলেই ভালো হবে। আধ ঘটার মধ্যে চলে এসো, ঠিক আছে ?"

"রুচি আমি এখন কিছু করছি না ঠিকই কিন্তু আমার কিছু বিষয় পড়ার আছে এবং কিছু ঘরের কাজও আছে..."

"আরে, আদ্যি কালের কথা বল না তো, সব সময় ঘরে বসে থাকলে

দম বন্ধ হয়ে আসবে। ঘর থেকে একটু বাইরে বেরোলে সতেজতা বোধ করবে। অন্য য কোন সময় পড়তে পারো, আমি কিছু শুনতে চাইনা। তুমি আসছো...।"

নীরার ইচ্ছা না থাকলেও সে জুয়েলারী সেলে যেতে বাধ্য হয়। সে সরাসরি না কেন বলল না ? এটা এমন কিছু কঠিন শব্দ না, কিন্তু নীরার পক্ষে 'না' বলাটা মাউন্ট এভারেস্টে চড়ার থেকেও কঠিন কাজ।

একই ভাবে নিজের প্রসঙ্গটির দিকেও লক্ষ্য করুন ঃ

"রীতেশ! অফিস থেকে বেরানোর আগে তোমার সাথে দেখা হয়ে গেলো। কোন একজনকে অফিসে একটু অপেক্ষা করতে হবে, একটা জরুরী ফ্যাক্স আসবে। আমার মনে হয় তোমার একটু অপেক্ষা করা উচিত।"

"কিন্তু স্যার আজ আমার স্ত্রীর জন্মদিন। আমাকে একটু তাড়াতাড়ি বাড়ী যেতে হবে।"

"বৌয়ের চাকরের মতন কথা বলছো কেন ? তোমার কাছে কেরিয়ার বেশী জরুরী নাকি বৌয়ের জন্মদিন ?"

"ও খুবই দুঃখ পাবে। আমি ওকে নিরাশ করতে চাইনা।"

"এ তুমি কি রকম কথা বলছো রীতিশ ? তুমি তো কখনও এমন ছিলে না। আমি তো তোমাকে কাজের ছেলে বলেই জানতাম, আর তোমাকে প্রোমোশান দেওয়ার কথাও ভাবছিলাম।"

"ঠিক আছে স্যার, আমি স্ত্রীকে ফোন করে জানিয়ে দিচ্ছ যে আমার বাড়ী পৌঁছাতে দেরী হবে।"

"আরে এটাই তো চেয়েছিলাম, আমি জানি তুমি খুবই কাজের ছেলে।"

বাড়ী ফিরে রীতেশকে অভিমানী বৌয়ের সম্মুখিনতা করতে হয়।

এই প্রসঙ্গটি দেখুন ঃ

"স্যুপটা খুবই ঠাণ্ডা, আমার মনে হয় কাউকে এটা গরম করতে বলা উচিত।"

"পার্টিতে এত লোক আছে, একা তুমিই স্যুপ নিয়ে সমস্যা করে চলেছো।"

"কিন্তু বাবা..."

"একটু ম্যানার তো শেখা উচিত। লোকে কি ভাববে ?"

"এটা ঠাণ্ডা..."

"আমার কথা ভেবে একটু বিড়বিড় করা বন্ধ করা"

"ঠিক আছে।"

এই ব্যক্তি নিজের রাগ দমন করে ঠাণ্ডা স্যুপ পান করে।

এবার এই প্রসঙ্গ দেখুন ঃ

"জীনত, তোমাকে কি সুন্দর লাগছে।"

"মামা, আমি তোমার দেওয়া চুড়িদার পরেছি।"

"এসো, আমার কাছে এসো।"

"মামা, আমি না তোমার ভগ্নি।"

"তুমি যুবতী, সুন্দরী, যৌবন জীবনে একবারই আসে।"

"কিন্তু..."

"কেউ কিচ্ছু জানতে পারবে না জীনত্। এসো, আর সময় নষ্ঠ করনা।"

"ঠিক আছে মামা..."

এইভাবেই শুরু হয় কোন অবৈধ সম্পর্ক।

এই প্রসঙ্গটা দেখুন ঃ-

"লীলা মার্কেটিং হয়ে গেলে আমার ঘরে এসো।"

"কিন্তু স্যার, মার্কেটিং, এর পর তো আমি নিজের ঘরে গিয়ে শোব।"

"আমি অফিশিয়াল ট্যুরে তোমাকে সঙ্গে করে কেন এসেছি ?"

"আপনার ধারণাটা ভুল, আমি সেরকম মেয়ে নই।"

"তুমি চাকরি করতে চাও কি না ?"

"ঠিক আছে স্যার, আমি আসব।"

এই ভাবে একটা অসহায় মেয়ে বসের সাথে রাত কাটাতে বাধ্য হয়।

এই প্রসঙ্গ দেখুন ঃ-

"সুইটি, আমি সীমা বলছি।"

সীমা, তুমি ডিনারে আসছো তো ?

"সুইটি, এই ব্যাপারে কথা বলার জন্য আমি তোমাকে ফোন করেছি। আমার মার শরীর খারাপ, সেই কারণে আমি ডিনারে যেতে পারবনা আমি খুবই দুঃখিত, কিন্তু তুমি তো জানো..."

"আচ্ছা, ঠিক আছে। আমি সব তৈরী করে রেখেছিলাম, কিন্তু তোমার অসুবিধা আছে, কি করা যাবে।"

"তুমি কিছু মনে করলে না তো ?"

"না না কোন ব্যাপার না, আমি কিছু মনে করিনি।"

"ঠিক আছে, আমি তোমাকে পরে ফোন করব, বাই।"

সুইটি রাগ করে ফোন রেখে দেবে, আর কয়েক ঘণ্টা ধরে রান্না করার সময় নিজেকেই ভালো-মন্দ বলতে থাকবে।

এবার এই প্রসঙ্গটি দেখুন ঃ-

"রাজু, একটা টান দিয়ে দেখ না।"

"আমি সিগারেট খাই না।"

"কি বলছিস ? পুরুষ হতে চাস না কি ?"

"না, আমি সিগারেটের ধোঁয়া পছন্দ করি না ?"

"যারা হোস্টেলে প্রথম আসে তারা এই রকমই বলে। আরে একটু তো চেখে দেখ্‌।"

"ওয়ার্ডস দেখে না ফেলে...."

"ও শুয়ে পড়েছে। নে নে..."

একটা ভালো ছেলে নেশার পথে পা রাখতে বাধ্য হয়।

খুবই সামান্য কিছু প্রসঙ্গের দ্বারা আমরা এটা বুঝতে পারছি যে, মানুষ ভালো থাকার জন্য কতটা আত্মাহুতি দিতে পারে এবং নিজের ক্ষতি ডেকে আনতেও পিছ পা হয়না।

যখন এই ধরণের লোকেদের ভেতরের গোমরানি বিস্ফোরনের আকার ধারণ করে তখন তারা নিজেদের আহত করে আর তার পর পুণরায় খোলকের মধ্যে ঢুকে ভালো সেজে যায় এবং এমন একটা ভাব দেখায় যে এগুলি খুবই সাধারণ ব্যাপার।

এই ধরণের লোকেরা নিজেদের পূর্ব-ধারণার কারণে ভালো হয়ে থাকার ব্যাপারে খুবই আস্থাশীল। তারা অপরকে দেওয়ার ব্যাপারে বিশ্বাসী। এই ধরণের লোকের কাছ থেকে যে যা চায় তারা সেটাই দিতে স্বীকার করে। নিজেদের ভালোর জন্য তারা বিরোধ করতে শেখেনি।

জবরদস্তি কোন কাজ করতে তাদের কতটা অসুবিধা হয় তা তারা কাউকে বলতে চায়না। তারা মনে করে তা বললে অপরে আহত হতে পারে এব অন্যরা তার উপর রাগও করতে পারে। বিরোধীতা করলে বন্ধুত্ব নষ্ট হয়ে যেতে পারে, পারিবারিক সম্পর্কে তিক্ততা বৃদ্ধি পেতে পারে, এই সব ভয় সর্বদাই তাদের গ্রাস করে। সকলে তার প্রতি বিরক্ত হবে এমন ভয় তাকে বিব্রত করে ফলে পরিস্হিতি নিয়ন্ত্রণের বাইরে চলে যায়। এই ধরণের ভালো মানুষরা সব সময় পরিনামের ভয় পায়, আর এই ভাবেই জীবনে তাদের ভূমিকা সীমিত থেকে যায়। এই ধরণের

ভালো মানুষি তাদের কাছে অভিশাপে পরিণত হয়।

যারা প্রয়োজনের তুলনায় ভালো হয় তারা না বলতে সংকোচ বোধ করে। এই ধরণের লোকেরা না বলতে জানে না। তারা মনে করে না বলা অনুচিত হতে পারে, অপমানজনক হতে পারে, অমানবীয় হতে পারে। তাই তারা না বলতে সংকোচ-বোধ করে, আসল সত্যি হল, নিজের ভালো স্বভাব কে ব্যক্তি ইচ্ছা করলেই কলায় রুপান্তরিত করতে পারে এবং নিজের ইচ্ছা মতন 'না' বলতেও শিখতে পারে।

যখন কোন ব্যক্তি নিজের ব্যবহারে পরিবর্তন আনতে শিখে যায় তখন পরিস্হিতির উপরেও তার নিয়ন্ত্রণ বৃদ্ধি পায়। সে নিজের আবেগ থেকে মুক্ত হয়ে নির্ণয় করতে শিখে যায়। অনিশ্চিত আবেগই মানুষকে অসহায় ও দুর্বল বানিয়ে দেয়। তাই নিজের ব্যক্তিত্বকে সম্পূর্ণ রূপে পরিবর্তন করার কোন প্রয়োজন হয়না। আপনার সামনে যে বিকল্প পথ আছে তা ভালো ভাবে পরখ করে নতুন বিকল্পের অন্বেষণ করুন এবং এই ভাবেই নিজের ব্যবহারে পরিবর্তন আনতে পারেন।

ভালো মানুষরা বেশীর ভাগ ক্ষেত্রেই অত্যন্ত ভদ্র, বোঝদার, সহানুভূতিশীল এবং উদারচেতা হয়ে থাকে। তার জানে যে অপরকে সাহায্য করাটা কতটা গুরুত্বপূর্ণ এবং এই কারণেই তারা সকলের প্রতি সহানুভূতিশীল হওয়াটাকে জরুরী বলে মনে করে। এরা গর্বের সাথে সকলকে স্বাগত জানায় এবং কাউর কাজই করতে সংকোচবোধ করে না।

একটু কম ভালো হওয়ার অর্থ এই নয় যে মানুষ উপরোক্ত গুণ গুলিকে বর্জন করবে, এই গুণ গুলি পৃথিবীকে সুন্দর করে তোলে তা ভুললে চলবে না। কম ভালো হওয়ার অর্থ হল, নিজের ভালো-মন্দের দিকেও নজর দেওয়া, এটা বর্তমান দিনের জন্য খুবই জরুরী।

প্রারম্ভিক সূত্র

'প্রারম্ভিক সূত্র' আপনার কাছে একটা পরীক্ষার মতন, বেশী ভালো মানুষির জন্য আপনার নিজের কতটা ক্ষতি হয় সেই ব্যাপারে আপনার অন্তরদৃষ্টি ও সচেতনতা বৃদ্ধি পাবে। এই সমস্যা এতটাই জটিল যে আপনি যার জন্য অসহায় বোধ করছেন সেই তত্ত্ব চিনতে পারা আপনার কাছে অসুবিধাজনক হয়ে উঠবে। অন্য দিকে, ভালো হওয়া আপনার কাছে বিরাট কোন সমস্যা না হলেও তার থেকে ছোট-ছোট কিছু বিভ্রান্তির সৃষ্টি হতেই পারে, এগুলিকে সম্পূর্ণ রূপে এড়িয়ে চলা সম্ভব না।

আপনাদের মধ্যে কেউ কেউ ভাবতে পারেন যে, এটা অত্যন্ত জটিল সমস্যা, কিন্তু বাস্তবে এটি এতটা জটিল নয়। আপনার ব্যবহারের এমন কিছু দিক আছে যা আপনার হিতের জন্য প্রতিকূল হতে পারে এবং এই

ব্যাপারটা আপনিওখুবই ভালো-মতন জানেন।

এই ব্যাপারটি অত্যন্ত সহজ ভাবে বোঝানোর জন্যই এই বইয়ের অবতারণা এবং আপনি এর সাহায্যে নিজের ব্যবহারকে অতি সহজেই অনুসন্ধান করতে পারবেন ঃ

● যে ভাবে আপনি নিজের ভালো মানুষির প্রকাশ করেন।

● আপনার গ্রহণশীল ব্যবহারে প্রারম্ভিক সূত্র।

● যে আবেগ আপনাকে সীমিত এবং সংকীর্ণ করে রেখেছে।

এই বইতে আপনার ব্যবহারের বিভিন্ন দিকের উপর আলোকপাত করা হবে, এই ব্যাপারে একটা স্তরে আপনি পরিচিত থাকতে পারেন কিন্তু তা বোঝার ব্যরপারে আপনার সমস্যা হতে পারে।

এই কারণে আমি আপনাকে যতটা সম্ভব অভ্যাস করার ব্যাপারে প্রেরিত করতে চাই এবংআমার পরামর্শ হল পরবর্তী অধ্যায়ে যে অভ্যাসের কথা ও প্রশ্ন বলা আছে তা পড়ে আপনার মধ্যে কি ধরণের আবেগ, বিচার ও টিপ্পনীর সৃস্টি হচ্ছ তা একটা ডায়রিতে লিখতে থাকুন।

এই বইতে আপনার বিচার গুলি যাতে নতুন গতি পায় সেই চেস্টাই করা হয়েছে, এইভাবে অপরের ব্যাপারে প্রয়োজনের তুলনায় বেশী ভালো মানুষি করার ক্ষেত্রে আপনার ভেতরে নতুন চিন্তার সৃস্টি হবে।

মানুষ হিসাবে আমরা যে পরিবেশে থাকি সেখান থেকেই আমরা ব্যবহার শিখি এবং যদি সচেতনতার সাথে চেস্টা করা যায় তবে শেখা ব্যবহারও সংশোধন করা সম্ভব। এই বইয়ের বিভিন্ন অধ্যায়ের মধ্যে দিয়ে যাওয়ার সময় নিজের বিচার এবং মান্যতা গুলিকে তীক্ষ্ণ করে তুলতে পারবেন এবং আপনার ভালে মানুষি আপনার জন্য অভিশাপের পরিবর্তে আশীর্ব্বাদ হয়ে উঠবে।

আপনি কি প্রয়োজনের তুলনায় বেশী ভালো মানুষ

আপনি একজন বিখ্যাত গায়কের অনুষ্ঠান দেখার টিকিট পেয়েছিলেন কিন্তু আজ রাতেই শাশুড়ির জন্মদিনের অনুষ্ঠানেরও নিমন্ত্রণ রয়েছে। **আপনি কি করবেন ঃ**

● আপনি আপনার শাশুড়ির জন্মদিনের অনুষ্ঠানে যাবেন, এই শো-এর কথা মুখে আনবেন পর্যন্ত না কিন্তু মনে-মনে কষ্টবোধ করবেন।

● আপনি শাশুড়িকে ফোন করে মিথ্যে বলে দেবেন যে, অফিসে অনেক রাত পর্যন্ত কাজ করতে হবে।

● আপনি আপনার শাশুড়িকে সরাসরি জানিয়ে দেবেন যে আপনার পছন্দের শিল্পীর শো চলছে, আপনি তাতে যাবেন বলে ঠিক করে ফেলেছেন এবং পরের দিনের শাশুড়ির জন্মদিনে নিমন্ত্রণ খেতে যাবেন।

আপনার প্রতিবেশী আপনারই এক বন্ধু এক সপ্তাহের জন্য সপরিবারে শহর থেকে বাইরে যাওয়ার সময় আপনাকে তার পালিত কুকুরটি দেখাশোনা করার জন্য অনুরোধ করে। কুকুরের প্রতি আপনার কোন অনীহা নেই ঠিকই কিন্তু কুকুর পরিষ্কার-পরিচ্ছন্ন করার ব্যাপারে আপনার অনীহা আছে।

এমন অবস্থায় আপনি কি করবেন ঃ

● আপনি কি বলবেন যে, অসুবিধার কিছু নেই, কুকুরটা কে আপনি সঙ্গে করে নিজের বাড়ীতে নিয়ে আসবেন এবং সম্পূর্ণ মেঝে জুড়ে খবরের কাগজ বিছিয়ে দেবেন কি ?

● আপনি কি বলবেন যে, এতে অসুবিধার কিছুই নেই কিন্তু এক সপ্তাহ ধরে মিস্ত্রী আমার ঘর মেরামত করবে আর এমন অবস্থায় কুকুরটিকে ঠিক মতন দেখাশোনা করা সম্ভব হবে কি করে ?

● আপনি কি সত্যি কথা বলে দেবেন, পরিষ্কার পরিচ্ছন্নতার দিকে খেয়াল রাখতে পারবেন না।

আপনি আপনার নব বিবাহিত স্ত্রীর সাথে বেডরুমে আছেন এবং সহবাসের আগে চুম্বন, আলিঙ্গন প্রভৃতি উপাচার পালন করছেন, আপনি চান যে আমার স্ত্রী আপনাকে উত্তেজিত করার জন্য এমন কিছু করুক যাতে আপনি উতলা হয়ে ওঠেন।

সে ক্ষেত্রে আপনি কি করবেন ঃ

● শুয়ে থাকবেন এবং স্ত্রীকে নিজের মর্জীর উপর ছেড়ে দেবেন ?

● আপনি নিজেই সেই আশায় এমন কাজ করবেন কি যা আপনার স্ত্রীও অনুকরণ করবে।

● আপনি কি স্ত্রীকে সেই ক্রিয়া সম্পর্কে নিজেই বলে দেবেন ?

আপনি কম্প্যুটার সম্পর্কে যথেষ্ট অভিজ্ঞ। নিজের অফিসে আপনি

কম্প্যুটারে কোন সহকর্মীর ব্যক্তিগত কাজ করে দিয়েছেন। এখন এই সহকর্মী বার-বার নিজের কাজ নিয়ে আপনার কাছে আসে এবং এর ফলে আপনার কাজ মাঝ পথে বন্ধ হয়ে যায় যার ফলে ছুটির পর আপনাকে অনেকক্ষণ অফিসে কাটাতে হয়।

আপনি কি করবেন ঃ

● তাকে দেখে হেসে বলবেন কি যে, তাকে সাহায্য করতে আপনার কোন সমস্যা নেই এবং তার কাজ সম্পূর্ণ করার জন্য ছুটির পর দু-ঘন্টা অফিসে থাকবেন।

● আপনি কি তাকে বলবেন যে, কম্প্যুটারে কিছু সমস্যা দেখা দিয়েছে এবং বেশ কিছু অসম্পূর্ণ কার্য সম্পূর্ণ না হওয়ার ফলে আপনি তার কাজ করতে পারবেন না ?

● আপনি কি তাকে পরিস্কার জানিয়ে দেবেন যে, আপনি একবার তাকে সাহায্য করেছেন ঠিকই, কিন্তু বার-বার তার কাজ করা আপনার পক্ষে সম্ভব না।

উপরে যে প্রসঙ্গগুলি দেওয়া হয়েছে কিভাবে সেগুলিকে পরিণত রূপে দেওয়া যায় সে ব্যাপারে আমাদের একটা দ্বিধা থেকেই যায়। আপনি যদি জানেন যে আপনি প্রয়োজনের তুলনায় বেশী ভালো মানুষ তাহলে হয় তো আপনি প্রথমও ও দ্বিতীয় সমাধানটাই নির্বাচন করতে চাইবেন এবং তা করার আগে আপনি অনেক সময় জুড়ে ভাবনা-চিন্তা করে নেবেন। এবং আপনি এটাও কল্পনা করতে পারেন যে, আপনি যদি দৃঢ় এবং শক্তিশালী হতেন তবে অবশ্যই তৃতীয় সমাধানটি নির্বাচন করতে পছন্দ করতেন। কিন্তু এটাও সঠিক নয়।

মানুষের ব্যবহারের ক্ষেত্রে কোন নিধারিত সঠিক ও ভুল উপায় থাকতে পারে না। এমন কোন ফর্মূলা বা রাস্তা নেই যার উপর আপনি সর্বদা সব রকম পরিস্হিতিতে নির্ভর করতে পারেন। আকাশ থেকে এমন কোন সমাধান সূত্র ঝরে পড়ে না, যার ভিত্তিতে আপনি ঠিক করতে পারেন যে আপনি সঠিক পথে পা বাড়াচ্ছেন কিনা।

পরবর্তী অধ্যায়ে আপনি জানতে পারবেন যে ব্যবহার সম্পর্কিত

পরিবর্তনের ক্ষেত্রে আপনি কিভাবে নিপুণ হয়ে উঠতে পারেন। গ্রহণশীল প্রাণী রূপে আপনার ভেতরে সম্ভবত এই ব্যাপারটি নিয়ে যথেষ্ট উতলতা আছে যে আপনার জীবন কিভাবে অতিবাহিত করা ঠিক হবে। অপরের সাথে ব্যবহার বা কথা-বার্তা বলার ব্যাপারে পরিবর্তন আনার ক্ষেত্রে সফল হচ্ছেন এমন বোধ না করলে আপনি নিজেই আত্ম-সমালোচক হতে পারেন। এমন অবস্থায় আপনি নিজের অসফলতার কারণ অনুভব করতে পারবেন।

এমন কোন চিন্তা যা আপনার অসফলতা বৃদ্ধি করবে তাকে বলশালী করে তোলা এই বইয়ের উদ্দেশ্য নয়। সরাসরি পথে সর্বদা সঠিক প্রক্রিয়ার ব্যবহার করা যায় এবং ভুল প্রক্রিয়ার ব্যবহার সর্বদা বাঁকা পথে এবং দুর্বল ভাবে হয়ে থাকে।

"এই বই আপনাকে সোজা পথ দেখাবে না, বরং অন্য পথ অন্য বিকল্পের সাথে দেখাবে। কোন পরিস্থিতিতে কোন পথটা গ্রহণ করা ঠিক হবে তা নির্বাচন করার অধিকার সর্বদাই আপনার।"

"ভালো" শব্দটির প্রয়োগ জেনে বুঝেই করা হচ্ছে যা সেই ব্যবহারকে পরিভাষিত করে যার জন্য ব্যক্তি নিজের ব্যক্তিত্ব, নিজের আকাঙ্খা এবং লক্ষ্যের থেকে অনেক দূরে চলে যায়। কিন্তু 'ভালো' মানুষি দ্বারা প্রেরিত ব্যবহার সর্বদা ভুলই হবে তার কোন মানে নেই। এই বইতে সেই বিষয়ের চর্চা করা হয়েছে যে, আপনি নিজের ভালোর জন্য কিভাবে 'ভালো মানুষির' দ্বারা প্রেরিত হয়ে নিজের ব্যবহারে তা প্রকাশ করবেন।

ভালো হওয়া দোষের নয়। অপরের সাথে ব্যবহারের এটাই আদর্শ উপায় হতে পারে কারণ এই ধরণের ব্যক্তিরা সংবেদনশীল, বিচারবান, সহমর্মি, বোঝদার এবং অপরের প্রয়োজন বোঝার মতন ক্ষমতা রাখে, নিজেদের মধ্যে একতা, সহমত এবং খুশী বজায় রাখার জন্য ভালো হওয়া অত্যন্ত গুরুত্বপূর্ণ গুণ বলে প্রমাণীত হতে পারে।

কিন্তু, যখন আপনি প্রয়োজনের তুলনায় বেশী ভালো হয় যান, প্রয়োজনের তুলনায় বেশী বিচারবান, যখন সব কথাই মেনে নিতে থাকেন তখনই সমস্যার সৃষ্টি হয়। যখন আপনি ঠিক করতে পারেন না যে,

আপনার ব্যবহার কি রকম হওয়া উচিত এবং আলাদা রকম ব্যবহার করেও আপনি ভালো হয়েই থাকতে পারেন, তখনই সমস্যার সৃষ্টি হয়। এই রকম পরিস্থিতিতে এই শব্দ দুর্বলতা, না বলা হতাশা, অবসাদ এবং অশান্তির প্রতীক হয়ে থেকে যায়।

যে ক্ষেত্রে শালীনতা, বিনম্রতা এবং মর্যাদা দেওয়া আবশ্যক হয়ে ওঠে সেক্ষেত্রে অবশ্যই 'ভালো' ব্যবহার করা উচিত। কিন্তু যখন আপনার সাথে ছলনা করা হয়, আপনাকে শোষণ করা হয়, আপনার ভালো মানুষির সুযোগ নেওয়া হয়, আপনাকে তিরস্কার করা হয়, সোজা কথায় যখন আপনার ভালোমানুষির সদ্ব্যবহার করা হয়, সেক্ষেত্রে সাহসী এবং স্পষ্টবাদী হওয়াটা খুবই জরুরী। কিন্তু, অন্যেরা পছন্দ করবেনা, অপমানিত বোধ করবে বা অসন্তুষ্ট হবে এই ভেবে যদি আপনি ভয় পান তাহলে বলব আপনি নিজের ভালো বোঝেন না, এই পরিস্থিতিতে 'ভালো' ব্যবহার নিশ্চিত রূপে অভিশাপ হয়ে দাঁড়ায়।

যে সমস্ত লোকেরা প্রয়োজনের তুলনায় বেশী ভালো হয় এই ধরণের পরিস্থিতিতে তারা এটাই বিশ্বাস করে যে, তাদের কাছে অন্য কোন পথ খোলা নেই। তারা ভাবে, "আমি এমনি, আর আমি কখনই নিজেকে বদলাতে পারব না।" তাদের পরিস্থিতি খুবই খারাপ হয় কারণ তারা নিজেদেরকে সমস্যার হাত থেকে বাঁচানোর জন্য বিকল্প উপায় গ্রহণও করে না বা গ্রহণ করার কথা তাদের মাথাতেও আসেনা।

অনেক সময় আমরা এমন কাজ করি যা আমাদের করা উচিত নয়। সামাজিক প্রাণী হিসাবে এই ধরণের কাজ আবশ্যক হয়ে ওঠে। বিভিন্ন রকম গোষ্ঠীর মধ্যে আমাদের জীবন যাপন করতে হয়–পরিবার, সংসার, কার্য-ক্ষেত্র, প্রতিবেশী...শহর, জেলা, দেশ ইত্যাদি। অনেক সময় এমনও পরিস্থিতির সৃষ্টি হতে পারে যখন আমাদেরকে সমাজের ব্যাপকতর স্বার্থের জন্য নিজেদের ইচ্ছা বা প্রয়োজনকে দমন করতে হয়।

এর অর্থ হল কোন একদিন আপনাকে অনেক দেরী পর্যন্ত অফিসে থেকে পত্রের জবাব লেখার জন্য নিজের অফিসারকে সাহায্য করতে হতে

পারে, সেদিন তাড়াতাড়ি বাড়ী পৌঁছে বৌয়ের হাতের গরম চা পান করার সৌভাগ্য হয়না, এর অর্থ হল কোন একদিন পাড়ার লোকেদের সাথে একত্রিত হয়ে বন্যা পীড়িতদের জন্য আপনাকে চাঁদা একত্রিত করতে হতে পারে, বিভিন্ন জায়গায় ঘুরে-ঘুরে লোকেদের থেকে টাকা চাইতে আপনার ভালো নাও লাগতে পারে।

আপনি কোন একদিন আপনার প্রিয় টি.ভি. প্রোগ্রাম ছেড়ে বৌয়ের সাথে ঘরের জন্য পর্দা কিনতে যেতেই পারেন, কোন একটা রবিবার ঘরে শুয়ে আরাম না করে অসুস্থ আত্মীয় কেমন আছে তা জানতে যেতেই পারেন। কোন একদিন আপনার ছেলের স্কুলের আয়োজিত 'প্যারেন্টস টিচার মিটিং'-এ অংশ নেওয়ার জন্য অফিসে হাফ ছুটি করতেই পারেন, কোন একদিন সকালে ব্যয়াম না করে বন্ধুর দাম্পত্য জীবনের ঝগড়া মিটমাট করতে যেতেই পারেন।

এই সমস্ত কাজ গুলির জন্য আপনাকে খুব বেশী সমস্যার সম্মুখীনতা করতে হয়না, হয়তো আপনি ভাবতে পারেন আপনাকে একটা কাজ ছেড়ে অন্য আর একটা কাজ করতে হচ্ছে, কিন্তু একটা কথা জেনে আপনি খুবই খুশী হবেন যে, একটা বিরাট ভালোর জন্য আপনাকে খুব সামান্যই ত্যাগ করতে হচ্ছে, আর এই ভাবেই আপনি নিজের পরিবার, বন্ধু ও সমাজের সাথে একটা প্রগাঢ় সম্পর্ক তৈরী করতে সফল হন। এই ধরণের কাজ থেকে সৃষ্ট জটিলতা অপরের প্রসন্নতা দেখে দূর হয়ে যায় এবং আপনি অনুভব করতে পারেন যে, আপনি নতুন রূপে একটা ভালো কাজ শুরু করতে পারছেন। এই ভাবে আপনার আত্মবিশ্বাস মজবুত হয়ে ওঠে।

কিন্তু, এই ধরণের ত্যাগ যখন আপনার দৈনন্দিন জীবনে অপবাদের স্থানে নিয়মে পরিণত হয় তখন ভারসাম্য নষ্ট হয়ে যায় এবং আপনার মনে হবে যে আপনার ব্যক্তিগত জীবন এই 'ত্যাগের' কারণে টলমল করছে, এই ভাবে ভালো রূপী ব্যাঙ্কে আপনার খাতা শূন্য হয়ে যায় এবং তাতে ক্ষোভ ও হতাশা রূপী ভাব জমা হতে শুরু করে, যার ফলে অতি শীঘ্রই আত্মবিশ্বাস কমতে শুরু করে।

এছাড়া, আপনি যদি প্রয়োজনের তুলনায় বেশী ভালো হোন তবে লোকেরাও আপনাকে পছন্দ করবেনা। তারা আপনাকে দুর্বল মনোবল এবং অস্পষ্ট বিচার দেখে আপনাকে সমস্যায় ফেলার কোন সুযোগই তারা হাত ছাড়া করতে চায়না। যখন আপনি বলবেন, ''আপনি যা বলছেন সেটাই ঠিক'' বা ''আমার কোন অসুবিধা নেই'' তখন কিছু লোকের খুবইসমস্যার পড়ে যায় কারণ তরা এই ধরণের নিস্ক্রীয় প্রতিক্রীয়া পাবে ভারতে পারে না।

আপনি কতটা 'ভালো' মানুষ ?

আপনার ব্যবহার আপনার জন্য আশীর্বাদ না অভিশাপ–সেটা আপনাকেই ঠিক করতে হবে। আপনার 'ব্যবহার' ভালো হলে আপনার পরিধিও অনেক বৃদ্ধি পাবে, সেক্ষেত্রে আপনাকেই ঠিক করতে হবে যে আপনি কোথায় দাঁড়িয়ে আছেন। নীচে ব্যবহারের একটা তালিকা দেওয়া হল যা গ্রহণশীল ব্যবহারের সাথে সম্পর্কিত। এই তালিকাটি মন দিয়ে পড়ুন। এই ভাবে যেখানে দাঁড়িয়ে আপনার নির্ণয় নিতে অসুবিধার সৃষ্টি হয় সেখানেও আপনি নিজের অস্তিত্ব কতটা তা অনুভব করতে পারবেন এবং যে স্হানে আপনি নিজের ভারসাম্য বজায় রাখতে পারেন এবং সিদ্ধান্ত নিতে সক্ষম হন সৈ স্হানও চিনতে অসুবিধা হবেনা।

এই সুযোগে আপনি আত্ম বিশ্লেষণ করতে সক্ষম হবেন, আপনার স্বভাবে কতটা পরিবর্তন আনা জরুরী তাও অনুভব করতে পারবেন, যখনই আপনি সেই পরিস্হিতির সম্মুখীনতা করবেন তখন না চাইলেও আপনার ব্যবহার পরিবর্তন আনার চেষ্টা করবেন।

তালিকায় যে ব্যবহার গুলি অন্তুভুক্ত করা হয়েছে তা ভুল না ঠিক তা জোর দিয়ে বলা সম্ভব না। কোন ব্যবহার যদি আপনার জন্য ক্ষতিরকারক হয় তবে তাকে ভুল বলে ধরা যেতে পারে। উদাহরণ হিসাবে বলা যায়, যে কোন মূল্যে ঝঞ্ঝাট এড়িয়ে চলাটা কিছু লোকের জন্য একদম ঠিক এবং এই কারে তাদের কখনই কোন সমস্যার মুখোমুখি করতে হয়না। অন্যদিকে কিছু লোকের কাছে ঝঞ্ঝাট এড়িয়ে যাওয়ার অর্থ হল, তারা কখনই নিজের সম্মতি জানতে পারবে না,

কখনই নিজেদের ভালোর জন্য মতামত প্রকাশ করতে পারবে না, কখনই কোন বাধা কাটিয়ে ওঠার ব্যাপারে সফল নিষ্কর্ষ পর্যন্ত পৌঁছানোর অভিজ্ঞতা প্রাপ্ত করতে পারবেনা–পরে এই ব্যাপার নিয়েই তাদের আফসোস করতে হবে।

আমরা নিজেদের কাজ নিয়ে অতি শীঘ্রই মত প্রকাশ করে দিই–এটা ভালো না খারাপ ? আপনি যদি কোন বিষয়কে সমস্যাজনক বলে মনে করেন তবে তা আপনার কাছে সমস্যায় পরিণত হবে। তা অপরের কাছে সমস্যা জনক নাও হতে পারে। তাই, এই কথাটা বলা খুবই ভুল হবে যে, কোন 'ভালো' ব্যবহারই ঠিক নয়।

এই বই থেকে আপনি এটা ঠিক করতে পারবেন যে, আপনার অসুবিধা কি এবং তা দূর করার জন্য আপনি কি করতে পারেন। জীবনকে সঠিক পথে চালনার জন্য একেবারে নতুন নিয়মের দিকে লক্ষ্য করুন তাও ঠিক না।

নিচে আত্মবিশ্লেষণের সাথে সম্পর্কিত প্রশ্ন দেওয়া হল। প্রত্যেক প্রশ্নের পাশে নম্বর দিন ঃ 'কখনই না'-এর জন্য 1, কখন-কখন এর জন্য 2, প্রায় এর জন্য 3 এবং সর্বদার জন্য 4।

আপনি কি এমনটা করেন ঃ

- আপনি কোন ভুল না করলেও ক্ষমা চান কি ?
- প্রয়োজন না হলেও ক্ষমা চান কি – উদাহরণ স্বরূপ, আপনার জন্য চা আনব কি ?
- যে কোন মূল্যে সমস্যা এড়িয়ে যান কি ?
- যখনই কোন ভুল হয় নিজেকে দোষি বলে মনে করেন কি ?
- অন্যদের না চিনলেও তারা কি ভাববে সে নিয়ে মাথা ঘামান কি ?
- অপছন্দের কাজ এড়িয়ে যাওয়ার জন্য মিথ্যে বলেন এবং তা লোকানোর চেষ্টা করেন কি, তারপর আপনার মিথ্যে ধরা পড়ার ভয় পান কি ?
- আপনি সবাইকে অপছন্দ করা সত্ত্বেও আপনি কি চান সবাই আপনাকে পছন্দ করুক ?

- ‘না’ বলাটাকি আপনার অসম্ভব বলে মনে হয় ?

- আপনি কি মনে করেন, অপরকে খুশী করার জন্য আপনার সবকিছু করা উচিত।

- অন্যেরাও আপনার মত উদার হবে এমন মনে করেন কি ?

- কাউর থেকে কিছু চাইতে গ্লানি বোধ করেন কি ?

- খারাপ খবর শোনার সময় বা বলার সময় হাসেন কি ?

- কেউ দুঃখ পেলে তাকে খুশী করা কি নিজের কর্তব্য বলে মনে করেন ?

- নিজের মনের কথা বলতে গিয়ে সংকোচ বোধ করেন কি ?

- লোকে কি ভাবছে সে কথা কল্পনা করে নেন কি ?

- অন্যেরা আপনাকে ঠিক বোঝার পরিবর্তে ভুল বুঝবে এমনটা ভাবেন কি ?

- অন্যেরা যখন ঝগড়া করে তখন আপনি মিটমাট করার চেষ্টা করেন কি ?

- লোকেরা আপনার মনের কথা শুনতে আগ্রহী নয়, এমনটা ভাবেন কি ?

- আপনি বড়-বড় হাব-ভাব দেখাচ্ছেন এই ভেবে কি আকর্ষণের কেন্দ্র হয়ে উঠতে ভয় পান ?

- যখন কেউ আপনার ব্যবহার নিয়ে কথা বলে তখন আপনি কি নিজের ব্যবহার ঠিক প্রমাণ করার চেষ্টা করেন।

- আঘাত চুপচাপ সহ্য করে নেন, এবং অপরে-আপনাকে কতটা আহত করল তা প্রদর্শিত করার চেষ্টাও করেন না ?

- আপনি যেটিকে নিয়ম বলে মনে করেন তা পালন না করলে বাধা দেন কি ?

- কোন অপ্রয়োজনীয় ফোন এলে জটিলতা অনুভব করেন এবং তার সাথে কথা বলতে সংকোচ বোধ করেন কি ?

- অন্যেরা আপনার কাছে কি আশা করে তার ভিত্তিতেই আপনি নির্ণয় নেন কি ?

- আপনি যে পরিস্থিতির সাথে লড়তে সক্ষম নন তার থেকে বাঁচার চেষ্টা করেন কি ?

- আপনার কাছের কোন লোক যদি অপরের সাথে খারাপ ব্যবহার করে তবে আপনি কি তার হয়ে ক্ষমা চান ?

- অপ্রোয়জনীয় প্রশ্ন করেন কি ? ''আমি কি একটা প্রশ্ন করতে পারি ?'' বা ''এটা কি ঠিকহবে যদি... ?''

- লোকেদের কি নিজের অনুভূতি সম্পর্কে ঠিক মতন বলতে পারেন না ?

- কেউ যদি সাধারণ সমালোচনা করে তাকেও কি আপনি ব্যক্তিগত নিন্দা বলেমনে করেন।

- যে কথা আপনার মুখ থেকে শোনার আশা করা হয় তার জন্য আপনি সহমত প্রকাশ করেন কি ?

- অন্যেরা আপনার কাছ থেকে 'হ্যাঁ'-ই শুনতে চায় এবং ভেবে সম্মতি জানান কি ?

- রাগ হলে ভেতর ভেতর গোমরানো সত্ত্বেও বাইরে হাসি বজায় রাখেন কি ?

- জীবন সাথীকে সেক্স সম্পর্কিত ব্যাপারে খোলাখুলি কথা বলতে পারেন না কি ?

- ছোট-ছোট বিষয়ে মন-ক্ষুন্ন হোন অথচ বড়-বড় বিষয়ে নজরও দেন না ?

- নিজের ভালোর জন্য কাউকে কিছু বলতে খারাপ লাগে কি ?

- নিজের পছন্দের নয় অপরের পছন্দের জায়গায় ছুটি কাটাতে যান কি ?

- ধার দেন কিন্তু ফেরত চাইতে সংকোচ করেন কি ?

- আপনাকে ব্যবহার করে এমন লোকেদের সাথে বন্ধুত্ব করেন কি ?

- সিদ্ধান্ত বদলানো উচিত না এমনটি মনে করেন কি ?

- এই ধরণের বাক্য দিয়ে শুরু এমন পরামর্শ হয়তো আপনি বহু পান, ''আপনার করার জন্য সবচেয়ে ভালো উপায় হল.... ?''

● আপনার কাছের বন্ধু আপনাকে বিব্রত করছে তা বলতে পারেন না ?

● যখন কেউ বলে যে, ''আমার তোমাকে কিছু বলার আছে'' তখন সে কথা শোনার জন্য আপনি উতলা হয়ে ওঠেন কি ?

● কোন সঠিক স্হান খুঁজে পান না বলে অপরের সাথে ইচ্ছা না থাকা সত্ত্বেও বাইরে যেতে হয় কি ?

● আপনি কি মনে করেন আপনার প্রত্যেক ব্যক্তির জম্মদিন মনে রাখা উচিত।

● কাউর কাছে কিছু চাইতে বা নেওয়ার সময় গ্লানি অনুভব করেন কি ?

● সাধারণ ব্যাপারেও আপনি মন ক্ষুব্ধ হন কি ?

● বাড়ীতে অন্যের কাজও আপনি করে দেন কি ?

● কাউর থেকে চাওয়া কিছু জিনিস সময় মতন দিতে না পারলে আপনি বিব্রত বোধ করেন কি ?

● মনের থেকে সাই না পেলেও একমত হয়ে যান কি ?

● আপনি কম সমস্যা যুক্ত পথ পছন্দ করেন কারণ বাধার থেকে আপনি দূরে থাকতে চান কি ?

● আপনি কি ভাবেন আপনি ভালো নন ?

● পদোন্নতির জন্য চেষ্টা করেন না কি ?

● দেরীতে পৌঁছালে প্রয়োজনের তুলনায় বেশী দুঃখ প্রকাশ করেন কি ?

● গাড়ী চালানোর সময় মনে করেন কি পিছনের গাড়ীর চালক আপনাকে লক্ষ্য করছে ?

● যখন কোন পরামর্শ দেন তখন মন রেখে চলাটা কি জরুরী বলে মনে করেন–উদাহরণ হিসাবে, ''এটা কি আপনার জন্য ঠিক হবে ?''

● কেউ কোন উপহার দিলে আপনি কি বলেন, ''আপনার দেওয়া কি প্রয়োজন ছিল ?''

● আপনাকে কি বহুক্ষণ কাজ করতে বলা হয় বা অপরের কাজও কি আপনি করে দেন ?

- কোনও বৈঠকে প্রারম্ভিক বক্তৃতা দেওয়া কি আপনার কাছে কষ্টকর হয়ে দাঁড়ায় ?

- সহকর্মী এবং বসরা কখন-সখন আপনার প্রশংসা করে বেশীর ভাগ সময়তে কি সমালোচনাই করে ?

- যখন আপনাকে কেউ কিছু করতে বলে তখন কি আপনি বলেন, ''আপনি যা বলবেন সেটাই ঠিক ?''

- মর্যাদার সাথে প্রশংসা স্বীকার করতে পারেন না কি ?

- লোকেরা কি আপনাকে শোষণ করে ?

- বেতন বৃদ্ধি করতে চাওয়ার পরিবর্তে আপনি কি অপেক্ষা করাটা উচিত বলে মনে করেন ?

- নিজের সেবা প্রদানের পরিবর্তে কম পরিশ্রম করতে চান কি ?

- দৈনন্দিন জীবনে পরিবর্তন আনাটা কি আপনার কঠিন বলে মনে হয় ?

- আপনি যতগুলি পার্টিতে যাওয়ার নিমন্ত্রণ পান সব গুলিতেই যাওয়ার কথা ভাবেন কি ?

- অপরের যাতে খারাপ না লাগে সেই কারণে অপ্রিয় খাবারও খেয়ে নেন কি ?

- কেউ চিৎকার করলে তাকে কিছু বলাটা উচিত বলে মনে করেন না কি ?

- কোন বিষয়ে প্রস্তুতি নেওয়ার জন্য প্রয়োজনের তুলনায় বেশী নজর দিতে চান কি ?

- কোন জিনিস কিনে তা খারাপ হলে তা বদলাতেও আপনি সংকোচ বোধ করেন কি ?

- আপনার কি মনে হয় জন সমারোহ প্রভৃতি ক্ষেত্রে আপনাকে বোর বলে মনে করা হয় ?

- আপনি কি ভাবেন ছুটির দিনে আরাম করে উচিত না ?

- আপনি কি এমন লোকেদেরও ফোন নম্বর দিয়ে দেন যাদের সাথে আর দ্বিতীয় বার কথা বলতে চান না ?

 ——————————————————— *না বলতে শিখুন*

- আপনাকে কি লোকেরা বলে, আপনি প্রয়োজনের তুলনায় বেশী সংবেদনশীল ?

- আপনি কি কাউকে কিছু বলার আগে নিজের দুর্বলতার কথা বলতে শুরু করেন ?

- আপনি বাবা-মার দিকে বেশী নজর দিতে পাচ্ছেন না ভেবে অপরাধবোধে ভোগেন কি ?

-ঃ আপনার উত্তরের পরীক্ষা নিরীক্ষা ঃ-

চালানোর মতন ঃ

যদি বেশীর ভাগ প্রশ্নের ক্ষেত্রেই আপনার উত্তর 1 বা 2 হয় তবে আপনি কোন বিশেষ পরিস্হিতিতে সঠিক ব্যবহারের নির্ণয় নিতে সক্ষম হন। অনেক সময় আপনাকে এমন কাজ করতে হয়, যা আপনার করা উচিত না বা সেই রকম সময়ে আপনি নিজের ব্যবহার বদলাতে চান, রাজী হয়ে যান, কিন্তু আপনি তা করতে চান না। কিন্তু সাধারণত আপনার জীবন আপনার মর্জীতেই চলে।

আপনি অপছন্দ হবে এমন আশঙ্কা গ্রস্ত হন না কারণ আপনি জানেন সবাইকে সন্তুষ্ট করা সম্ভব নয় এবং তাই অপরকে খুশীকে করার জন্য নিজের ব্যবহার পরিবর্তন করা জরুরী বলে মনে করেন না, আপনার চিন্তার মধ্যে ভার সাম্যতা বজায় থাকে, এর অর্থ হল আপনি নিজের বিচার বা কার্যের জন্য বিব্রত বোধ করেন না।

এই বই আপনার জীবনের সেই অসুবিধাজনক দিকগুলিকে শোধরাতে সাহায্য করবে যে দিক গুলিকে আপনি আরোও বেশী নিয়ন্ত্রণে রাখতে চান, এই বই আপনাকে নতুন ধারা প্রদান করতে সাহায্য করবে।

সীমা রেখা ঃ

যদি আপনার বেশীর ভাগ উত্তর 2 বা 3 হয় তবে এর অর্থ হল আপনার জীবনের কিছু দিক ঠিক-ঠাক নয় এবং আপনি এটাও অনুভব করতে পারবেন যে, আপনার পরিবর্তে পরিস্হিতি অন্য কেউ নিয়ন্ত্রণ করছে। কোন ভালো চিন্তা আপনার ব্যবহার আপনার অনুকূলে

হতে পারে।

এমনটাও মনে হতে পরে যে, জীবন বিরোধাভাসে পরিপূর্ণঃ এক সময় নিজের মধ্যে মগ্ন থাকতে আপনার কোন সমস্যা হয়না, আপনি যা চান তাই পাওয়া, সঠিক পরিস্হিতির মধ্যে দিয়ে এগিয়ে চলা, এমন করার সময় সহজ অনুভব করা, এবং তারপর এমন সময়ও আসতে পারে যখন কিছু করার জন্য অনির্ণয়ের পরিস্হিতির সৃস্টি হতে পারে এবং নিজের অনুভূতি প্রকাশ করতে না পারার জন্য আপনি ভেতরে ভেতরে ক্ষুব্ধ হবেন এবং অসহায় বোধ করবেন।

আসলে আপনি এটা জানেন যে অনেক সময়ে আপনি পরিস্হিতি নিজের অনুকূলে করে নিতে সফল হন এবং অনেক সময় আপনি নিজেকে এতটাই শক্তিহীন অনুভব করেন যে কোন কিছুই বদলানো আপনার পক্ষে সম্ভব হয়ে ওঠে না, এই প্রকার বিরোধাভাসের কারণে আপনার সমস্যাও বৃদ্ধি পায়।

এই বই আপনাকে সেই বিরোধাভাস সমাধান করতে সাহায্য করবে এবং এই ভাবে আপনার জীবনে ভারসাম্য যুক্ত স্হিতিরও সৃস্টি হতে পারে। এর সাহায্যে আপনি একটা ভারসাম্য রাখতে শিখে যাবেন এবং অপরের দয়ার উপর নির্ভর করার প্রয়োজন ফুরাবে। আপনার মস্তিস্কে একটা আদর্শ জীবনের ছবি আগে থেকেই বিদ্যামন, তা সার্থক করে তুলতে এই বই গুরুত্বপূর্ণ ভূমিকা পালন করবে।

সমস্যার সংকেত ঃ

যদি আপনার বেশীর ভাগ উত্তর 3 অথবা 4 হয় তবে আপনি নিজেই বুঝতে পারছেন যে তা আপনার জন্য কতটা সমস্যাজনক।

আপনি জানেন যে আপনি সর্বদাই হীনমন্যতা বোধ করেন এবং বেশীর ভাগ সময়েই আপনাকে হার স্বীকার করতে হয়। আপনি 'না' বলতে চান কিন্তু আপনার মুখ থেকে 'হ্যাঁ' নির্গত হয়। আপনি কাউর মনে কস্ট দিতে সংকোচ বোধ করেন এবং অপরের মর্জী অনুসারে নিজের ব্যবহার বদলাতে থাকেন। আপনি লোকেদের সন্তুস্ট রাখতে বিশ্বাস করেন কারণ আপনি মনে করেন যে আপনি তাদের সন্তুস্ট রাখতে না

 ———————————————————— *না বলতে শিখুন*

পারলে আপনি নিজেই সমস্যায় পড়বেন। আপনি নিজের তৈরী নিয়মের ভিত্তিতেই জীবনের খেলা খেললেন। শুধু তাই নয়, আপনি এটাও বিশ্বাস করেন যে, এই নিয়মের উপরে অন্য লোকেদের নিয়ন্ত্রণ থাকতে পারে।

বেশীর ভাগ সময়তেই আপনি অস্হির, অনিশ্চিত, চিন্তিত, হতাশ, এবং আশঙ্কিত থাকেন, এবং তারপর ভাবেন যে আপনার এই অবস্হায় থাকা উচিত না এবং আপনাকে এই শোচনীয় পরিস্হিতির থেকে বাইরে বেরাতেই হবে। নিজের জন্য আপনার মনে কোন ভালোবাসা থাকে না এবং আপনি মনে করেন লোকে আপনার প্রতি করুনা করছে। আসলে, আপনার এই প্রকার চিন্তা ভুলও না।

আপনার ভাগ্য নিয়ে আপনার মনে যে আফসোস আছে এই বই তা দূর করতে আপনাকে সাহায্য করতে পারে। এই বই আপনাকে বলবে যে, আবেগের গতিতে আপনি একাই ভেসে যান না এবং যেকোন কঠিন পরিস্হিতিতে আপনি নিজেকে দৃঢ় রাখতে পারেন এবং আপনি নিজেকে বদলাতে জানেন। এমন বহু লোক আছে যারা এমনই চিন্তা করে, দীর্ঘ সময় ধরে নিজেকে উপস্হিত মনে করার কোন কারণ নেই।

আপনার অভিজ্ঞতা কেমন ছিল ?

আপনার প্রথম কর্তব্য হল নিজের ব্যবহার সম্পর্কে ওয়াকিবহাল হওয়া, এটাই আপনাকে নিজের সমস্যা বুঝতে সাহায্য করবে। এই ক্ষেত্রে আপনার ব্যবহার ছাড়াও আর একট গুরুত্বপূর্ণ বিষয় জুড়ে আছে।

আপনাকে নিজের ইচ্ছার বিরুদ্ধেও বহু কাজ করতে হয় এখানে সেই অনুভূতির কথাই বলা হয়েছে। এই বই পড়লে আপনি নিজের আবেগকে চিনতে পারবেন এবং প্রয়োজনীয় সংশোধন আনতেও সক্ষম হবেন।

কিন্তু, প্রথম-প্রথম এই সমস্ত প্রশ্নের উত্তর দেওয়ার সময় আপনার মনে কি ধরণের অনুভূতির সৃষ্টি হতে পারে তা আমি বুঝতে পাচিছ। আপনি কখন কোন বিশেষ প্রতিক্রিয়া অনুভব করেছেন কি ? আপনি কি সর্বদাই পরিবার মিত্র এবং কর্মক্ষেত্রের সাথে নিজেকে মানিয়ে নেওয়ার চেষ্টা করেন ? কোন ক্ষেত্রে আপনি নিজেকে সবচেয়ে বেশী

সমস্যা জর্জরিত বলে মনে করেন ?

এই প্রশ্ন গুলি কি আপনাকে একটু চমকে দিয়েছে ? সম্ভবত কিছু ক্ষেত্রে আপনি নিজেকে কতটা 'ভালো' বলে মনে করেন ততটা 'ভালো' নন, আবার কিছু ক্ষেত্রে আপনি হয়তো ধারণার অধিক 'ভালো'। যদি অন্য কেউ আপনার সূচী পড়ে নেয় তাহলে আপনার কেমন লাগবে ?

উত্তরের নম্বর গুলি যোগ করার সময় আপনার কেমন লাগছিল ? আপনার কি কোন সমস্যা হচ্ছিল ? বা আপনি কি কোন রকম লজ্জা বোধ করছিলেন ? আপনার মতন অন্যরাও বিব্রত বোধ করতে পারে সেটা ভেবেছেন কি ? আপনি কি সংকোচবোধ করছেন ? কি ধরণের সমস্যা হয়েছিল ? আপনার একাগ্রতা ভঙ্গ হয়েছে কি ?

আপনি কি বলেছেন, ''আমি এই সব জানি, নতুন করে জানার কিছু নেই'' নাকি বলেছেন, ''আমি এই রকম কিন্তু কখনও করিনি কিন্তু এমন বার-বার তা করতে ইচ্ছা করে।''

নাকি নিজেকে বলেছেন, ''এইসব বাজে কথা, সামনের বার থেকে আমি নিজেকে অনেক বেশী দৃঢ় করে তুলব'' নাকি একটা শান্তির নিশ্বাস ত্যাগ করে ভেবেছেন আপনি সাহায্য পাচ্ছেন।

আজকাল কার দিনে একমত হওয়াটা এত সহজ নয়। কিছু লোক আছে যারা দলচ্যুত হয়ে আলাদা কিছু করাটাকে উচিত বলে মনে করে না। তারা মনে করে এটা স্বার্থপরতার লক্ষ্য। 'স্বার্থ' এমন একটা শব্দ যা বেশীর ভাগ ক্ষেত্রেই লোকেদের ব্যবহার শোধরানোর জন্যই করা হয়ে থাকে এবং তা কার্যকারী বলেও প্রমাণীত হয়। একটা অতি প্রচলিত ধারণা আছে যে, স্বার্থপর হওয়া খারাপ এবং নিঃস্বার্থ হওয়া ভালো।

বেচারা ভালো মানুষরা এটা বুঝতেই পারে না যে, স্বার্থপর হওয়া বলতে কি বোঝায়।

নিজের গণ্ডী নিজেই তৈরী করে ঃ

যখনই আপনি নিজের ব্যবহারে পরিবর্তন আনেন, যখনই আপনার মনে হয় কোন বিকল্প পথ নেই, আপনি যখন নিজের অভিব্যক্তি সীমিত করে দেন, আপনার কাজ অপরের প্রতি কি ধরণের প্রভাব

 ——————————————————————— *না বলতে শিখুন*

বিস্তার করছে, এই সব বিষয়ে মাথা না ঘামিয়ে সাধারণ হয়ে থাকাই ভালো।

নিজের জন্য একটা গণ্ডী তৈরী করার মধ্যে খারাপ কিছু নেই। যদি তা না করা হয় তবে একটা অরাজকতার সমাজের মধ্যেই আমাদের জীবন কাটাতে হবে। তখন 'স্বার্থ' কথার অর্থ দাঁড়াবে আত্মকেন্দ্রিকতা এবং নিজের ভালো বোঝা। চতুর্দিকে দায়িত্বহীন লোকেরাই তাণ্ডব করে বেরাবে। কিন্তু, যে আবেগ আপনার জীবনকে সঞ্চালিত করে, তার মধ্যে যদি অসুরক্ষা, লজ্জা, তিরস্কার এবং সমালোচনার ভয় থাকে, তবে আপনার ব্যবহারের মধ্যে একটা সংকীর্ণতার সৃষ্টি হবে। আপনার মনে যদি ভয় চেপে বসে তবে আপনার আত্মবিশ্বাস দুর্বল হয়ে যাবে।

একটু ভেবে দেখুন তো, আপনি যখন নিজের ব্যবহারের থেকে সরে গিয়ে কিছু করার চেষ্টা করেছিলেন, তখন আপনার মনে কি ধরণের বিচার এসেছিল ? তখন হয়তো আপনি নিজেই নিজের মনে বলে ছিলেনঃ "আমি হয়তো এটা করতে পারব না", "উনি এটা পছন্দ করবে না", "এর দ্বারা হয়তো উনি অপমানিত হবেন," "ও সত্যিই রাগ করবে।"

এই ধরণের খেয়াল মনে আসলে আপনার প্রকৃত ইচ্ছা নিয়ন্ত্রিত হয়ে যাবে। উদাহরণ হিসাবে বলা যায় ঃ

- "আমি যদি মা কে বলি প্রতিদিন রাতে তাঁকে ফোন করা আমার পক্ষে একটু সমস্যা জনক তবে উনি দুঃখ পাবেন, আর আমি মাকে দুঃখ দিতে চাইনা।"

- "আমি যদি নিজের প্রেমিককে বলি যে লম্বা চুল তোমাকে বেশী ভালো লাগে তবে ও আমার সাথে আর কখনই কথা বলবে না।"

- "আমি যদি বসকে বলি, এখন পর্যন্ত আমি গত মাসের রিপোর্ট তৈরী করতে পারিনি তবে তিনি আমাকে অযোগ্য বলে মনে করবেন আর কখনই কোন গুরুত্বপূর্ণ দায়িত্ব দেবে না।"

- "প্যাকেটের শেষ মিস্টিটা যদি আমি খেয়ে নিই তবে লোকে আমাকে ক্ষুধার্ত বলে মনে করবে ?"

● ''আমি যদি ওকে বলি যে শুক্রবারের সিনেমাটা একেবারেই খারাপ ছিল তবে ও ভাববে আমি ভালো সিনেমা কাকে বলে তা জানিনা এবং ও আমার সাথে সব সম্পর্ক ত্যাগ করে দেবে।

এই সমস্ত ''যদি তবের....'' পরিস্হিতিতে দুটি গুরুত্বপূর্ণ বিষয় চোখে পড়ে, প্রথমত, একটা পরিনামের ভয় যাকে যা আমাদের কিছু করতে বাধা দেয়, দ্বিতীয়ত, আমরা সর্বদা খারাপ দিকের কথাটাই বেশী ভাবি।

আমরা হয়তো কিঞ্চিত কদাচিৎ ভাবি যে, ''যদি আমি বসকে জানাই যে, গত মাসের রিপোর্ট এখনও তৈরী করতে পারিনি তবে তিনি কাউকে আমাকে সাহায্য করার নির্দেশ দেবেন,'' বা ''যদি আমি বসকে জানাই যে, এখনও পর্যন্ত গত মাসের রিপোর্ট তৈরী হয়নি তবে তিনি হয়তো আমার সমস্যার কথা বুঝবেন এবং তা সমাধানের পথও বলে দেবেন,'' আমরা নিজেদের চারপাশে নিয়ম কানুনে আবদ্ধ একটা গণ্ডী তৈ করে ফেলি, তাতে তৈরী কি হওয়া উচিত, কি কি প্রয়োজন ইত্যাদি, ইত্যাদি।

আপনি নিজের জন্যই প্রয়োজনের তুলনায় ভালো কেনঃ

একাকীত্ব এবং আপনার ব্যবহার

বেশীর ভাগ ক্ষেত্রেই মানুষ যখন একা থাকে তখনই মাথায় বিভিন্ন চিন্তা আসে। তখন তারা বোঝে যে তাদের কেউ দেখছেন ও না, তাদের সম্পর্কে কোন মতামতও প্রকাশ করছে না, তাই তারা ব্যবহারে কোন রকম পরিবর্তন আনার চেষ্টা করে না। যে কোন একা মানুষই একটা বেপরওয়া জীবন যাপন করে, সে স্নান করার সময় গান গায়, পা ছড়িয়ে বসে টি.ভি. দেখে, চেট্-পুছে খাবার খায়, বাড়ীতে যেখানে খুশী কাপড়-জামা ছড়িয়ে রাখে।

যখনই কোন দ্বিতীয় ব্যক্তির প্রবেশ ঘটে, তখনই স্বাভাবিক ভাবেই নিজের ব্যবহারে একটা পরিবর্তন লক্ষ্য করা যায়। কিছু পরিবর্তন যুক্তি

যুক্ত ও উপযোগী হয়ে থাকে। উদাহরণ স্বরূপ বলা যায়ঃ সার্বজনিক দৃষ্টিতে নাকের মধ্যে আঙুল ঢোকানো খারাপ চোখে দেখা হয়। একা থাকলে আপনি হামেশাই এই কাজটা করে থাকেন। খুব কম লোকই আছে যারা অপরের উপস্থিতিতে এই কাজ করে থাকে। একেই বলা হয় সামাজিক ব্যবহার, এই ধরণের রীতি-নীতিকে খারাপও বলা যায়না, এতে করে আপনার স্বাধীনতাও আহত হয়না এবং সঠিক পরিস্থিতি বজায় থাকে।

কিন্তু, যদি আপনি মনে করেন যে, লোকেরা আপনার কথা শুনলে হাসবে বা খারাপ ভাববে তবে আপনি নিজের তৈরী রীতি-নীতিকে গুরুত্ব দেওয়ার চেষ্ট করছেন, যা অন্যরা মানতে পাচেছ না। অন্যদের সাথে সে বিষয়ে কোন আলোচনাই করা হয়নি।

এখানে একটা উদাহরণ দেওয়া হলঃ

26 বছরের রাণী কল সেটারে কাজ করে এবং ভাড়ার ফ্ল্যাটে একাই থাকে। সে খুবই হাসি-খুশী থাকে। আয়নার সামনে অঙ্গ-ভঙ্গি করতে সে খুবই ভালোবাসে। সে নিজের পছন্দের গান বাজিয়ে নাচতে পছন্দ করে এবং প্রায়ই খুব তীব্র আওয়াজে গান শোনে। সে খাবার বানানোর সময় নতুন-নতুন এক্সপেরিমেন্ট করে, সে নিজেও জানেনা সেগুলো খেতে পারবে কিনা। তার পালিত বিড়ালের নাম মিনি। রাণী ঐ মিনির সাথেই গল্প করে কারণ ও মনে করে মিনি ওর সমস্ত কথা বোঝে। রাণী খেতে বসার সময় মিনিকে সামনের টেবিলে বসিয়ে দেয়। রাণী ছেলেদের মতন জিন্স ও স্টপ শার্ট পরতে পছন্দ করে। তার প্রিয় খেলনা টেডী বিয়ার তার বিছানাতেই থাকে। রাণী প্রকৃতি প্রেমী, তার দেওয়ালে একটা প্রাকৃতিক দৃশ্য লাগানো আছে।

একদিন রাণীর সাথে কল-সেটারে কর্মরত রোহনের পরিচয় হয়। তাদের মধ্যে বন্ধুত্ব হয়ে যায় এবং রাণী একদিন রোহনকে তার ফ্ল্যাটে ডিনারে আমন্ত্রণ করে। রোহনকে খুশী করার জন্য রাণী সাবধানতার সাথে খাবার বানায়। রাণী স্কার্ট ও টপ পরে। সে টেডী বিয়ার ও প্রাকৃতিকদৃশ্য লুকিয়ে ফেলে এবংমিনিকে বেডরুমে বন্ধ করে দেয়।

রোহন যখন তার সাথে রাজনীতির কথা বলে তখন সে মৃদু-মৃদু হাসতে থাকে এবং সে তার সমস্ত কথাতেই সম্মতি জানায়। রোহন যখন বলে যে কোন পশুকেই ঘরে রাখা উচিত না কারণ তারা বাহিরের মুক্ত পরিবেশেই ভালো থাকে, রাণী সেই কথাতেও সমর্থন জানায়। রোহন যখন তাকে একদিন ডিস্কো বারে নিয়ে যাওয়ার কথা বলে তখন সে নিজের অনিচ্ছা সত্ত্বেও একবারেই হ্যাঁ বলে দেয়। সে যখন তার পোশাকের প্রশংসা করে তখন রাণী বলে, যে কোন মানুষকে সেই পোশাকই পরা উচিত যার দ্বারা তার ব্যক্তিত্ব প্রতিবিম্বিত হয়, সেই কারণে সে সর্বদা এমন পোশাক পরে যাতে তার নারীত্ব প্রকাশ পায়।

রাণী বুঝতে পারছিল যে, সে যে কথা গুলো বিশ্বাস করেনা সেগুলিই ওর মুখ থেকে বেরিয়ে আসছে। আসলে রাণী বুঝতে পেরেছিল যে রোহনের কথায় সাথে একমত সে কখনই হতে পারবে না, কিন্তু যদি সে কোন অবস্হাতেই তার বিড়ালকে রাস্তায় ফেলে দিতে পারবে না বা স্কার্ট পরতে পছন্দ করে এবং ডিস্কো বারে গিয়ে নাচতে তার ভালে লাগেনা, একথা বললে রোহন তাকে কখনই পছন্দ করবে না।

কোন রকম চাপ ছাড়াই রাণী মনে-মনে ঠিকই করে ফেলেছিল যে কি ধরণের ব্যবহারের দ্বারা সে রোহনকে সন্তুষ্ট করবে। তাই সে নিজের প্রকৃত ব্যক্তিত্বকে লুকিয়ে রেখে রোহনের কি ভালো লাগবে আর কি লাগবেনা সেই অনুসারেই ব্যবহার করে গেছে। সে একবারও ভাবিনি যে, সে যেমন সেটাই ভালো।

রাণীর জীবনের এই ঘটনা অন্য লোকেদের মতনই, তারা নিজেরা যে রকম অন্যের সাথে ব্যবহার করে ঠিক তার অন্য রকম, কারণ তারা মনে করে লোকেরা কি ভাববে, অন্যেরা অসন্তুষ্ট হবে।

ব্যক্তিত্বের বিরোধাভাস দিক ঃ

এমনও কিছু লোক আছে, যাদের ব্যক্তিত্ব একেবারেই অন্য রকম হয়, কার্যস্হলে ব্যক্তিত্ব এক রকম, ঘরে আর এক রকম। আসলে তারা নিজেদের ব্যক্তিত্বকে নিয়ন্ত্রণ করতে জানে না।

এখানে একটা উদাহরণ দেওয়া হল ঃ

বাড়ীতে মহেন্দ্রকে খুবই স্পষ্ট বাদী ব্যক্তিত্ব বলে মনে হয়। সে টি.ভি.তে ক্রিকেট ম্যাচ দেখার সময় অকপটেই বলে দিতে পারে কোন টিম জিতবে। সে অকপটে সরকারের ভুল নীতির সমালোচনা করে। সে তার দুটি সন্তানকে কিভাবে মানুষ করবে সে বিষয়ে একটা স্পষ্ট পরিকল্পনা তৈরী করে রেখেছে এবং সেই নিয়ে স্ত্রীর সাথে প্রচুর অশান্তিও হয়। সুযোগ পেলে সে স্কুলের শিক্ষকদেরও উপদেশ দিতে ছাড়ে না।

কার্যক্ষেত্রে মহেন্দ্র একেবারেই বদলে যায়। সে কখনই জোরে কথা বলে না। যখনই কোন বিষয়ে তার কাছ থেকে মতামত চাওয়া হয়। সে এড়িয়ে যাওয়ার চেষ্টা করে। যখনই কোন বৈঠকে তার মতামত চাওয়া হয় সে চিন্তা-ভাবনা করে অফিসারদের মনের মতন কথাই বলার চেষ্টা করে। তার কাছে সর্বদাই ক্ষমতার অতিরিক্ত কাজ থাকে, অথচ মুখ থেকে না শোনা যায় না, সে বেশীক্ষণ কাজ করে কাজ শেষ করার চেষ্টা করে। এই কারণে সে ক্লান্ত হয়ে বাড়ী ফেরে, পরিবারের জন্য তার কাছে একেবারেই সময় থাকে না।

মহেন্দ্র এমন এক চরিত্রের মানুষ যার জীবন বিরোধাভাসে বন্দী হয়ে আছে। এই বিরোধাভাসই তার সমস্যার কারণঃ যে তার পরিবারকে ভালোবাসে কাউকেই আহত করতে চায়না, কিন্তু অফিস থেকে বাড়ী ফেরার সময় সে নিজের প্রতি নিয়ন্ত্রণ হারিয়ে ফেলে।

যারা প্রয়োজনের তুলনায় বেশী ভালো হয়, তাদেরকে এই বিরোধাভাসের সম্মুখীনতা করতেই হয়। কার্যক্ষেত্রে সে সর্বদাই চাকরি চলে যাওয়ার চিন্তা করে কুঁকরে থাকে, তাই বাড়ী ফিরে সে ভুল পন্হাতেই নিজেকে চিন্তা মুক্ত রাখার চেষ্টা করে, এই কারণেই তার পরিবারের লোকেরা তাকে ভয় পায়।

অনেক সময় ব্যক্তি নিজের অনুভূতি প্রকাশ করার সুযোগ পায়না, এমন অবস্হায় সে ভুল পথে নিজের আবেগকে প্রকাশ করার চেষ্টা করে। বাড়ীতে মহেন্দ্রর ব্যবহার দেখলে তার সহকর্মীরা অবাক হয়ে যাবে। অন্যদিকে যদি তার পরিবারের লোকেরা কার্যক্ষেত্রে ভীত মহেন্দ্রকে দেখে তবে অবাক হয়ে যাবে।

মহেন্দ্র মনে করে, তার এই রকম বৈচিত্রময় ব্যবহারের জন্য সে কাউকেই জবাব দিতে বাধ্য হয়, কারণ তার নিজের ব্যবহারের উপর কোন রকম নিয়ন্ত্রণ নেই। সে জানে সে তার ব্যবহার ঠিক না, অথচ সব জানা সত্ত্বেও তার কিছুই করার নেই।

দয়া করে অসন্তুষ্ট হবেন না ঃ

বিধি, অন্যলোকেদের মতনই তার খুব কাছের লোকেদের জন্যই সমস্যায় পড়ে যায়। তার বয়স পঞ্চাশ বছর এবং সে একট প্রাইভেট ফার্মে চাকরি করে। সে যে সমস্যায় আছে তা কাউকেই বুঝতে দেয়না। যার জন্য সে সমস্যায় আছে কখনই তার বিরুদ্ধে কোন রকম নালিশ জানায় না।

বিধি নিজের সমস্যা দূর করার জন্য অন্যদের নিজের মনের কথা বলে। সে তার স্বামীর জন্য দুঃখ পেলে বন্ধুকে সে কথা জানায়। যদি বসের জন্য দুঃখ পায় তবে সহকর্মীকে তা জানায়। যদি শাশুড়ির জন্য দুঃখ পায় তবে স্বামীকে সে কথায় জানায়। তার কাছের লোকেরাই তাকে দুঃখ দেয় অথচ কখনই যার জন্য সে দুঃখিত সে তার মনের কথা জানতে পারে না।

বিধি দুঃখ পেয়েছে এই কথা জানতে পেরে যদি তার কোন কাছের লোক তার প্রতি অসন্তুষ্ট হয় এই ভয়ই তাকে চেপে ধরে। লোকেরা অসন্তুষ্ট হবে এই ভয় তো সে পায়ই, একই সাথে এই ভয়ও সে পায় সে কেউই নিজের সমালোচনা শুনতে পছন্দ করে না। এই কারণে সে তার কষ্টের কথা অন্যদের বলেও সমস্যা তাকে কখনই জানায় না।

তার বন্ধু তাকে পরামর্শ দেয় যে, তার স্বামীর সাথে কথা বলা উচিত, কিন্তু সে বলে, "আমি কখনই বলতে পারব না। ও সারাদিন অফিসে কাজ করে, বাড়ী ফিরে আমার নালিশ শুনতে ভালোলাগবে না।" তার সহকর্মীরা তাকে বলে যে, তার বসের সাথে কথা বলা উচিত কিন্তু সে বলে, "আমি কখনই তা করতে পারবনা, উনি আমার মতন বহু লোক পেয়ে যাবেন। কিন্তু আমার আর চাকরি থাকবে না।" আর একই ঘটনা ঘটতে থাকে। বিধি মনে করে যে, কাউর সামনে তার

ব্যবহার নিয়ে সমালোচনা করলে সে অসন্তুষ্ট হবে। সে নিজের অনুভূতির কথা বলে ঠিকই, কিন্তু সঠিক লোকের সামনে তা ব্যক্ত করতে পারে না। বিধির মতন এমন বহু লোক আছে যারা মনের কথা বলতে পারে ঠিকই কিন্তু যার জন্য সমস্যা তার চোখে চোখ রেখে কখনই তা জানাতে পারে না, এটা এমন এক ভ্রমিত আবেগের উদাহরণ যা কখন পরিবর্তন হয়না, অথচ মনের কষ্ট বারতেই থাকে।

আমি এমনই, আমি কাউকে 'না' বলতে পারি নাঃ

রবি একটু চুপচাপ কাজ করতে পছন্দ করে। সে কখনই আকর্ষণের কেন্দ্র বিন্দু হতে চায় না। সে যখন কাজ করে তখন যাতে কেউ সেদিকে না তাকায় সে সেই চেষ্টাই করে।

রবি কিছু-কিছু কাজ এমন করে যে তার জুড়ি মেলা ভার—সে একটা ফার্মের সেল্স ম্যানেজার এবং নিজের কর্মচারীদের সাথে খুবই ভালো ব্যবহার করে। সে শালীন, বোঝদার, সে অসীম ধৈর্য্য নিয়ে লোকেদের কথা শোনে, এবং বেশীর ভাগ সময়েই বেশ কার্যকরী সমাধান খুঁজে বের করে। লোকেরা রবিকে পছন্দ করে, তারা মনে করে সে খুবই ভালো মানুষ, সে অপরের জন্য সব কিছু করতে পারে।

কিন্তু রবি কখন নিয়োগকারীদের আশা পূরণ করতে পারেনা। নিয়োগকারী এবং বড়-বড় অফিসাররা দেখে যে, সে অতি সহজেই মানুষের সাথে মিলে মিশে যেতে পারে, তাই তারা বুঝতে পারে না যে কেন মিটিং-এ সে ভূতের মতন চুপ-চাপ বসে থাকে, কেন কোন রকম কথা বলে না। তারা বুঝতে পায় না যে, রবি চুপিসারে গ্রাহকদের চাহিদা পূরণ করত পারে অথচ ব্যবসায়িক সওদা করতে পারে না।

তার অফিসাররা তাকে পদোন্নতি দেওয়ার কথাভাবে কিন্তু তাদের মনে হয় যে তার মধ্যে কিছু অনিবার্য গুণের অভাব আছে। তারা ভাবে তার মধ্যে সংকল্প এবং আকাঙ্খার অভাব আছে, কিন্তু রবি জানে যে তার ভেতরে সংকল্প এবং আকাঙ্খার অভাব নেই, শুধুমাত্র সে 'না' বলতে পছন্দ করে না, যে মানুষের চোখে খারাপ হতে চায় না। কাউর খারাপ লাগবে এটা ভাবতেই তার খারাপ লাগে।

সে এটা বোঝার চেষ্টা করে না যে, তার কর্মচারীরা তাকে পছন্দ করলেও তার ভালো মানুষির সুযোগ নিতে চায়, তার সাপ্লায়ারও সুযোগও নিতে চায়, কারণ তারা জানে যে রবি কখনই 'না' বলবে না।

এই ধরণের ভালো মানুষির জন্য রবির নিয়োগকারীরা দ্বন্দ্বে পড়ে যায় অন্য দিকে রবির মত লোকেদের দ্বন্দ্ব আরোও বৃদ্ধি পায়। রবির মত লোকেরা আদর্শ ব্যক্তি হওয়ার জন্য সব কিছু করতে পারে, এই ধরণের লোকেদের বস তাদের এই গুণের কথা জানে এবং এই কারণেই তারা তাদের চাকরিতে রাখে। বসেরা মনে করে তাদের 'মেরুদণ্ড' আছে কিন্তু তাদের কাছে সেটারই অভাব থেকে যায়।

রবি চায় সবাই তাকে পছন্দ করুক, তাই সে কখনই কাউকে অসন্তুষ্ট করে না। যারা সব দিকেই ভারসাম্য বজায় রেখে চলতে পারে তাদের সম্পর্কেই বলা যায় 'তারা কঠোর অথচ সৎ'।

এই সমস্ত ক্ষেত্রে শুধু যে 'না' অনুপস্হিত থাকে তাই না, বরং সম্ভাব্য বিকল্পেরও কোন স্হান থাকে না।

বালক সুলভ ব্যবহার ঃ

রাজু আর লীনা অল্পবয়স্ক সফল দম্পতি, লীনা একটা প্রাইভেট স্কুলের শিক্ষিকা, দুষ্ট বাচ্চাদের নিয়ন্ত্রিত করতে ওর কোন অসুবিধাই হয়না। বাচ্চাদের নিয়ে সময় কাটাতে ও ভালোইবাসে। স্কুল থেকে বাড়ী ফিরেও ও ক্লান্ত বোধ করেনা বরং সারাদিন ধরে পড়াশোনার মধ্যে থাকার জন্য সে আরও বেশী উৎসাহ পেয়ে যায়।

রাজু সরকারি চাকরি করে এবং সাধারণ ধারণা অনুসারে তার চাকরি নিয়ম ও একঘেয়ে বলে মনে হয় না। ও যে বিভাগে কাজ করে সেই বিভাগে নতুন নতুন পরিকল্পনা তৈরী করে কার্যান্বিত করা হয়। সে এই কাজ করতে খুবই উৎসাহ বোধ করে এবং উৎফুল্ল থাকে। রাজু আর লীনার মধ্যে ঝগড়া হলেও তা বেশীক্ষণ স্হায়ী হয়না। তারা নিজেদের মধ্যে অভিজ্ঞতা ও অনুভব ভাগাভাগি করে নেয়। তদের উৎফুল্লতা, যুবক সুলভ উৎসাহ, যুবক সুলভ মানসিকতা এবং প্রতিদ্বন্দ্বিতা স্বীকার করার সংকল্প তাদের ব্যস্ত রাখে।

বেশীর ভাগ সময়টাই এই ভাবেই কাটে।

কিন্তু বাবা-মার প্রসঙ্গ আসলে এমনটা হয়না। দুজনেই বাবা-মা কে খুব ভালোবাসে। আবেগের দিক থেকে দুজনেই বাবা-মার উপর খুবই নির্ভরশীল। দুজনের বাবা-মাই পাশাপাশি গ্রামে থাকে।

দোল-দীপাবলীতে রাজু আর লীনা খুবই সামস্যায় পড়ে যায়। দুজনের বাবা মাই ভাবে উৎসবের সময় তাদের কাছে থাকা উচিত। রাজু আর লীনার পক্ষে এক উৎসবে এক গ্রামে আর অপর উৎসবে অন্য গ্রামে যাওয়া অসুবিধা জনক হয়ে ওঠে। উৎসবের সময় আসতেই দুজনে চিন্তিত হয়ে পড়ে। উৎসবের সময় তারা কখনই নিজেদের মত করে কাটাতে পারে না, কারণ তাহলে তারা অপরাধবোধে ভোগে।

শুধু উৎসবের সময়তেই এমন হয়না। দুজনের বাবা-মাই চায় সাপ্তাহিক ছুটির দিনও যেন তাদের কাছে এসেই কাটায়। এই দ্বন্দের থেকে রেহাই পাওয়ার জন্য রাজু আর লীনা শনিবার নিজেদের ফোন বন্ধ রাখে। তারা নিজেদের মধ্যে ঠিক করে নেয় রবিবার কি করবে এবং নিজেদের বাবা-মাকে ব্যস্ততার কথা জানিয়ে দেয়।

রাজু আর লীনা সেই ধরণের ভালো মানুষের শ্রেণীতে পড়ে যারা বালক সুলভ ব্যবহার করে, দুজনেই সফল যুবক এবং চাকরিজীবি, তারা দৃঢ়তার সাথে যে কোন প্রতিদ্বন্দ্বিতার সম্মুখীনতা করতে পারে এবং আনন্দের সাথে জীবন অতিবাহিত করতে পারে। বাবা-মার ব্যাপারে তারা দুজনেই চার বছরের বাচ্চার মতন ব্যবহার করে, তারা এমন ভাব দেখায় দেখে মনে হয় তারা বাবা-মার কথা না শুনলে তাদের দণ্ড দেওয়া হবে, বকা হবে, তিরস্কার করা হবে।

অনেক প্রভাবশালী লোকের পক্ষেও বাবা-মার সাথে সঠিক ব্যবহার করা কঠিন হয়ে ওঠে। তারা মনে করে ঠিক মতন সম্মুখীনতা করা অসম্ভব। শৈশবে যে অভিজ্ঞতা মধ্যে দিয়ে দিন কাটায়, বয়স কালেও সেই অভিজ্ঞতার মনে দানা বেঁধে থাকে, তাই বাবা-মার সামনে শিশু সুলভ ব্যবহার করে। কিছু ক্ষেত্রে বাবা-মা যেমন চায় তারা সেই রকমই ব্যবহার করে, কিন্তু বেশীর ভাগ ক্ষেত্রেই নিজেদের মান্যতা অনুসারে

ব্যবহার করে। তারা কখনই স্বতন্ত্র মতামত জানানোর চেষ্টা করে না। তারা বাবা-মার মতের বিরুদ্ধে কিছুই বলতে চায়না।

এই প্রকার ব্যবহারের জন্য তারা একটু চাপের মধ্যে থাকে। যারা দৈনন্দিন জীবনে দৃঢ় সংকল্প শক্তির পরিচয় দিতে পারে, তাদের জন্য এই প্রকার পরিস্থিতি হতাশাজনক হতে পারে। এই ধরণের বিরোধাভাসের ফলে ভ্রম ও রাগের সৃষ্টি হতে পারে।

আমার কোন গুরুত্বই নেই ঃ

অত্যাধিক ভালো লোকেদের ক্ষেত্রে একটা বিশেষ লক্ষণ হল, তাদের আত্ম-বিশ্বাস এবং আত্ম সম্মান খুবই দুর্বল হয়। তারা ভাবে তাদের মতন সংকুচিত ব্যক্তিদের সাথে কেউই বন্ধুত্ব করবে না। এই কারণে যখনই অন্য কোন ব্যক্তির সাথে সম্পর্ক গড়ে ওঠে তখন এমন ব্যবহার করে যা দেখে মনে হয় তাদের কোন গুরুত্বই নেই। তারা মনে করে অপরকে সন্তুষ্ট রাখার জন্য এবং সকলের প্রশংসা পাওয়ার জন্য কিছু না কিছু করতেই হবে। এই উদাহরণটা দেখুন ঃ

মুকেশ এক প্রাইভেট কম্পানীর উচ্চ পদে চাকরি করে। সে শীর্ষ স্হানে নেই ঠিকই কিন্তু মধ্যম মানের তুলনায় অনেক উপরেই আছে। সে নিজেই বুঝতে পারে না কিভাবে এই পদে পৌঁছে গেল কারণ তার নিজের যোগ্যতার প্রতি কোন বিশ্বাস নেই। সে মনে করে ,অন্য লোকেদের প্রয়োজনের কথা সে জানে এবং অপরকে তাদের প্রয়োজনীয় সেবাপ্রদান করে বলেই উচ্চ পদের অধিকারী হতে পেরেছে। অথবা সে এই কথাটা খুব ভালোই জানে যে কিভাবে অন্যদের বোঝানো যায় তারা অনেক ক্ষমতা আছে।

তাকে বললে বা না বললেও সে অতিরিক্ত কাজের ভার নিয়ে নিত। সে নিজের ব্যস্ত জীবন যাত্রা পরিবর্তন করে অপরের কাজ করে দিত। একারণে তাকে বন্ধু এবং পরিবারের লোকেরা তার উপর খুবই অসন্তুষ্ট হত।

সে জানে যে তার এই স্বভাবের জন্য লোকেরা যথেষ্ট সুযোগ নেয় এবং এই কারণে সে ভেতর ভেতর সমস্যাও অনুভব করে, আসলে সে

জানে যে এই ভাবে না চললে বন্ধুত্ব নষ্ট হয়ে যাবে এবং তার চাকরিও চলে যেতে পারে। কাউকে 'না' বলার কথা ভাবলেই সে একটা অপরাধ বোধে ভোগে। এই শব্দটি খুবই কষ্টে তার মুখ থেকে বেরোয়। সে চায় কেউ যেন তার সমালোচনা না করে কারণ লোকের মনে সে একটা ভালো প্রভাব সৃষ্টি করতে চায়।

সে জানে যে, আলাদা ভাবেও একটা ভালো জীবন কাটানো সম্ভব। সে ভাবে যে অন্যরকম ভাবে চলতে গেলে তার সমস্ত বন্ধুত্ব বিচ্ছেদ হয়ে যাবে, আর এর কল্পনা করেই সে ঘাবড়ে যায়।

এই কারণেই সে আত্মবিশ্লেষণ এড়িয়ে চলার চেষ্টা করে সে ভাবে, যদি সে প্রস্তুত ছ্যাচ বদলে ফেলার চেষ্টা করে তবে তার জীবন জটিল হয়ে উঠবে।

তাকে যদি বার-বার বলাও হয় যে লোকে তাকে তার ব্যক্তিত্বের জন্যই পছন্দ করে, তা সত্ত্বেও সে এই কথা মানতে চায়না। তার হাসিখুশী স্বভাবই তার বন্ধুদের ভালো লাগে, তার ইতিবাচক মনোভাব ভালো লাগে, সমসাময়িক বিষয়ে তার জ্ঞান সত্যিই প্রশংসনীয়। তার সহকর্মীরা মনে করে যে সে সফলতার সাথে ট্যাটিয়া গ্রাহকদের করায়ও করতে পারে, যা অন্য কাউর পক্ষে সম্ভব না।

মুকেশ তাদেরই একজন, যারা নিজেদের স্পষ্ট রূপে চিনতে পারে না। জাদুর আয়নায় যেমন রোগা ব্যক্তিও নিজেকে মোটা রূপে দেখতে পায় সেরকম এরাও নিজেদের পরিবর্তিত প্রতিবিম্বটাই দেখতে পায়। এই ধরণের লোকেদের আয়নায় একটা নিরর্থক, উদাস, প্রতিভাহীন প্রতিবিম্ব চোখে পড়ে, যার কোন অধিকার নেই, কোন জিনিসের প্রয়োজন নেই। অন্যেরা বা বলে তারা সেটাই মেনে নেয়।

যারা ভালো-মানুষের চশমায় এই পৃথিবীকে দেখে ঃ

যারা প্রয়োজনের তুলনায় ভালো ব্যবহার করে তারা এটা মানতেই পারে না যে অনেক লোকই তাদের মত ব্যবহার করতে পারেনা। অন্য ভাবে বলা যায়, যেহেতু আপনি সকলের সাথে ভালো ব্যবহার করাটা কেই 'স্বাভাবিক' ও 'সঠিক' বলে মনে করেন, তাই অন্য কোন কথাই

আপনি শুনতে রাজী নন। অন্যেরা আপনার মত ব্যবহার করেনা এটা শুনে আপনি মনে করেন, তাই অন্য কোন কথা আপনি শুনতে রাজী নন। অন্যেরা আপনার মতন ব্যবহার করে না এটা শুনে আপনার মনে আঘাত লাগতে পারে।

আসলে, কিছু লোক বুঝতেই পারে না সঠিক শব্দ কি এবং এই ব্যাপারটা নিয়ে তাদের মধ্যে কোন রকম অনিশ্চিয়তাও থাকে না, এমন বহু লোক আছে, অন্যরা তাদের সম্পর্কে কি ভাবছে সে নিয়ে কোন মাথা ব্যথাই নেই, অন্যদের মনে আঘাত করতে তাদের কোনরকম সংকোচ হয় না। বিচার-বিবেচনা না করে কথা বলে এমন লোকের সংখ্যাই বেশী, তাদের ভাবনায় অন্যের কি প্রক্রিয়া হতে পারে তা নিয়ে তারা মাথা ঘামায় না, তাদের কথার প্রতিক্রিয়া কি হতে পারে সে নিয়ে চিন্তা করার প্রয়োজন তাদের নেই, তারা যা ইচ্ছা তাই বলতে কোন রকম সংকোচ বোধ করে না। কিছু লোক আছে যারা নিজেদের কাজ গুছিয়ে নিতে খুবই পটু।

আপনি নিজেই খুব ভালোই জানেন যে, এমনও সময় আসে যখন এই পৃথিবীতে আর ভালোর জমানা থাকে না। সেই সময় কি কেউই বিচার-বিবেচনা করে না বা পরিনামের কথা ভাবে না, কোন সময় আপনি এমনটা করেন এবং তার প্রভাব কি হয় সেটা বোঝা খুবই গুরুত্বপূর্ণ।

যখন কোন ব্যক্তির কোন ব্যবহার বা কথা কোন ভালো মানুষকে আঘাত করে তখন সে এটা বিশ্বাসই করতে পারে না যে, কেউ ইচ্ছাকৃত এই কাজ করতে পারে। তার মনে এই রকম ধারণাই জন্মায় না, ফলে সে বিশ্বাসও করতে পারে না। এই পৃথিবীতে ভালো লোকের সংখ্যা খুবই কম, এই ধরণের আঘাতপূর্ণ ব্যবহার পেলে তারা মনে করে যে, এই ধরণের ব্যবহারের পিছনে নিশ্চই কোন কারণ আছে।

ভালো লোকেরা মনে করে যে, পৃথিবীর প্রত্যেকটি মানুষকে তাদের মতন করেই ভাবা উচিত, প্রত্যেকরই তাদের মতন সংবেদনশীল হওয়া উচিত। কিন্তু এই পৃথিবী তেমন নয় তার সেই কারণেই তারা বিব্রত বোধ

করে। তারা মনে করে এক না একদিন সবাই অনুরূপ ব্যবহার করবে, যার ফলে নতুন রূপে আঘাত পাওয়ার রাস্তা প্রস্তুত হয়ে যায়।

এই সত্যি এতটা সহজও নয়। এমন বহু লোক আছে যারা প্রয়োজনের তুলনায় ভালো মানুষি দেখাতে রাজী নয়। আপনার সমস্যা নিয়ে তাদের কোন মাথা ব্যথা নেই, তারা নিজেদের দৃষ্টিতে এই পৃথিবীকে দেখে তাই তারা মনে করে যে, যখন তাদের কিছু বলতে কষ্ট হচ্ছেনা তাহলে অন্যদের কিসের কষ্ট। তাদের ব্যবহারের বিপরীত কোন ব্যবহার থাকতে পারে এটা মনে করতেই তারা অসুবিধা বোধ করে।

আপনাদের মধ্যে অনেকের জীবনে এর থেকেও খারাপ পরিস্হিতি আসতে পারে। যখন এই ধরণের বিব্রতজনক পরিস্হিতি সামনে আসে এবং যখন আপনি বোঝেন যে জেনে-বুঝেই এই ঘটনা ঘটানো হচ্ছে তখন একটা বিভ্রান্তিকর পরিস্হিতির সৃষ্টি হয়। আপনার কোন গুরুত্ব নেই এটা ভেবে আপনি খুবই আঘাত পান।

একটা উদাহরণের মাধ্যমে আমার বক্তব্যটি বোঝানো সম্ভবঃ

আশীষ যে বহুরাষ্ট্রীয় কম্পানীতে কাজ করে তাতে স্বাস্হ্য এবং সুরক্ষা সমিতির আটজন সদস্যের মধ্যে তার নামও আছে। বছরে দুবার কম্পানীর কার্য পদ্ধতি ঠিক করার জন্য বৈঠকের আয়োজন করা হয়। অবসর সময়তেই এই বৈঠক আয়োজন করার নির্দেশ দেওয়া আছে।

কিন্তু আশীষ, এবং অন্য সহকর্মীরা খুবই ব্যস্ত থাকে, যার ফলে সকলের সুবিধা মতন তারিখ ঠিক করা কঠিন হয়ে পড়ে। যখন বৈঠকের তারিখ ঠিক করার দায়িত্ব আশীষের উপর আসে তখন অন্য সদস্যরা ফোন ও ই-মেলের সাহায্যে নিজেদের সুবিধা মতন সময় বলতে থাকে। এই সমস্ত করতে গিয়ে অনেকটা সময় নষ্ট হয় কিন্তু সে চায় সকলেই তার তৎপরতা দেখে খুশী হোক। সে সকলকেই সাহায্য করতে চায়।

এক-এক সময়ে এক-একজনের উপর এই আয়োজনের দায়িত্ব পড়ে যখন আশীষ ছাড়া অন্য কাউর উপর এই দায়িত্ব থাকে তখন ছবিটা হয় একটু ভিন্ন প্রকৃতির। সমিতির তিনজন সদস্য বসে সময় ও তারিখ ঠিক

করে নেয় ও বাকি সকলকে তা জানিয়ে দেওয়া হয়, সকলেই এই তারিখের কথা মাথায় রেখে সময় বার করে নেয়।

আশীষ কখনই এই ধরণের কাজ করেনি তাই অন্যরা এমন করতে পারে সে তা ভাবতেই পারে না। এটা তার উচিত বলে মনে হয়। সে মনে করে যে, তার সহকর্মীরা তার ব্যস্ত দিনচর্চা নিয়ে মাথা ব্যথা করে না কারণ সকলেই তাকে বেকার ও গুরুত্বহীন বলে মনে করে।

এই ধরণের বৈঠক আয়োজন করার 'সঠিক' উপায় কি ? আশীষ নিজের প্রক্রিয়াটিকেই সঠিক বলে মনে করে কিন্তু অন্যরা নিজেদের মতন করে বৈঠক আয়োজন করলে নিজেকে 'উপেক্ষিত' ও 'গুরুত্বহীণ' বলে মনে করে, কারণ সে ক্ষেত্রে তার মতামত নেওয়া হয়না। অন্যদিকে তার সহকর্মীরা নিজেদের উপায়টিকেই সঠিক বলে মনে করে। তারা মনে করে কাউকে না কাউকে ঠিক তো করতেই হবে, তারিখ ঠিক করা নিয়ে বেশী সময় দেওয়া সম্ভব না। কে ঠিক তাতে কিছু যায় আসেনা কারণ কোন উপায়ই সঠিক নয়।

এক্ষেত্রে যেটা গুরুত্বপূর্ণ তা হল আশীষের ধারণায়, যার ফলে তার ভেতরে একটা সংকীর্ণতার সৃষ্টি হচ্ছ, যার ফলে সে মনে করে অপরের কাছে তার কোন গুরুত্ব নেই। এই ধরণের দৃষ্টিভঙ্গী মানুষের আত্মবিশ্বাস নষ্ট করে।

বিরোধাভাসকে চেনা খুবই জরুরী ঃ

যখন আপনার জীবনে সব কিছু ঠিক-ঠাক চলে তখন বিরোধাভাস আপনার মনে দ্বিধার সৃষ্টি করতে পারে। "যে কোন কাজ আমি খুব ভালো ভাবে করতে পারি কিন্তু লোকেদের সামনে অসহায় হয়ে পড়ি ?" "আমি লোকেদের সঙ্গে সম্পর্ক গড়ে তুলতে পটু-কিন্তু বাবা-মার সামনে এই ধরণের নির্দয় কিভাবে হয়ে যাই ?" "আমি প্রেমিকার সামনে কত সাহস দেখাই কিন্তু বসের সামনে কেন এত দুর্বল হয়ে যাই ?"

এই ধরণের লোক খুব কমই আছে যাকে কোনরকম বিরোধভাসের সম্মুখীনতা করতে হয় না, যার প্রতিটা ব্যাপারই ভারসাম্য যুক্ত বা একেবারেই ভারসাম্যহীন। এমন বহু লোক আছে যারা ভাবে, তাদের

সম্পূর্ণ জীবনই নিরর্থক, কিন্তু সত্যিটা এর বিপরীতও হতে পারে। যতক্ষণা না খুবই সংকটজনক পরিস্থিতির সৃষ্টি হচ্ছে এবং গম্ভীর মানসিক ফত্রণা দেখা দিচ্ছে ততক্ষণ পর্যন্ত জীবনের সমস্ত দিক শ্রেষ্ট হওয়া অসম্ভব, সে যাই চ্যালেঞ্জ করুক না কেন।

এই অধ্যায়ে প্রতিপক্ষ বিষয়ের মাধ্যমে আপনি বিরোধাভাসের ব্যাপারটা বুঝতে পারবেন এবং সঠিক প্রেক্ষাপটে সমস্যাটি বোঝারও চেষ্টা করতে পারেন।

আপনার সংবেদনশীলতা কোথায় কেন্দ্রীভূত ? জীবনের কোন পরিস্থিতিতে আপনি একই রকম ব্যবহার করতে চান ? জীবনের কোন দিকটা আপনি বদলাতে চান ? এমন কোন দিক আছে যেদিকে বদলানোর আপনার পক্ষে অসম্ভব বলে মনে হয় ?

স্হানীয় পরিবর্তন আনার জন্য নিজের সচেতনতা বদলানো খুবই জরুরী। আপনি কোন পরিস্থিতিতে কি করছেন, কি ধরণের লোকেদের সাথে কি রকম ব্যবহার করছেন যত বেশী সেগুলি অনুভব করতে পারবেন, তত বেশী নিজেকে বদলাতে পারবেন।

এক্ষেত্রে লক্ষনীয় বিষয় হল, যখন আপনি নিজের থেকে কোন ব্যবহার করেন তখন তার প্রকৃতি বোঝার জন্য ঘন্টার পর ঘন্টা, দিন ও সপ্তাহ কেটে যায়, এই সময় হঠাৎই আপনার ভেতর থেকে একটা প্রতিক্রিয়া বেরিয়ে আসে, যা আপনার স্বভাবের সাথেই এতটাই জড়িত যে আপনি কি করছেন তা আপনি বুঝতেই পারেন না ?

আপনার প্রথম কাজ হল অন্তত একবার নিজের অবচেতন মনের ব্যবহার বোঝার চেষ্টা করা এবং এটা বোঝা যে এমনটা হতেই পারে। এক্ষেত্রে একটা খুবই সাধারণ পরামর্শ দিচ্ছ, প্রয়োজন ছাড়াই আপনি 'আই অ্যাম সরি' কথাটা কতবার বলেন তা লক্ষ্য করুন।

পরবর্তী ধাপে সেই মুহূর্ত গুলির দিকে লক্ষ্য করুন, যখন আলাদা ভাবে কিছু করার ইচ্ছা আপনার ভেতরে প্রবল হয়ে ওঠে, অথচ আপনি তা করতে পারেন। এই সময় আপনার মস্তিষ্ক 'না' বলে, অথচ আপনার মুখ 'হ্যাঁ' বলে। মুখ থেকে শব্দ উচ্চারণ করার সময় আপনি

খুবই অসহায় বোধ করেন।

একই সাথে সেই সময়ের কথাও ভাবুন, যখন আপনি কাউর থেকে কিছু চান এবং তা পেয়েও যান, কিন্তু কিছু চাওয়ার জন্যে আপনি নিজেকে স্বার্থপরও অপরাধী বলে মনে করেন।

এছাড়া কখনও একটা সময় আসে যখন আপনি ধৈর্য্য হারিয়ে ফেলেন (আন্তরিক রূপে বা বাহ্যিক রূপে) এবং আপনার মুখ থেকে যা বেরয় তার উপর আপনার কোন নিয়ন্ত্রণই থাকে না। সচেতনতা বৃদ্ধির জন্য রাগের কারণ বোঝাটা খুবই জরুরী এবং এটাও দেখতে হবে যে, বিগত দিনে বা সপ্তাহে এমন কি ঘটেছিল যা আপনি ঠিক মতন ব্যক্ত করতে পারেন নি, যার ফলে আপনার মনের ভেতরে একটা জটিলতার সৃষ্টি হয়েছে।

এক্ষেত্রে কিছু করার কোন প্রয়োজন নেই। আপনার সচেতনতা বৃদ্ধি আপনার জন্য খুবই গুরুত্বপূর্ণ ব্যাপার, তাহলেই আপনি বুঝতে পারবেন যে, আপনি কি করেন এবং কখন করেন।

আমি কি ভারসাম্য হীন ?

যখন আপনি বুঝতে পারবেন যে, আপনার ব্যবহারের কারেণই আপনার জীবন গণ্ডীবদ্ধ হয়ে গেছে, তখন তার অর্থ এই হয় যে, কোথাও না কোথাও অবশ্যই কোন ঘাটতি আছে। এটা হাসিখুশী থাকতে না পারাও হতে পারে। জীবন-যাপনের ক্ষেত্রে একটা ভয় দেখা দিতে পারে, যার ফলে আপনার মনে হতে পারে আপনার জীবন লাইনচ্যুত। হয়তো আপনি অপরের জন্য বাঁচেন, যার ফলে নিজের জন্য সময় বার করাটা কষ্ট কর হয়ে উঠতে পারে।

যদি আপনার জীবন-এর মধ্যে গণ্ডীবদ্ধ হয়ে যায় তবে আপনার ভেতরের একটা হতাশা, খালি-খালি ভাব এবং আশাহীনতার ভাব সৃষ্টি হতে পারে।

তাহলে সঠিক ভাবে ভারসাম্য বজায় রাখার অর্থ কি ?

আপনি তখনই নিজেকে সম্পূর্ণ রূপে ভারসাম্য যুক্ত বলে মনে করতে পারেন, যখন আপনার বিচার-বিবেচনা, অনুভূতি আকাঙ্খা, ইচ্ছা এবং

 না বলতে শিখুন

স্বপ্ন আপনার বাইরের জগতের সাথে তাল মিলিয়ে চলতে পারবে। যদি বাইরের জগত ও ভেতরের জগতের মধ্যে ফাঁক থেকে যায় তাহলে ভারসাম্য বজায় থাকার প্রশ্নই ওঠে না। সঠিক ভারসাম্য বজায় রাখার অর্থ হল আপনার বাইরের ব্যবহার আপনার ভেতরের অনুভূতিও আকাঙ্খাকে সঠিক রূপে প্রতিবিম্বিত করতে পারে।

কখন-কখনও আপনি অনুভব করতে পারবেন যে, আপনি ভেতর-ভেতর একটা গুপ্ত জীবন অতিবাহিত করছেন, অথচ বাইরের জগতে আপনার ব্যবহার সম্পূর্ণ আলাদা। আপনার গোপন জাতি সেই বার্তালাপের দ্বারা গঠিত হয় আপনি যার কল্পনা করেন বা যে আদর্শ ব্যবহারের রূপরেখা আপনার মনে গঠিত হয়ে থাকে। এটা তৈরী হয় আপনার লজ্জা, গ্লানি ও অপরাধবোধ থেকে, বা সেই অজানা আবেগের দ্বারা তৈরী হয় বা অপমান, আঘাত, ক্রোধ, স্বার্থ, ইচ্ছা বা আকাঙ্খা থেকে উৎপন্ন হয় একত্রিত হতে থাকে।

প্রত্যেক ব্যক্তিরই এক গোপনীয় মনের সংসার থাকে, এটার তার ব্যক্তিত্বের এক বিশেষ অংশ। কিন্তু যে সমস্ত লোক প্রয়োজনের থেকে বেশী ভালো তাদের ব্যক্তিত্ব ভয়ের জন্য চাপা পড়ে যায়। এই অভ্যন্তরীন ব্যক্তিত্ব গিরগিটির মতনও হয়ে থাকে, যা পারিবার্শিক পরিবেশের সাথে-সাথে রঙ বদলে নেয়, সেই দিকে আপনাদের নজরই না যায়। এমনটা আপনি তখন করেন, যখন আপনি অন্যের মর্জী অনুসারে নিজের ব্যক্তিত্বকে গড়ে তুলতে চান, ফলে আপনার বাহ্যিক জগত ও অভ্যন্তরীন জগতের মধ্যে কোন সামঞ্জস্য থাকেনা।

যখন আপনার ভালো মানুষি ভয় ও চিন্তার গণ্ডী ভেঙে আপনার নিজের নিয়ন্ত্রণে এসে যাবে তখন আপনার অভ্যন্তরীন ও বাইরের জগতের ফারাকও কমতে থাকবে, ফলে আপনার প্রকৃত অভ্যন্তরীন ও বাইরের জগতের ফারাকও কমতে থাকবে, ফলে আপনার প্রকৃত ব্যক্তিত্ব প্রস্ফুটিত হতে শুরু করবে।

●

আপনি ভদ্রতা সঙ্গে নিয়ে জন্মান নি

আপনার বয়স যাইই হোক না কেন, আপনার ব্যবহার আপনার অস্তিত্বের একটা স্বাভাবিক অংশ বলেই মনে হয়, আপনার গায়ের রং বা হাত পায়ের আকারের মতন এটাও স্বাভাবিক। আপনি এখন যেমন কখনও তার থেকে ভিন্ন ছিলেন এটা কল্পনা করাও কঠিন।

জীবন অতিবাহিত করার সময় নিজের ব্যবহার এতটাই গুরুত্বপূর্ণ হয়ে দাড়ায় যে আমাদের মনে হয় আমরা প্রথম থেকে এমনই ছিলাম। আমরা ভাবি "আমি এমনই" আত্মবিশ্লেষণের সময় আমাদের মনে হয় আমরা অন্য রকম ব্যবহার করতে পারতাম, কিন্তু তারপরেই আমরা

ভাবি যে, এছাড়া আমাদের কাছে আর কোন উপায় ছিল না, আমরা এমনই।

এটা সত্যি নয়। আপনি সর্বদা যেভাবে থাকেন, আপনি তেমন নন। আপনি এই রকম হয়ে গেছেন। কেউই 'ভদ্রতা' সঙ্গে নিয়ে জন্মায় না। আপনি যখন জন্মেছিলেন তখন আপনি নিজের প্রয়োজন সম্পর্কে যথেষ্ট ওয়াকিবহাল ছিলেন, আমাকে দুধ খাওয়াও, আমার জামা-কাপড় বদলে দাও, আমাকে কোলে নাও, আমাকে ঘুম পরিয়ে দাও, অর্থাৎ আপনি যা চাইতেন, তা ব্যক্তও করতেন। কখন-কখন কাঁদতেন, অকারণেই কাঁদতে ইচ্ছা করত।

কোন ছোট বাচ্চাকে ভালো করে খেয়াল করে দেখুন। যখনই কোন প্রয়োজন হয় তখন সে কাঁদে, নিজের ইচ্ছাকে স্পষ্ট রূপে ব্যক্ত করার চেষ্টা করে, সে বলতে পারেনা ঠিকই কিন্তু নিজের ইচ্ছার কথা সে জানে, সংকেতের মাধ্যমে নিজের ইচ্ছার কথা সে জানে, সংকেতের মাধ্যমে নিজের ইচ্ছা ব্যক্ত করতে এতটুকু সংকোচ করেনা।

কোন কোন বাচ্চা খুব বেশী কাঁদে, কোন-কোন বাচ্চা একটু কম কাঁদে। কেউ চঞ্চল তো কেউ শান্ত স্বভাবের। সব বাচ্চাই জানে যে তাদের কি চাই আর সেই কারণেই তারা নিজেদের প্রক্রিয়ায় বাবা-মাকে প্রয়োজনের কথা বুঝিয়ে দেয়। এই কারণেই তারা কাঁদে, হাসে, রাগ দেখায়। তারা শুতে চায় না, খেতে চায়, খেলাতে চায়না একা থাকতে চায়, সবই বুঝিয়ে দেয়।

বাচ্চারা তাদের ব্যবহারের পরিণাম সম্পর্কে ভাবে না। তাদের ব্যবহার কাউকে সমস্যায় ফেলতে পারে বা কেউ রাগ করতে পারে সেই নিয়ে তারা কখনই ভাবে না, এমনকি কেউ তাদের সমালোচনা বা নিন্দা করতে পারে, সেটাও ভাবেনা। তাদের ব্যবহার ঠিক না ভুল সেই নিয়ে ভাবার মতন সময় তাদের নেই।

তারা চিৎকার করার সময় পরিণামের কথা ভাবেনা, তাদের ওটা করতে ভালো লাগে। তারা কখনই ভাবে না যে, "আমার এটা করা

উচিত কি ?” “লোকেরা আমাকে অপছন্দ করবে না তো ?” গর্ভের থেকে বাইরে আসার পর যে কোন ছোট বাচ্চাই আত্মকেন্দ্রিক হয়ে থাকে। এই সময় আপনিও আত্ম কেন্দ্রিকই ছিলেন। কিন্তু কোন কিছু পছন্দ না হলে কিভাবে না বলতে হয় তা শিখেছেন কি।

কিন্তু, অত্যাবশ্যক সামাজিক প্রক্রিয়ার সময় আরো একটি প্রতিক্রিয়া চলত, আপনার ব্যবহারের কোন দিক কেমন তা শিখেছেন, কিছু স্বীকার যোগ্য নয়, যদি তা তেমনই চলতে থাকে তবে প্রেম মান্যতা, স্বীকৃতি প্রভৃতির থেকে বঞ্চিত হয়ে যাবেন।

আপনি মুখ বন্ধ করে সমস্ত আদেশ পালন করতে থাকলে, আপনি প্রশংসার পাত্র হয়ে উঠবেন। আপনি অপরের প্রতি প্রয়োজনের বেশী সংবেদনশীল হতে শিখেছেন, যাতে আপনি ভালোবাসা ও স্বীকৃতি পেতে পারেন।

“আমি এমনি” এই কথার থেকে এক-প্রকার শক্তিহীনতার পরিচয়ই পাওয়া যায়, এর থেকে অত্যাধিক ভালো লোকেদের প্রতিবিম্ব ফুটে ওঠে, বোঝা যায় যে তারা সমস্ত পরিস্থিতিকে মানিয়ে নেওয়ার জন্য কিভাবে নিজেদের তৈরী করে ফেলেছে।

আপনি কেন প্রয়োজনের তুলনায় ভালো মানুষ হয়ে গেলেন এই অধ্যায়ে সেই নিয়েই চর্চা করা হবে। এর মাধ্যমে আপনি নিজের গ্রহণশীল ব্যবহার নিয়েও বিচার করতে পারবেন।

স্বাভাবিক রূপে প্রত্যেক ব্যক্তিই ভিন্ন-ভিন্ন রূপে ভালো হয়ে ওঠে আর এই কারণেই সবাইকেই ভালে বলে মনে হয়। আপনি কতটা ভালো তা আগেই বিশ্লেষণ করতে বলা হয়েছে। এটা বিশ্লেষণ করা জরুরী কারণ আপনার সমস্যা অন্যদের সাথে মিললেও আপনি কতটা স্বতন্ত্র তা এর দ্বারা বোঝা যাবে।

লালন-পালনের সুন্দর সময় ঃ

কখনই এই রকম কোন সময় ছিল না, আর আমরা যে পরিবেশে বাস করছি হয়তো তা কোন দিন আসবেও না। এই ধরণের সময় সম্পর্কে আমাদের সাধারণত কোন জ্ঞান থাকেনা।

এই অধ্যায়ে অপর্যাপ্ত এবং উপেক্ষাপূর্ণ পালন পোষণের বিধান সম্পর্কে বিচার করা হবে। বাবা-মাকে ভুল প্রমাণীত করা এর উদ্দেশ্য নয় বা শৈশবের ঘটনা নিয়ে আফসোস করাও আমাদের উদ্দেশ্য নয়।

আমাদের বর্তমান ব্যবহারের উৎস সহল খোঁজাই আমাদের একমাত্র উদ্দেশ্য। দোষারোপ করে কোন লাভ নেই, নিজেকে দোষি মনে করাটাও ঠিক নয়, কারণ এরফলে আপনিই সবচেয়ে বেশী দুঃখ পেতে পারেন। আপনি যদি বুঝতে পারেন আপনি কেন এমন ব্যবহার করেন তবে আপনি নিজের সমস্যার সঠিক কারণ দেখতে পাবেন। আর তবেই আপনি তা দূর করার জন্য কিছু করতে পারবেন।

বাবা-মা ভালোনা হলে তা একটা অপবাদ রূপেই দাঁড়ায়। কিন্তু খারাপ বাবা-মার জন্য নয়, বরং ভুল পালন-পোষণের কারণেই প্রয়োজনের তুলনায় ভালো মানুষের সৃষ্টি হয়। সর্বদা যে ভুল লালন পালনই এর জন্য দায়ী তা নয়। আমাদের আশে-পাশে এমন বহু বাবা-মা আছে যারা তাদের সন্তানদের যথেষ্ট ভালোবাসে এবং খেয়াল রাখে। কিন্তু কখন কখন এমন ভালোবাসা পূর্ণ ব্যবহারই এমন অযৌক্তিক, বিবেকহীন ও বেপরয়া হয়ে যায় যে তার বিপরীত প্রভাব পড়ে বাচ্চাদের উপর।

লালন-পালন করা খুবই কঠিন কাজ। এর দায়িত্ব অপরিসীম, যথেষ্ঠ চেষ্টা করতে হয় এবং কাজ কখনই শেষ হয়না। লালন-পালন করার সময় বাবা-মাকে যথেষ্ট ধৈর্য্য ধরতে হয়। কিভাবে বাচ্চাদের দেখাশোনা করা উচিত সে বিষয়ে কোন শিক্ষা দেওয়া হয়না। ধরে নেওয়া হয় যে এটা 'আপনার থেকেই হয়ে যায়' আর যে মহিলা প্রথম গর্ভবর্তী হয় তাকে এই ধরণের কথা শুনতই হয়।

আপনি যদি বেতনভোগী চাকরিজীবি হোন, তবে ধরে নেওয়া হয় যে আপনি অবশ্যই সে সম্পর্কে কোন প্রশিক্ষণ নিয়েছেন। যদি আপনি প্রশিক্ষণ নাও নেন তা হলে নিয়োগকারীরা সে সম্পর্কে একটা স্পষ্ট ধারণা দিয়ে দেয়। অনেক ব্যক্তি অপরকে প্রশিক্ষণ দেওয়ার দায়িত্বও পালন করে।

যখন কোন নতুন অসুখের খোঁজ পাওয়া যায় তখন বৈজ্ঞানিক, ডাক্তারও নার্সদের কতরকম সমস্যা হয় তা একবার ভেবে দেখেছেন, কোন নতুন মেশিন সম্পর্কিত টেকনিক্যাল জ্ঞান আপনার মাথায় আগে থেকেই থাকে কি ? না। বেশীর ভাগ ক্ষেত্রেই সে সম্পর্কে কোন ধারণা থাকেনা তা শুরু করতে হলে প্রশিক্ষণের প্রয়োজন।

কিন্তু এই কথাটা বাবা-মার ক্ষেত্রে প্রযোজ্য নয়। বেশীর ভাগ ক্ষেত্রেই ডাক্তার বন্ধু-বান্ধব বা আত্মীয়-স্বজনরাই পরামর্শ দিয়ে থাকে। আধুনিক সমাজে নিউক্লিয়ার ফ্যামিলির প্রচলন বৃদ্ধি পেয়েছে, তাতে গুরুজনদের সহযোগিতা পাওয়ার দিন তার নেই।

তাই বাবা-মার ঠিক মতন বুঝতে পারে না যে, কিভাবে নতুন অতিথির দেখাশোনা করবে। আধুনিক মারা বাজার থেকে 'প্যারেন্টিং'-এর উপরে লেখা বই কিনে পড়ে, কিন্তু এই ধরণের বেশীর ভাগ বইতেই বিরোধাভাস পূর্ণ কথাবর্তা লেখা থাকে, তা পড়ে মায়েদের দ্বিধা আরোও বৃদ্ধি পায়।

এমন অবস্হায় বাবা-মারা কি করেন ? তারা নিজেদের স্তর হিসাবে সর্ব শ্রেষ্ঠ পদক্ষেপ নেওয়ার চেষ্টা করে। তাদের সর্বশ্রেষ্ঠ্য উপায় সর্বদা ভালো হবে এমন নয়, ফলে বালক হওয়ার পর শৈশবে সঠিক পথপ্রদর্শন না হওয়ার জন্য ভুগতে হয়।

আসলে কি হয় ?

বাবা-মার যে শুধুমাত্র বাচ্চাদের দেখাশোনার ক্ষেত্রেই আনাড়ী হয় তা নয়, অনেক সময় বাচ্চারাও অরাজক স্বভাবের হয়ে থাকে, তাদেরকে সঠিক পথে আনার জন্য খুবই পরিশ্রমের প্রয়োজন হয়। বাচ্চারা বাবা-

মার ধৈর্যের পরীক্ষা নেয়। তারা নিজেদের নিয়ে ব্যস্ত থাকে এবং নিজেদের কাজ হাসিল করার জন্য সবরকম কৌশল করে থাকে। বাবা-মার ধ্যান কিভাবে আকর্ষণ করা যায় সে সম্পর্কে তারা যথেষ্ট ওয়াকিবহাল। বাবা-মারা সর্বদা তাদের কথা মানতে পারেনা, কারণ এতে বাচ্চারা উশৃঙ্খল হয়ে যেতে পারে।

প্রত্যেক সমাজ পরিবারে বাচ্চাদের সভ্য-ভদ্র বানানোর জন্য নিজস্ব প্রক্রিয়াও থাকে, সেই সাথেই দায়িত্ববান নাগরিক বানানোর জন্য বাচ্চাদের কিছু বিশেষ গুণ শেখানো হয়। এর অর্থ হল তারা কিভাবে মান্যতা প্রাপ্ত ব্যবহার করবে তা শেখানো হয়, তাদের সে সম্পর্কিত জ্ঞানও দেওয়া হয়, সমাজ যে ব্যবহারের মান্যতা দেয় তাই সমাজের অংশ হয়ে ওঠে।

ডাইনিং টেবিলে খাওয়ার সময় কিভাবে কাটা ও চামচ ব্যবহার করা উচিত তা আপনাকে শেখানো হতে পারে, কিভাবে কাপড় পরা উচিত। কিভাবে বাথরুম ব্যবহার করা উচিত বা কিভাবে জুতোর ফিতে বাঁধা উচিত সেই সমস্ত আপনাকে শেখানো হয়ে থাকে। আপনাকে ভদ্রতা শেখানো হয়, বড়রা কথা বললে বাচ্চাদের মাঝে কথা বলা উচিত না, কিভাবে লোকেদের ধন্যবাদ, নমস্কার বলা উচিত তাও শেখানো হয়, চুরি করা উচিত না, মিথ্যা বলতে নেই, বড়দের শ্রদ্ধা করতে হয় প্রভৃতি বিভিন্ন বিষয়ে প্রশিক্ষণ দেওয়া হয়।

বাচ্চাদের যদি সঠিক সময়ে এই সমস্ত বিষয়ে শিক্ষা দেওয়া না হয় তবে তারা এক অরাজকতার পরিবেশেই বড় হতে থাকে–এই কারণেই তারা কখন কখন সমাজের অবাঞ্ছিত অংশে পরিণত হয়। ঠিক মতন প্রশিক্ষণ না পেলে বাচ্চারা বড় হওয়ার পর পৃথিবীকে ঠিক মতন বুঝতে পারেনা ফলে সঠিক ব্যবহার করতে পারেনা।

এই কিন্দুর থেকেই সমস্যার শুরু। বাচ্চাদের সভ্য বানানোই বড়দের দায়িত্ব, কিন্তু এই প্রক্রিয়া সঠিক নয়। নিজেদের হতাশার কারণে বাবা-মারা বাচ্চাদের ভয় দেখায়, গালাগালি দেয়, নিন্দা করে, ধমক দেয়,

চিৎকার করে, তাদের আবেগ নিয়ে খেলা করে এবং তাদের মানসিক ও শারিরীক দিক দিয়ে শোষণ করে যাতে তারা তাদের মর্জী অনুসারে ব্যবহার করে। এই ভাবে জোর করে কিছু শেখানো হলে বাচ্চাদের আত্মবিশ্বাস ও সম্মান দূর্বল হয়ে যায়।

অনেক সময় কোন বাচ্চার অসভ্যতামি দেখে আপনার রাগ হতে পরে এবং তাকে বকতে ইচ্ছা করে।

ভুল পন্হায় বাচ্চাদের শেখানোর পরিণাম এটাই হয় আর তারপর বাবা-মা তাদের শোধরানোর কোন উপায় পায়না। অনেক সময় বাবা-মাদের শৈশবের অভিজ্ঞতা খারাপ হয় বলেই তারা তা বাচ্চাদের উপর প্রয়োগ করার চেষ্টা করে। অনেক বাবা-মার মুখ থেকেই শোনা যায় যে খারাপ ব্যবহার তাদের সাথে হয়েছে তার তো কখনই বাচ্চাদের সাথে কবেনা। কিন্তু যতক্ষন না তারা নিজেদের ব্যবহার সম্পর্কে সচেতন হচ্ছ এবং লালন পালনের সঠিক উপায় শিখছে ততক্ষণ তারা পুরানো অভ্যাসের অধীনে থেকেই কিছু নতুন নিয়ম তৈরী করে ফেলবে।

কোন বাচ্চা যেমন অবাধ্য, উদ্ধত হয়, যেরকম কোন বাচ্চা আবার হাসিখুশী, সৎ, সৃজনশীল, উৎফুল্ল এবং উৎসুক হয়ে থাকে। তাদের ইচ্ছা শক্তি খুবই দৃঢ় হয় এবং তারা নিজেদের লক্ষ্যের প্রতি সম্পূর্ণ সমর্পিত থাকে। তাদের প্রাণবন্তও হাসিখুশী স্বভাব শেষ করার জন্য বেশী আঘাতের প্রয়োজন হয়না, তারা এতটাই নরম প্রকৃতির হয় যে সামান্য আঘাতেই ভেঙে পড়ে।

বাবা-মারা যে পথে বাচ্চাদের নিয়ে যাওয়ার চেষ্টা করে, তার জন্য অধিক বল প্রয়োগের প্রয়োজন হয়না। বাবা-মা আপনাকে ভয় দেখায়, ধমকায়, তিরস্কার করে আর আপনি আজ্ঞাকারী বাচ্চায় পরিণত হন।

আপনি অনেক সময়তেই ঠিক করেন যে, "আমি আর কখনও এমন করব না।" আপনি নিজের নির্ধারিত রেখা লঙ্ঘনের চেষ্টা করেন ফলে মনে একটা ভয় থেকেই যায়। সাধারণ স্তরে এই ধরণের অনুশাসন প্রয়োগ করলে কখনই বাচ্চাদের সৃজনশীল বিকাশ ক্ষতিগ্রস্হ হয়না, বরং

এই ধরণের চাপ বাচ্চাদের একটা নির্দিষ্ট গণ্ডী পর্যন্তই প্রভাবিত করে।

ছোট বয়সে এক ব্যক্তি তার বাবা-মার মুখ থেকে প্রায়ই একটাই কথা শুনতে পেত, "আমি যদি তোমারজায়গায় থাকতাম তবে কখনই এমনটা করতাম না।" বা "তুমি কখনই দাঁড়াতে পারবেনা।" বাবা-মা বাচ্চাকে খুবই ভালোবাসত, এবং সে যেন অসফল না হয় সেই কারণেই এই কথা বলত, কিন্তু এই বাচ্চাটি যখনই কোন নতুন কিছু করতে চাইত, তখনই তার বাবা-মার কথা মনে পড়ত ফলে তার আত্মবিশ্বাস টলমল হয়ে যেত। বড় হওয়ার পরে সে কোন কাজেই সফল হতে পারত না। চাকরি হোক বা ব্যবসা, বন্ধুত্ব হোক বা অন্য কোন সম্পর্ক, এই অসফলতার ভয় তার দাম্পত্য জীবনকেও প্রভাবিত করতে থাকে ফলে তার বাচ্চারাও প্রভাবিত হয়।

তারা বাবা-মা কি খারাপ ছিল ? না-তারা অজ্ঞানতার জন্যই এমন কথা বলত।

- এমন বাচ্চাদের অভাব নেই যারা প্রতিদিন মার খায় বা ঘন্টার-পর ঘন্টা ঘরে বন্দী থাকে।

- দত্তক নেওয়া বাচ্চদের প্রায়ই ভয় দেখানো হয় এই বলে যে, যদি অভ্যাস পরিবর্তন না করে তবে তাকে অনাথাশ্রমে দিয়ে আসা হবে।

- একটা বাচ্চাকে তার মা বলেছিল তার উদ্ধতের জন্য তার বাবা-মারা যায় তবে তার জন্য সে দায়ী হবে।

- একটা বাচ্চার বাবা-মা অফিস যাওয়ার সময় তাকে দড়ি দিয়ে বেঁধে যেত যাতে সে এদিক-ওদিক ঘুরে বদমাইশি করতে না পারে।

- কোন বাচ্চা বদমাইশি করলে তাকে রাস্তায় ফেলে দেওয়া হবে এই বলে ভয় দেখানো হয়।

- কোন কোন বাবা-মা অন্য কাউর সাথে বাক্যালাপ করার সময় নিজের বাচ্চার উপহাস করে।

- অনেক সময় বাচ্চাদের ভূত-প্রেতের ভয় দেখানো হয়।

- অনেক সময় বাবা-মা বাচ্চাদের অনুচিত দণ্ড দিয়ে নিজেদের সঠিক

প্রমাণ করার জন্য বলে, ''আমরা তোমার ভালোর জন্যই এমনটা করি।''

এই রকম খারাপ ব্যবহারের একটা লম্বা তালিকা বানানো যায়, কিন্তু এক্ষেত্রে যেটা সবচেয়ে বেশী জরুরী তা হল আপনার সাথেও এমন ব্যবহার হয়েছে, কোন না কোন উপায়ে আপনার বাবা-মাও আপনাকে সভ্য-বানানোর চেষ্ট করেছে। আপনি কিভাবে আপনার শৈশবের কথা স্মরণ করেন, আপনার স্মৃতি স্পষ্টই আছে নাকি অস্পস্ট হয়ে গেছে ?

আপনার সাথে খুব খারাপ ব্যবহার করা হয়েছে, যার প্রভাব আপনার সৃজনশীল বিকাশের ক্ষেত্রে পড়েছে তা নয়। ছোট বয়সে যদি আপনার উপর অতিরিত্তছ চাপ দেওয়া হয়ে থাকে তবে বয়সকালে আপনার অক্ষম বা দুর্বল হওয়ার প্রবণতা দেখা যায়।

● আপনাকে যে সবসময় মারধর করা হয়েছে এমন নয়, বাবা-মার অনন্তুষ্টির কারণেও আপনার মধ্যে হতাশার সৃস্টি হতে পারে।

যদি কেউ ক্রমাগত বলে আপনি সুন্দর নন, বা আপনার নাক বাঁকা বা আপনি অলস তবে তা অবশ্যই আপনার উপর বিপরীত প্রভাব ফেলবে।

উদাহরণ হিসাবে বলা যায়, যদি আপনার বেসুর গান বা খারাপ ছবির জন্য শৈশবে কেউ উপহাস করে তবে সারা জীবন তার খারাপ প্রভাব আপনার ব্যক্তিত্বের উপর পড়তে থাকেব। আর কোন দিন গান গাইবেন না বা ছবি আঁকবেন না এমন সিদ্ধান্তও নিয়ে নিতে পারেন।

আপনার জীবনে এমন দিকও থাকতে পারে যার জন্য আপনি সংবেদনশীলতা অনুভব করতে পারেন। এর শিকার শৈশবেই আপনার মনে বসে যায়, ফলে এর উৎস স্হল খুঁজে পেতে আপনার কোন অসুবিধা হয়না।

● আপনি যদি চিনতে নাও পারেন তাতেও কোন অসুবিধা নেই। প্রত্যেক ব্যক্তির স্মরণশক্তি ভিন্ন প্রকারের হয়ে থাকে। কিছু লোকের এক বছর বয়সের কথাও মনে থেকে যায়, কিছু লোকের স্মৃতি

একেবারেই ধোঁয়াটে হয়ে যায়, কিছু লোকের আবার কিছুই মনে থাকেনা–আপনি যেটুকু মনে করতে পারেন, সেইটুকুই মনে করার চেষ্টা করুন।

আপনার ইচ্ছা হলে আপনি আপনার ভাই-বোনকে জিজ্ঞাসা করতে পারেন, আপনার আত্মীয়-স্বজনকে জিজ্ঞাসা করতে পারেন, কিন্তু তাদের স্মৃতি আর আপনার স্মৃতি ভিন্নও হতে পারে।

আপনার শৈশবের কোন বিশেষ ঘটনা মনে নাও পড়তে পারে কিন্তু অপমানিত হওয়ার মতন কোন কথা কেউ কোন দিনই ভোলে না।

আপনার কোন ইচ্ছা নেই ঃ

ভালো ব্যবহারের একটা জটিল দিক হল কখন কখন আপনার কি চাই আপনি সেটাই বুঝতে পারেন না। আপনি নিজের ইচ্ছা ও অনুভূতির থেকে এতটাই দূরে চলে যান যে আপনি নিজের ইচ্ছাগুলিকে বুঝতেই পারেন না, আপনার বাস্তবিক ইচ্ছা সম্পূর্ণ রূপে দূরে চলে যায়। এটা ভুল পন্থায় লালন-পালনেরই পরিণাম যার ফলে আপনার ইচ্ছার কোন মূল্যই থাকেনা।

একটা উদাহরণ দেখুন ঃ

বাস স্ট্যান্ডে এক বিব্রত মা তার পাঁচ বছরের মেয়েকে নিয়ে দাঁড়িয়েছিল মেয়েটা একটা সুন্দর ফ্রক পরেছিল, তার হাতে ছিল একটা সুন্দর গিফ্ট প্যাকেট। সে বলে, ''আমি নিশিতার পার্টিতে যাব না, আমার নিশিতাকে ভালো লাগে না।''

''না, এমন বলতে নেই। নিশিতা তোমার সবচেয়ে প্রিয় বন্ধু, ও ভালো, তোমাকে যেতেই হবে।''

''ও খারাপ, আমি ওর মুখ দেখতে চাইনা, আমি যাব না।''

''আমি কোন কথা শুনতে চাইনা। বাস আসছে, চলো। নিশিতার বাড়ীর লোকরা তোমাকে পছন্দ করে, তোমাকে যেতেই হবে।''

তার মায়ের রাগ দেখে বাস স্ট্যান্ডের লোকরা তাদের দিকেই দেখছিল। এক পরিশ্রান্ত মা জোর করে তার মেয়েকে তারই বন্ধুর জন্মদিনের

পার্টিতে নিয়ে যাচ্ছ, আর সার্বজনিক স্থানে দাঁড়িয়ে তার মেয়ে তামাশা করছে, মাই এই ধরণের বিরোধের আশা করেনি (বাচ্চারা খুব ভালোই বিরোধীতা করতে জানে, তারা জানে যে কখন জেদ করা ঠিক হবে, তারা তাই করে।)

এর অর্থ এই নয় যে এই মহিলা একজন খারাপ মা, সে তার মেয়ের অবচেতন মনকে এটাই বোঝানোর চেষ্টা করছিল যে, সে যা ভাবছে তা ঠিক নয়। সে তার মেয়েকে বলে যে সে নিশিতাকে পছন্দ করে, কিন্তু প্রকৃতপক্ষে তার মেয়ে নিশিতাকে পছন্দ করত না। সে বলে সে নিশিতার বাড়ীর লোকরা তাকে পছন্দ করে কিন্তু তার নিশিতার বাড়ীতে যেতে একটুও ভালো লাগত না। এখানে যেটা সবচেয়ে বেশী লক্ষ্য করার বিষয় তা হল, সে যা বিশ্বাস করেনা জোর করে তাকে সেটাই বিশ্বাস করানোর চেষ্টা করা হচ্ছে।

মেয়েকে বোঝানোর জন্য মহিলা ইচ্ছা করলে অসীম ধৈর্যের সাথে কাজটা করতে পারত। সে মেয়ের সামনে নত হয়ে বলতে পারত, ''কি হয়েছে ? আমি তো জানতাম নিশিতাকে তুমি পছন্দ কর। মাকে বলবি না, কি হয়েছে ?'' বেশীর ভাগ ক্ষেত্রেই ছোটরা চায় বড়রা তাদের মনের কথা শুনুক ও তাতে গুরুত্ব দিক। এমন অবস্থায় বাবা-মা ও বাচ্চার মধ্যে আলোচনার দ্বারা কোন কোন রাস্তাও বেরিয়ে আসে। কিন্তু এ ক্ষেত্রে বাচ্চার মনের কথা শোনা হচ্ছে না, তাকে বাধ্য করা হচ্ছে তার কথা মানার জন্য।

কোন বাচ্চাই ঠিক ভুলের বিচার করতে বসে না ঠিকই কিন্তু তাদের ইচ্ছা মেনে নেওয়া হয়না বলে তাদের অবচেতন মনে প্রভাব পড়ে। ঘুরে ফিরে তার মনে একটা কথাই আসে, তার অনিচ্ছা সত্ত্বেও কিভাবে তার মা জোর করে তাকে নিশিতাদের বাড়ী নিয়ে গেছিল। হয়তো নিশিতাদের বাড়ী যাওয়ার পর সে সারাদিন ধরে কেঁদেছে, জিনিস-পত্র ফেলে দিয়েছে, নিজের অনুভূতি প্রকট করার চেষ্টা করেছে।

আর একটা উদাহরণ দেখুন। আপনি দৈনন্দিন জীবনে কখন না

কখন অবশ্যই এমন উদাহরণ দেখে থাকবেন।

“আমার আইসক্রিম চাই।”

“না, তোমার চাই না।”

“আমার চাই, আইসক্রীম চাই।”

“বললাম না চাইনা। তোমার আইসক্রীম খাওয়ার প্রয়োজন নেই।”

“আমার চাই, চাই, চাই, একটা আইসক্রীম চাই।”

“আমি বললাম না তোমার আইসক্রীম চাই না। এবার অসভ্যতামি বন্ধ কর আর নিজের ঘরে যাও।”

এই দৃশ্য বহুক্ষণ ধরে চলতে পারে, কান্না দিয়েই শেষ হয় এমন দৃশ্য কারণ সে আইসক্রীম চায় অথচ তাকে বলা হচ্ছে সে আইসত্রীম চায়না ফলে একটা দ্বিধার সৃষ্টি হয়। এই ঘটনাটিকে খুবই সাধারণ বলে মনে হতে পারে। বাবা-মা চায়না তার বাচ্চা আইসক্রীম খাক, সেই কারণেই তারা না করছে।

কিন্তু প্রকৃতপক্ষে এটা কোন সাধারণ বিষয় নয়। তারা একটু অন্য ভাবেও এই কথাটা বলতে পারত ঃ

“আমার একটা আইসক্রীম চাই।”

“আমি জানি তোমার আইসক্রীম খেতে ইচ্ছা করছে। কিন্তু আমরা একটু পরেই খেতে বসব, তাই আমি চাইনা এখন তুমি আইসক্রীম খাও।”

“কিন্তু আমি একটাই চাইছি ?”

“হ্যাঁ, আমি জানি তুমি একটাই চাইছ, কিন্তু এখন আমি একটাও দেব না।”

বাচ্চা জেদী প্রকৃতির হলে এই ধরণের কথাবার্তাও বহুক্ষণ ধরে চলতে পারে। শেষে বাচ্চা কাঁদতে পারে বা বুঝেও যেতে পরে। কিন্তু একটা বিষয় খুবই স্পষ্ট যে বাচ্চা যা চায় তা নিয়ে তার মনে কোন রকম দ্বিধা থাকেনা। সে যা চায় তা পায়না ঠিকই কিন্তু তাকে না দেওয়ার

কারণ বলে দেওয়া হয় বলে, তার মনে এক বিষয় নিয়ে আর কোন রকম দ্বিধা থাকে না।

শৈশবে যদি আপনি কোন জিনিস চেয়ে না পেয়ে থাকেন তবে বাল্যকালেও নিজের ইচ্ছা ব্যক্ত করতে পারাটা কঠিন হয়ে দাঁড়ায়। আপনি এমন কোন ঘটনা মনে করতে পারেন কি, যে ক্ষেত্রে আপনার মনে কোন জিনিসের প্রতি বাসনা থাকা সত্ত্বেও আপনাকে বলা হয়েছে যে, আপনি তা চান না। আপনার তখন কেমন লেগেছিল মনে করতে পারেন কি ?

প্রত্যেক কথায় কাঁদা ভালো নয় ঃ

আপনাকে বল হয়েছে যে, কোন বিশেষ জিনিস আপনি চাননা। কিন্তু আপনি জানেন আপনি তা চান, এছাড়া আপনাকে আরোও বলা হয়েছে যে আপনি তেমন কিছু বোধ করছেন না, কিন্তু আপনি প্রকৃত পক্ষে তেমনিই কিছু বোধ করছিলেন। যখন কোন বয়স্ক ব্যক্তি কোন বাচ্চার চোখের জল সহ্য করতে পারেনা, তখনই এমন ঘটে। বাচ্চার চোখের জল দেখে তার কষ্ট হয়, তা যে দূর করতে পারে না বলে নিজেকে খারাপ বাবা-মা ভাবতে শুরু করে।

কোন বাচ্চা কাঁদলে, তাকে চুপ করানোর জন্য কোন বয়স্ক ব্যক্তি বলতে পারে যে, ''কাঁদিস না, এটা কান্নার মতন বিষয় নাকি ?'' বা ''চুপ কর, এমন কিছুই হয়নি।'' বা ''এমন মুখ করে রেখেছো কেন ?''

যদি সে বাচ্চাকে চুপ করাত চায় তবে বলতে পারে ঃ ''যদি তুমি কান্না বন্ধ কর তাহলে আমি তোমাকে কিছু দিতে পারি'' বা ''সব কথায় কাঁদা ভালো নয়।'' বা ''ভালো বাচ্চা কাঁদেনা'' বা ''তুমি এত বড় হয়ে গেছো তাও কাঁদছো।''

এর মধ্যে কোন কথাই বিশেষ রূপে ফলদায়ক নাও হতে পারে, কিন্তু এই কথাগুলি তার আবেগকে প্রভাবিত করতে পারে। আপনি যা অনুভব করছেন তা অনুভব না করতে বলার অর্থ আপনার ক্ষতি ডেকে আনা। এমন অবস্হায় একটা অসামঞ্জস্য বোধের সৃষ্টি হতে পারে,

এছাড়া এগুলির ফলে বড়দেরই সুবিধা হয়, বাচ্চাদের কোনই সুবিধা হয়না। বড়রা নিজেদের অসুবিধা দূর করার জন্যই এমনটা করে থাকে।

1996-এর অলিম্পিকের সময় এমনই এক ঘটনা ঘটেছিল, সেই ব্যাপারেই এখন কথা বলব। যেসমস্ত খেলোয়াড়রা এতে অংশ গ্রহণ করেছিল তারা কেউই বাচ্চা নয়, এই উদাহরণ সত্যিই শান্তি দেবে।

মেয়েদের জিমনাস্টিক্স ফাইনেলে এমন ঘটনা ঘটেছিল। আমেরিকার এক খালোয়াড় পিছলে পড়ে গেছিল, ফলে তাকে অযোগ্য বলে ঘোষণা করা হয়। সে ময়দান ছেড়ে বেরিয়ে যায়, স্বাভাবিক ভাবেই তার চোখে ছিল জল–তার সাথে ছিল দুঃখ, লজ্জা, হতাশা। তার কোচ তাকে সান্ত্বনা দেওয়ার জন্য এগিয়ে যায়, সেই সময় সারা পৃথিবীর ক্যামেরাও মাইক্রোফোনও সেই দিকেই তাকিয়ে ছিল, সারা পৃথিবীর চোখ ছিল টিভির দিকে।

তার কোচ তার পিঠে হাত রেখে বলে, "কিছু হয়নি, পদক তোমার টীমই পাবে।" কোচের এই সান্ত্বনা সত্যিই কার্যকারী হয়েছিল। এই খেলোয়াড়কে সান্ত্বনা দেওয়ার সময় কোচ এমনই অনুভূতির সাথে কথা গুলি বলেছিল যে সবাই তা বুঝতে পেরেছিল।

বাচ্চাদের উদাস এবং দুঃখে দেখলে বাবা-মা অসহায় বোধ করে এবং চিন্তা-ভাবনা না করেই কথা বলে দেয়। নিজেদের অনুভূতিতে নিমজ্জিত বাচ্চাদের কাছে বাবা-মার কথা উদ্ভ্রান্তের মতন লাগে, আসলে বাবা-মা বলতে চায় তোমাদের অনুভূতিই ঠিক।

শুধুমাত্র বাচ্চারা যখন কাঁদে তখনই এমন হয় তা নয়। অনেক সময় বাবা-মার বাচ্চাদের নিন্দা করে বলে, 'ও খুব সংবেদনশীল,' আর এইভাবে বাচ্চাদের অনুভূতি নষ্ট করে দেওয়া হয়। বাচ্চারা তাদের আবেগকে ঠিকমতন ব্যক্ত করতে পারেনা এই কারণে তারা নিজেদের মধ্যেই গুমরে মরে।

অনেক পরিবারেই আবেগের কোন স্হান নেই, সেখানে মুখ বন্ধ রাখতে বলা হয় এবং কোন কথা বলতে মানা করা হয়। কোন কোন

বাবা-মা তো সহজাত একই কথা বলে। বাচ্চাদের কান্না শুনে তারা এতটাই বিরক্ত বোধ করে যে, তারা বোঝাবার চেষ্টা করে যে কান্না কত খারাপ জিনিস।

কান্না কোন খারাপ বিষয় নয়। বাচ্চারা তাদের ইচ্ছা বা অসুবিধার কথা বোঝানোর জন্যই কাঁদে। ছোট বয়সে বাচ্চারা কাঁদলে তাদের খুব তাড়াতাড়ি মানানো যায়। চোখের জলের উদ্দেশ্য আছে, যখন কোন বয়স্ক ব্যক্তির চোখে জল দেখা যায়না তখন আমরা বলি, তার চোখের জলও শুকিয়ে গেছে।

চোখের জলকে লজ্জার প্রতীক বলে ধরা হয়, এটা যে কোন ব্যক্তির কাছে লজ্জা ও দুর্বলতার চিহ্ন। কথায় বলে ছেলেরা কখন কাঁদেনা, মেয়েরাই শুধু কাঁদে। চোখের জলকে নেতিবাচক বলে ধরা হয়, এর সম্পর্কে বহু নেতিবাচক কথাও আছে। কিন্তু মনের অনুভূতি ব্যক্ত করার জন্য সবচেয়ে বড় উপায় হল চোখের জল।

আপনি নিজের সম্পর্কে কি ভাবেন ? এমন কোন ঘটনা মনে পড়ে কি যখন আপনার অনুভূতিকে কেউ কদর করেনি, আপনার পরিবারে আবেগের কোন স্হান নেই কি ? সেখানে আবেগ নিয়ে উপহাস করা হয় নাকি তা বোঝার চেষ্টা করা হয় ?

শৈশবে ইচ্ছা ও অনুভূতির কদর না করলে বাল্য অবস্হায় তার পরিণাম কিভাবে সামনে আসতে পারে ? আপনাকে যদি নিজের প্রয়োজন, অনুভূতিও ইচ্ছার কথা জিজ্ঞাসা করা হয়, তাহলে হয়তো আপনি বলবেন, "আমি জানি না।" আসলে আপনার মন অবশ্যই তা জানে, কিন্তু অপরের কাছ থেকে অনুভূতির পরিভাষা শুনতে শুনতে আপনি হয়তো নিজের অনুভূতি প্রকাশ করতে পারাটা অসম্ভব বলেই মনে করেন।

আপনি নিজের ইচ্ছার কথা বললে আপনার সমালোচনা হতে পারে, হয়তো সেই কারণেই আপনি বলে দেন আপনার কোন ইচ্ছা নেই।

আপনার জীবনে এমন কেউ আছে কি, যে আপনার ইচ্ছার কথা

বলে দিতে পারে ? কিছু লোক অপরের ইচ্ছার কথা বলে দেওয়ার ক্ষেত্রে খুবই পটু হয়, তারা সব জানে। বেশীর ভাগ ক্ষেত্রে, আপনার ঘাড়ে। বন্দুক রেখে নিজের ইচ্ছার কথাই বলে দেয়। আপনার লালন-পালনের সময় যদি আপনার অনুভূতির পাতা না দেওয়া হয় তবে অন্য কেউ অতি সহজেই আপনার ঘাড়ে বন্দুক রাখার সাহস পাবে।

একটা উদাহরণের মাধ্যমে বিষয়টি বোঝা যায় ঃ

একটা ডিপার্টমেন্টাল স্টোরে এক মহিলা তার মেয়েকে সঙ্গে নিয়ে ট্রলিতে করে কেনা কাটা করছিল। যেদিকে বিস্কুটের প্যাকেট সাজানো ছিল সে দিকে ট্রলি নিয়ে গিয়ে সে তার ছোট মেয়েকে জিজ্ঞাসা করে, "তোমার কোন বিস্কুট চাই," মেয়েটা কোন রকম সংকোচ নাকরেই একটা প্যাকেটের দিকে ইশারা করে বলে, "আমার ওটা চাই।" মহিলা এই প্যাকেটটা ট্রলিতে রখার পরিবর্তে বলে, "তোমার ওটা চাইনা। তোমার এটা চাই, তোমার বাবার এটা পছন্দ।" যদি এই মহিলা তার পছন্দের বিস্কুট নাই নেবে তাহলে তাকে জিজ্ঞাসা করার কি দরকার ছিল ?

আপনার লালন-পালনের সময় যদি এমন ঘটনা ঘটে তবে আপনাকে কেউ আপনার ইচ্ছার কথা জিজ্ঞাসা করলে আপনি অবশ্যই ভাববেন যে, আপনার বলা উচিত কিনা। চতুর ব্যক্তিরা "আপনার কি দরকার..." তা অবলে দেবে, কিন্তু প্রকৃত পক্ষে আপনার প্রয়োজনের কথা আপনার থেকে ভালো কেউ জানে না।

এই উদাহরণটি দেখুন ঃ

● কোন এক মহিলার স্বামী (তার সাথে বিবাহ বিচ্ছেদ হয়ে গেছে) সর্বদাই তাকে বলত সে তাকে খুব ভালোবাসে, মহিলা ভাবত যখন সে এত জোরের সাথে এই কথা বলছে তার মানে তা সত্যি।

● কোন এক ব্যক্তির বিয়ে করার ইচ্ছা ছিল না, তবু সে সেই সময় বিয়ে করে, তার প্রেমিকা তাকে বলেছিল সে তাকে মন থেকে ভালোবাসে, আর তাকে বিয়ে করতে চায়।

● কোন এক ব্যক্তি কম্পানীতে পদোন্নতির জন্য আবেদন করতে চায়

না কারণ তার এক সহকর্মী তাকে বলে যে আসলে তার চাকরির কোন প্রয়োজন নেই, আর সেই কারণেই তার সংকল্প টলমল করতে থাকে।

● এক মহিলা ছুটি কাটানোর জন্য এমন এক স্থানে যায় যেখানটা তার বান্ধবীর খুব পছন্দ ছিল, এই মহিলার কোথাও যাওয়ারই ইচ্ছা ছিল না।

এমন বহু লোক আছে যারা প্রকৃত পক্ষে জানেইনা তা কি চায় বা তারা কি অনুভব করে। তাদের পক্ষে কোন সিদ্ধান্ত নেওয়া খুবই কঠিন কাজ, কারণ তারা যা সিদ্ধান্ত নেবে তার কোন প্রয়োজনই নেই, আসলে তারা নিজেদেরর প্রয়োজনের কথা ভুলেই গেছে।

এমন লোকেরাও অভাব নেই যাদের মনের ইচ্ছা মনেই চেপ গেছে, কারণ তারা ইচ্ছার কথা জানাতে ভয় পায়, তাই তারা বলে দেয়, ''আমি জানি না'' বা ''আপনি যা বলবেন, সেটাই ঠিক'' বা ''কিছুই যায় আসে না। যা ঠিক হবে সেটাই মেনে নেব।'' তারা কখনই বলেনা যে ''আমিচাই'' বা ''আমার মনে হয়।''

আপনি কিভাবে নিজের ইচ্ছা বা প্রয়োজনকে চিনতে পারেন সেটাই প্রথম কথা, আর দ্বিতীয় কথা হল, আপনি নিজের ইচ্ছা বা প্রয়োজন পূরণ করার জন্য তা ব্যক্ত করেন কি ?

আমি আপনার ভালোর জন্যই করছি ঃ

''আপনি কখন এমন কথা শুনেছেন কি ?'' একেবারেই মিথ্যে!

এমন বহু বিষয় আছে যা আমাদের আশেপাশের লোকেরাই করে দেয় এবং তার জন্য অবশ্যই আমাদের ভালো হয়, আপনাদের সকলেরই হয়তো মনে আছে যে, কিভাবে উদারতা সহানুভূতি ও সহযোগিতার সাহায্যে আপনাদের বাবা-মা এবং অন্য গুরুজনেরা আপনাদের ভালো চেয় এসেছেন।

এটা সত্যি যে যখন আপনি ছোট ছিলেন, সেই সময় যদি কোন বয়স্ক আপনাকে বলত যে আমি তোমার ভালোর জন্যই করছি তবে

আপনার সাবধান হয়ে যাওয়া উচিত ছিল। আসলে সে যা করত নিজের ভালোর জন্যই করত, আপনার ভালোর জন্য নয়। তারা নিজেদের সুবিধার জন্য আপনার ব্যবহার পরিবর্তন করার চেষ্টা করত আপনাকে সামাজিক প্রাণী বানানোর কোন ইচ্ছা তাদের ছিলনা।

যখন বয়স্ক ব্যক্তিরা আপনার সাথে তাল মেলাতে পারেনা তখন তারা বিভিন্ন কায়দায় আপনাকে বাগে আনার চেষ্টা করে এবং সেই সাথেই জ্ঞানও দেয়। আপনার ভিন্ন স্বভাবের জন্য নয় বরং আপনার স্বভাব তারা মেনে নিতে পারে না। শৈশবে আপনার ব্যবহার দেবদূতের মতন ছিল এমন নয়, তা আসলে বাবা-মা যখন আপনাকে বাগে আনত পারত না তখনই আপনাকে ভোগ করতে হত।

আপনার সাথে যদি এমন ঘটনা ঘটে থাকে, যা নিয়ে সবচেয়ে বেশী অসমাঞ্জস্য দেখা গেছিল তা হল যখন আপনার মনে খুশীর জোয়ার ছিল অথচ আপনার বাবা-মার মনে ছিল ক্রোধ তখন আপনার মনে একটা ভয় চেপে বসে।

যখন এমন পরিস্থিতির সৃষ্টি হয় তখন অপরের কাছে স্বীকার যোগ্য হওয়ার জন্য আপনি নিজেকে বদলাতে শুরু করেন। এমনটা তখনই হয় যখন আপনার ভেতরে অতিরিক্ত বোধ বিকশিত হয়, এর সাহায্যে আপনি সঠিক উপায়ে নিজের ব্যবহার ঠিক করে নিতে পারেন, যাতে সব-কিছু ঠিক-ঠাক থাকে। চেতন বা অবচেতন মনে আপনি সাবধানতার সাথে ভাবতে থাকেন, ''আমার বাবা-মা কোন বিষয়ে ক্রুদ্ধ হতে পারে?'' আর ''আমারকি করা উচিত?'' এবং ''তারা কি চায়?'' ''আমার কি ধরণের ব্যবহার করা উচিত?''

আপনার বয়স যখন খুবই কম ছিল, তখন এই কথা গুলি শব্দের আকারে আপনার মনে এসেছিল এমন নয়, এটা অতি সহজ অনুভূতি, যাকে আপনি আকার দিতে পারেন, তা না হলে আপনাকে দণ্ড দেওয়া হতে পারে, দণ্ডের অর্থ ভালোবাসা, প্রেম-প্রীতি বা মান্যতার থেকে বঞ্চিত হওয়া–বাচ্চাদের সুরক্ষিত অনুভব করানোর জন্য এই ব্যবহারের

প্রয়োজন।

আপনি যখন ছোট ছিলেন, তখন আপনি বাবা-মার প্রয়োজন অনুসারে নিজের ব্যবহার বদলানোর চেষ্টা করেছেন। তাদের প্রয়োজন ক্রমাগত বদলাতে থেকেছে। তারা কি চায় আপনি তা আন্দাজ করার চেষ্টা করেছেন, হয়তো তা আন্দাজ করা আপনার পক্ষে সম্ভব হয়ে ওঠেনি। এটা ছিল ভিত্তিহীন এবং তা বদলানোর অধিকার অন্য কাউর হাতে ছিল। হয়তো প্রত্যেক দিন, প্রত্যেক সপ্তাহে আলাদা-আলাদা নিয়ম হত, যা পালন করা ছোট বাচ্চার জন্য খুবই কষ্টকর ছিল।

এর অর্থ হল, আপনাকে ভয়ে-ভয়ে বাঁচতে হত। বাবা-মা রাগ না করে সর্বদা আপনি তাই ভাবতেন। এর অর্থ হল মন্তব্য অসন্তুষ্টি দূর করার জন্য আপনি আগে থেকেই একটা ভয়ের রাজ্যে ঢুকে পড়েছিলেন।

এই কারণে যে কোন পরিবেশে মানিয়ে নেওয়ার মতন এক অদ্ভুত শক্তি আপনার মধ্যে তৈরী হয়ে যায়, যা আপনার যেকোন সমস্যা দূর করে দিতে পারে। কোন ছোট বাচ্চার পক্ষে এই সব করা শাস্তির থেকে কম নয়। প্রত্যেকই উদাস বাবা-মাকে খুশী করার জন্য কিছু-না কিছু করে, আপনিও এমনই কিছু করার চেষ্টা করেছেন হয়তো।

তা সত্ত্বেও তাদেরখুশী করা সম্ভব হয়না। প্রত্যেক বার নতুন কিছু করার চেষ্টা করতে হয়, কি করবেন আপনি সেই ভাবতেই ব্যস্ত হয়ে যেতেন।

আপনার অসফলতা নিশ্চিত ছিল। কোন ছোট বাচ্চাই সর্বদা সাবধান থাকতে পারে না আর আপনি যথা সাধ্য চেষ্টা করা সত্ত্বেও আপনার বাবা-মা ক্ষুব্ধ হয়েই যেত।

মানুষের অভ্যাস খুবই দৃঢ় হয়। কোন আলাদা মানুষ হওয়ার জন্য আপনি বহু অভ্যাস করার সুযোগ পান। আপনার থেকে যে ধরণের ব্যবহার আশা করা হয় তা শেখার জন্য সর্বশ্রেষ্ঠ এবং সব থেকে বেশী স্বীকার যোগ্য উপায় কি তা আপনাকে জানতেই হবে, আর এই ভাবেই অপরের মত হওয়ার চেষ্টায় আপনার আসল ব্যক্তিত্ব ঢাকা পড়ে যায়।

এই সব করার সময় আপনি চমৎকার ভাবে নিজেকে বাঁচাতে পারেন। আপনি পরিবর্তিত নিয়ম পরিবর্তিত লক্ষ্য, অসুবিধা, এবং বিরোধাভাস থেকে বাঁচার জন্য নিশ্চিত রূপে কতগুলি নিয়ম শিখে যান, এই সবের মধ্যে দিয়েই আপনার শৈশব কেটেছে।

আমরা কিভাবে গ্রহণ করি ঃ

বাচ্চারা তার বাবা-মাকে খুশী করার জন্য কিভাবে নিজেদের স্বাভাবিক ব্যবহার ত্যাগ করে নতুন ব্যবহার গ্রহণ করে এখানে সেটাই বলব। এখানকার একাধিক উপায়ের সাথেই হয়তো আপনি পরিচিত। এই ব্যবহার হয়তো আপনার জন্য উপযোগী লাভ হতে পারে, কিন্তু সমস্যাজনক পরিস্হিতির হাত থেকে বাঁচার জন্য আপনি অবশ্যই এর থেকে সাহায্য পেতে পারেন। সেই সময় এই ব্যবহার আপনার জন্য অনিবার্য হয়ে ওঠে।

ব্যবহার গ্রহণের এই উপায় আপনার ব্যক্তিত্বের বিশেষত্ব হয়ে ওঠে। এটা আপনি নিজে বিকশিত করেন ফলে তা আপনার জন্মগত স্বভাবের বিপরীত হতে পারে। এই তালিকায় ব্যক্তিত্বের বিভিন্ন দিক গুলি ছাড়া বাঁচার সেই সমস্ত উপায়ও অন্তর্ভুক্ত করা হয়েছে, যার অন্বেষণ নিজেকে বাঁচানোর জন্য করা হয়ে থাকে। আমরা আলাদা ভাবে কিছু নিশ্চিত ব্যবহারের উল্লেখ করেছি, যা ভালো বাচ্চারা গ্রহণ করে থাকে এবং এই ব্যবহার গুলির একটা করে নামও দিয়েছি। কিন্তু কোন এক ব্যক্তি এক প্রকার ব্যবহার করবে ত নয়, বরং গুণ, আচরণ ও অভ্যাসের সমাবেশের দ্বারাই আপনার সম্পূর্ণ ব্যক্তিত্ব তৈরী হয়।

এখানে বিভিন্ন প্রকার ব্যবহার ও বাঁচানোর উপায়কে এমন ভাবে বিশ্লেষণ করা হয়েছে, ভিত্তিতে শৈশবে বিকশিত বিশেষ উপায়গুলি বোঝা সম্ভব, এই বিশ্লেষণের উদ্দেশ্য কোন চিকিৎসাজনিত বিচার নয়, বরং এমন এক মডেল প্রস্তুত করা যার ভিত্তিতে ব্যাপক সম্ভাবনাগুলির চর্চা করা যায়।

এই তালিকায় সেই বিচারও কাজ করবে না যা পড়ে আপনি বলতে

পারেন, "আমি অপরকে খুশীকরতে চাই বা আত্মকেন্দ্রিক," বরং এই তালিকার থেকে আপনার এটা বুঝতে খুবই সুবিধা হবে যে, যে মহলে আপনি বড় হয়ে উঠেছেন সেখানে আপনার স্বাভাবিক ও প্রকৃত ব্যবহার স্বীকার করা হয়নি ফলে আপনি অন্য ধরণের ব্যবহার গ্রহণ করতে বাধ্য হয়েছেন।

আপনি যখন পিছন ঘুরে দেখবেন আপনি কি প্রকার নতুন ব্যবহার গ্রহণ করেছেন তখন আপনি বুঝতে পারবেন যে বিভিন্ন সময়ে আপনার ব্যবহারও বিভিন্ন হয়ে উঠেছে। কখনও আপনি ভালো করে দেখাশোনা করেছেন তো কখনও আপনি পরামর্শ দেওয়ার চেষ্টা করেছেন। কখনও সময় এসেছে যখন আপনি লজ্জা বোধ করেছন। কখন-কখন এই সমস্ত ব্যবহার থেকে মুক্ত থেকেছেন তো কখন-কখন সমস্ত ব্যবহার একত্রে প্রয়োগ করেছেন।

ভালো বাচ্চা ঃ

ভালো বাচ্চারা সত্যিই ভালো হয়। তারা অতি সহজেই বুঝতে পারে যে, সঠিক কাজ করলে তাদের প্রশংসা দেওয়া হবে। সঠিক কাজের অর্থ হল বাবা-মার মন মতন কাজ করা। এই ধরণের বাচ্চারা কিঞ্চিত, কদাচিৎ তাদের নালিশ জানায়, তাদের জামা-কাপড় খুব বেশী নোংরা হয়না, তারা বর্তমানের সমস্ত নিয়ম পালন করে। তারা কখনই বাবা-মাকে বিব্রত করে না।

বেশীর ভাগ সময়তেই এই ধরণের বাচ্চারা নিজেদেরকে গুটিয়ে রাখে, তারা নিজেদেরকে এমনই ছাঁচে গড়ে নেয়। কেউ কখন তাদের উপর রাগ করুক তারা তা চায়না। এরা একটু চুপচাপ প্রকৃতির হয় তারা হয়তো ভাবে তাদের জীবনে যেকোন সময়ে ঝড় আসতে পারে, তাদের ভেতরে একটা আশঙ্কা থেকেই যায়।

একবার ভালো বাচ্চার তকমা লেগে গেলে নিজের থেকে তা আলাদা করা প্রায় অসম্ভব হয়ে ওঠে, কারণ আশা করা হয় যে তারা সর্বদা ভালোই থাকবে।

শান্তি বাহক ঃ

এই ধরণের বাচ্চারা সর্বদা শান্তি বজায় রাখার চেষ্টা করে। তারা বাবা-মার মধ্যে ঝগড়া মেটানোর চেষ্টা করে, শুধু তাই নয় ভাই-বোনদের মধ্যেও মিল করিয়ে দেয়। যে কোন মূল্যে তারা শান্তি বজায় রাখার চেষ্টা করে, তারা যে কোন খাবার খেয়ে নেয়, তারা যে কোন টি.ভি-র অনুষ্ঠান, বই ও ব্যক্তির বিশেষত্ব সম্পর্কে বলতে পারে, অন্যরা হয়তো সেই বিশেষত্বের দিকে নজর পর্যন্ত দেয়না। অসম্মতি তারা পছন্দ করেনা।

এই ধরণের বাচ্চার কোন রকম কথা কাটাকাটি পছন্দ করেনা এবং যে কোন রকম অশান্তি দূর করার জন্য তারা যথাসাধ্য চেষ্টা করে। কোন কিছু ঠিক না থাকলেও তারা যেকোন অবস্হাতেই বলবে সব ঠিক আছে। জীবন একটা শান্ত ও সুখকর পথ এই কথাটি তারা কোন মূল্যেই অস্বীকার করতে চায়না।

আজ্ঞাকারী ঃ

এই বাচ্চারাও ভালো বাচ্চাদেরই সমকক্ষ, কিন্তু এদের জীবন কাটে ভয়ের মধ্যে দিয়ে। তাদের যেন কোন ভুল ধরা না পড়ে সেই দিকে থাকে তাদের সদা জাগ্রত দৃষ্টি। আজ্ঞাকারী বাচ্চারা দুষ্ট হয়না, কিন্তু তবু তারা ভাবে কেউ যেন তাদের দুষ্ট বলে মনে না করে।

এরাও ঠিক মতন নিয়ম পালনে বিশ্বাস করে।এই ব্যাপারে তারা এতটাই সচেতন থাকে যে, সমস্ত নিয়ম পালন করার জন্য তারা পরিবারের থেকেও অনেক বেশী শক্ত নিয়ম তৈরী করে নেয়।

লোকেদের সন্তুষ্ট করতে পারে এমন বাচ্চা ঃ

যে সমস্ত বাচ্চারা লোকেদের সন্তুষ্ট করতে চায় তারা সর্বদা সঠিক কথাবলে বা সঠিক কাজ করে আশেপাশের গুরুজনদের মন জয় করতে চায়।

এই ধরণের বাচ্চাদের ব্যবহার খুব ভালো হয় এবং এরা খুবই চতুর

প্রকৃতির হয়। বেশীর ভাগ ক্ষেত্রেই এরা আন্দাজ করে নেয় যে, গুরুজনরা এদের থেকে কি চায় তাই তারা বলার আগেই তারা তা করার চেষ্টা করে।

দোষী বাচ্চা ঃ

এই ধরণের বাচ্চারা সব ব্যাপারেই নিজেদের দোষী বলে মনে করে। তারা ভাবে তাদের আশেপাশে ভুল বা কিছু হচ্ছে তার জন্য ওরা দায়ী। এই কারণে তারা খুশীতেও থাকেনা, তারা খেলাধূলাও করতে পারেন। এরা একটু চুপচাপ প্রকৃতির হয়, কারণ তারা ভাবে তাদের জন্য যেন কোন বয়স্ক ব্যক্তির অসুবিধা না হয়। এরা এটাও ভাবে যে তারা যা করবে সেটাই ভুল হবে, অন্যেরা সমস্যায় পড়বে।

লাজুক বাচ্চা ঃ

এই বাচ্চারা দোষী বাচ্চাদের মতনই হয়ে থাকে, কিন্তু এক্ষেত্রে তারা কি করছে তার থেকে বেশী গুরুত্বপূর্ণ হয়ে দাঁড়ায় তারা কি রকম, লাজুক প্রকৃতির বাচ্চারা মনে করে তাদের ভেতরে কোন না কোন দুর্বলতা অবশ্যই আছে। এই কারণে তারা সর্বদাই ক্ষমা চাইতে থাকে।

নিন্দুক ঃ

এই প্রকৃতির বাচ্চারা অপরের নিন্দা করে নিজে ভালো সাজার চেষ্টা করে। তারা অপরের দোষ সন্ধান করে, আর অতি শীঘ্রই বাবা-মা ও শিক্ষকদের তা জানিয়ে দেয়। তারা সকলের চোখে ভালো থাকার চেষ্টা করে আর তার জন্য কাউকে দোষী সাবস্ত করাটাকে জরুরী বলে মনে করে।

নজরে রাখতে সক্ষম ঃ

এই ধরণের বাচ্চার বাবা-মা, ভাই-বোনদের প্রতি বিশেষ নজর রাখে, আসলে তারা সব ব্যাপারেই নজর রাখতে সক্ষম হয়, আসলে তারা নিজেদের উপযোগী করে নেয় এবং এই ধরণের বাচ্চাদের উপর বাবা-মারা খুবই ভরসা করে। এরা প্রয়োজনের বেশী জবাবদেহী করে

থাকে এবং বড় হওয়ার পর অতিরিক্ত কাজ করা এবং বিভিন্ন রকম গতিবিধিতে যোগদান করাটা জরুরী বলে মনে করে, কারণ তারা অপরের সাথে হাতে-হাত মিলিয়ে কাজ করতে চায়।

এই ধরণের বাচ্চারা বড় হওয়ার পর অপরের সমস্যার সমাধান খুঁজতেই ব্যস্ত হয়ে পড়ে, তারজন্য কোন পরিণাম পাক বা না পাক তা দিয়ে কিছু যায় আসেনা।

আত্মনির্ভরশীল ঃ

এই ধরণের বাচ্চাদের দিকে খেয়াল রাখার প্রয়োজন হয়না। তাদের দিকে লক্ষ্য করলে বোঝা যাবে যে, তারা আশেপাশের কঠিন পরিস্থিতিতে এতটাই মানিয়ে নিতে পারে যে বাবা-মা শান্তিতে থাকতে পারে, অন্তত একটা বাচ্চারজন্য তাদের চিন্তা করার কোন প্রয়োজন পড়ে না।

দৃঢ় বাচ্চারা কখনই নিজেদের দুর্বলতা প্রদর্শিত করে না বা নরম আবেশও ফলা ও করে না, ধরা হয় যে, যে ভাবে অন্য আবেশ প্রবণ বাচ্চারা ভেসে যায় সেই ভাবে ভেসে যায়না।

নিষ্ক্রিয় বাচ্চা ঃ

ধৈর্য্য, মাথা নত করে থাকার প্রবণতা এবং নিজের দিকে ধ্যান আকর্ষণ করতে না দেওয়ার প্রবণতাই মানুষকে নিষ্ক্রিয় করে তোলে। আপনি কি করতে চান এবং আপনার কি করা উচিত, এই ব্যাপারে অপরের মতামতের উপর এতটাই নির্ভরশীল হয়ে পড়েন যে, আপনার পক্ষে বিরোধীতা করা অসম্ভব হয়ে দাঁড়ায়, কারণ এর জন্য আপনার কাছে ক্ষমতা বা শক্তি কোনটাই থাকেনা।

নিষ্ক্রিয় বাচ্চা খুবই ব্যবহারিক হয় এৎ তারা সময়ের সাথে তাল মিলিয়ে চলতে ওস্তাদ হয়।

অনুপস্থিত বাচ্চা ঃ

মনবিজ্ঞানের ভাষায় একে 'অনুপস্থিত হওয়া' বলা হয়। কিছু বাচ্চাদের বাস্তবিক জীবনের কষ্ট এতটাই বেশী হয় যে তারা নিজেদের

ভয়ও চিন্তা দূর করার জন্য বিভিন্ন উপায় খুঁজতে থাকে। এমনটা করার জন্য তারা বর্তমানের প্রক্রিয়া থেকে একটা অংশ বিচিছন্ন করে ফেলে। তাদের সাথে যাইই ঘটুক না কেন তার জন্য তাদের শরীর ঠিক থাকলে মানসিক দিক থেকে তারা বিপর্যস্ত হয়ে পড়ে। তারা নিজেদের এতটাই গুটিয়ে রাখে যে, কেউ তাদের স্পর্শ পর্যন্ত করতে পারে না।

যে সমস্ত বাচ্চাদের যৌন উৎপীড়ন করা হয়, তাদের ক্ষেত্রে প্রায়ই এই ব্যাপারটা দেখা যায়। যে সমস্ত বাবা-মা সর্বদা চিৎকার করে, শাসন করে বা মারধর করে তাদের হাত থেকে বাঁচার জন্যও বাচ্চারা এই উপায়ের ব্যবহার করে থাকে। এই বাচ্চারা সর্বদা বাবা-মার মুখ থেকে তিক্ত বাক্য নির্গত হয় সেই দিকেই খেয়াল করে।

যদি কোন বাচ্চাকে মাঝে-মধ্যে শাসন করা হয় তবে সেই শাসন তাকে শিক্ষা দেয় এবং এই প্রকৃতির শিক্ষা ফলদায়ী ও হয়। কিন্তু যদি কোন বাচ্চাকে সর্বদাই শাসন করা হয় এবং যদি তাকে বলাহয় সে যা করছে ভুল করছে, তবে সে নিজেকে বাঁচানোর জন্য বর্তমান জায়গায় থেকে নিজেকে আলাদা করে নেয়।

হয়তো সে সর্বদাই হাসি মুখে বলবে, ''হ্যাঁ, হ্যাঁ, ঠিক আছে মা, ঠিক আছে,'' কিন্তু বাস্তবে সেই দিকে নজর থাকেনা। নিজের দুর্বলতার কথা শোনা তার কাছে পীড়াদায়ক হয়ে ওঠে, সেই কারণে সে সেগুলি শুনেও না শোনার ভান করে।

লোকানোর অভ্যাস ঃ

সব বাচ্চারাই লোকায়, সব বাচ্চারাই গোপন করে, অভিনয় করে, তাদের মনের মধ্যে এমন বিচার, চিন্তা অনুভূতি জাগে যে সম্পর্কে অন্য কেউই জানতে পারেনা। নিজের একটা পরিচয় বিকশিত করার সময় স্বাভাবিক ভাবেই এই প্রক্রিয়ার জন্ম হয়। এই প্রক্রিয়া অভ্যাসে পরিণত হলে বাচ্চারা নিজেদের বাঁচানোর জন্য বাবা-মা ও শিক্ষকের কাছেও মিথ্যে বলতে শুরু করে, বেশীর ভাগ বাচ্চাই এমন

 না বলতে শিখুন

কাজ করে থাকে।

কিছু ভালো বাচ্চারা নতুন রূপে মিথ্যে বলার বা লোকানোর অভ্যাস আয়ত্ত করে। তারা নিজেদের অনুভূতি, বিচার গোপন করতে ওস্তাদ হয়, যাতে কেউ বুঝতে না পারে তাদের ভেতরকি পরিমাণ উথাল-পাথাল হচ্ছে। লোকেদের কাছে নিজেদের ঠিক প্রমাণ করার জন্য তার নিজের অনুভূতি গোপন করে রাখে।

তাদের মিথ্যে বলা বা গোপন করার কারণ হল, তারা যা তা বলতে তারা লজ্জা বোধ করে। তারা মনে করে তাদের কাছে যে বিচার ও অনুভূতি আছে তা অন্য কাউর কাছে নেই, তাই তা নিজের ভেতরেই লুকিয়ে রাখে, যাতে অন্য কেউ তাদের উপহাস করতে না পারে।

নিষ্প্রভাবী ঃ

নিষ্প্রভাবীর অর্থ হল সমস্ত অনুভূতি ভেতরে-ভেতরে লুকিয়ে রাখা। অর্থাৎ ভেতরে অনুভূতি থাকে কিন্তু তা প্রকাশের পথ অবরুদ্ধ হয়ে যায়। আসলে যখন অনুভূতি ব্যক্ত করতে বাচ্চারা সমস্যা বোধ করে তখন তারা নিজেরাই নিষ্প্রহ হয়ে যায় যাতে কোন রকম সমস্যা বোধ না করতে হয়।

ভেতর-ভেতর বাবা-মার ছবির সৃজন ঃ

এর প্রভাব অদ্ভূত প্রকৃতির হয়ে থাকে ঃ কিছু দিন বাদে বাবা-মার আর কোন কিছু বলার প্রয়োজনই হয়না। তারা এতটাই প্রভাবশালী রূপে বাচ্চাদের নেতিবাচক সন্দেশ দেয় যে তা বাচ্চাদের মন-মানসিকতায় ঘর করে নেয়।

বড় হওয়ার পর কোন কাজ করলে, ভালো-মন্দ বিচার না করে নিজেকে দোষারোপ করে, "তুমি কত বড় মুর্খ, তুমি কোন কাজের নও, তোমার দ্বারা কিছু হবেনা" এই রকম বিভিন্ন কথা ভাবে। বাইরের কোন ব্যক্তি কতটা খারাপ তারা তা না দেখেই শুধু নিজেদের প্রতিই দোষারোপ করে।

আপনি যদি বুঝতে পারেন যে আপনার ভেতরে বাবা-মার ছবি বসে আছে, তবে তার অর্থ হল আপনি নিজেকে ধিক্কার জানাতে সম্পূর্ণ রূপে প্রস্তুত। যখনই ইচ্ছা হবে নিজেকে ধিক্কার জানাবেন, নিজের ছেলেমানুষি, মুর্খতা প্রভৃতির জন্য নিজেকে ধিক্কার জানাবেন।

সব শেষে একটা কথাই বলব-এর ফলে অনেক ছোট বয়সেই আপনার কাঁধে গুরুজনের মস্তিষ্ক চেপে বসে।

ভালো বাচ্চারা দ্রুতগতিতে বাড়তে থাকে। সময়ের পূর্বেই তারা বড়দের ভাবতে পারে এবং ব্যবহার করে। এর জন্য তারা বয়স্কদের সমস্ত গতিবিধির উপর নজর রাখে। এবং তাদের মতন আচরণও করে।

এরা শৈশবকালটি শৈশবের মতন কাটাতে পারেনা কারণ তরা চিন্তা, সমস্যা ও আশঙ্কা গ্রস্ত থাকে, এবং কোন রকম ভুল পদক্ষেপ নিতে রাজী হয় না। যদি তারা বোঝে যে বাবা-মা রাগ করতে পারে তাহলে তারা নিজেদের প্রয়োজন ও ইচ্ছা সীমিত করে নেয়। তারা নিজেদের স্বাভাবিক অনুভূতিকে এতটাই অস্বীকার করতে শিখে যায় যে, তারা সময়ের আগেই পরিপক্ক হয়ে যায়।

বিশ্বাস করুন, আপনাদের কাছেও বিকল্প থাকে ঃ

বড় হওয়ার সাথে-সাথে আপনি এমন ব্যবহার আয়ত্ত করার চেষ্টা করেন যাতে আপনার আশেপাশের লোকেদের আপনাকে নিয়ে কোন রকম সমস্য না হয়। অর্থাৎ আপনি সেই গুণ নিয়ে জন্মান না কিন্তু নিজের পছন্দেই আপনি সেই গুণকে আপনার ব্যবহারের অংশ করে তোলেন।

আপনি এই কথার বিরোধীতা করতে পারেন, "দু বছরে বাচ্চার কাছে কি বিকল্প থাকতে পারে ? বা সাত বছরের বা দশ বছরের বাচ্চারা কিভাবে সঠিক ব্যবহারের নির্ণয় করতে পারে ?"

আসলে, কম বয়সে পছন্দ করার প্রশ্নই আসেনা। তখন আমরা এই ভাবে ভাবিনা, "ভালো কথা, এখন আমার সামনে বহু বিকল্প

আছে, আমি বুঝতে পারছিনা এর থেকে কোনটা গ্রহণ করলে ভালো হবে ? আমি মার পছন্দে বা বাবার পছন্দে চলতে পারি না নিজের জন্য নিজেই কোন বিকল্প পথ খুঁজে নিতে পারি।'' শুনতে একটু অবাক লাগতে পারে, কিন্তু পছন্দ করার সুযোগ সেই সময়তেও থাকে। কিছু বাচ্চা আছে, যারা অপরের সামনে নিজের পছন্দের কথা বলতে চায়না, হয়তো, আপনার পরিবারেই এমন বাচ্চা আছে।

আপনার পছন্দকে পরিনামের ভয় নিয়ন্ত্রণ করে, আপনি কিছু হারানোর ভয় পান যার জন্য আপনি অসুরক্ষিত বোধ করেন, হয়তো নিজেকে অসুরক্ষার হাত থেকে বাঁচানোর জন্যই আপনি আপনার বলা ব্যবহার গ্রহণ করে নিয়েছেন।

বয়স্ক ব্যক্তিরা বিভিন্ন আদপ-কায়দার কথা বলে থাকে, অত প্রকারের বিকল্প পথ আমাদের সামনে থাকে না, অন্য বিকল্প আছে এমন বোধই হয়না।

নিচে একটা অভ্যাসের কথা বলা হল, যার সাহায্যে বিকল্প চয়নের প্রক্রিয়া বোঝা সম্ভবঃ

বিকল্প অভ্যাস সংখ্যা 1

নিজের স্মৃতি বেয়ে যতটা পিছনে যাওয়া সম্ভব ততটা পিছনে যান মনে করার চেষ্টা করুন তো, আপনি কবে প্রথমবার সচেতনতার সাথে নিজের ব্যবহার পরিবর্তন করবেন বলে ঠিক করেছিলেন,

অথবা আপনি এমন কোন ঘটনার কথা মনে করার চেষ্টা কর,ন যা লজ্জাজনক সমস্যাবহুল ও পীড়াদায়ক ছিল, এই ঘটনার পর আপনি জেনে বুঝেই নিজের ব্যবহারে পরিবর্তন এনেছেন কারণ আপনি পুণরায় এই কষ্ট অনুভব করতে চাননি।

এমনও হতে পারে যে আপনার ভুলের জন্যই আপনার বাবা-মার মধ্যে ঝগড়া বেঁধেছে, তাই আপনি ঠিক করেছেন যে ভবিষ্যৎ-এ এমন কোন কাজ করবেন না যার জন্য আপনার বাবা-মার মধ্যে ঝগড়া হয়। হয়তো স্কুলে আপনার কক্ষের সকলের সামনে আপনাকে অপমানিত

হতে হয়েছে, হয়তো আপনার খেলার সময় কোন বয়স্ক ব্যক্তি আপনার ব্যবহার দেখে 'খারাপ' বলেছিল।

তখন আপনার বয়স কম থাকলেও, আপনি পরিস্হিতিকে পর্যবেক্ষণ করতে এবং নিজের কাজের পরিণাম কল্পনা করতে সফল হয়েছেন। আর তারপর চিন্তা-ভাবনা করে নিজের ব্যবহারে পরিবর্তন এনেছেন। আপনার মস্তিষ্ক পরিণাম বুঝতে সক্ষম ছিল, ঐ কারণেই আপনি একটা ব্যবহার ত্যাগ করে বিকল্প ব্যবহার চয়ন করতে সক্ষম হয়েছেন, আপনি নিজের মতন করে শ্রেষ্ঠ্যত্বের চয়ন করে নিয়েছেন।

অনেকের কাছেই একাধিক বিকল্প পথ থাকলেও আপনার মনে হতে পারে আপনার কাছে কোন বিকল্প পথ নেই। গ্রহণ না করার পরিণাম কি হতে পারে তার ভয় এতটাই চেপে বসে যে আপনার মনে হয় আপনার কাছে কোন বিকল্প পথ নেই।

চয়ন যখন অভ্যাসে পরিণত হয় ঃ

শৈশবে আপনাকে এক-কেটা অন্তরালে বিকল্পের সন্ধ্যান করতে হয়েছে। প্রত্যেক দিন, প্রতি সপ্তাহে, প্রতি মাসে আপনার সামনে নতুন নতুন বাধা এসে উপস্হিত হয়েছে, হয়তো তখনই আপনি বিকল্প ব্যবহারের কথা ভেবেছেন।

হয়তো আপনি নিজের জন্য সবার্ধিক সুরক্ষিত এবং সবার্ধিক সঠিক ব্যবহার কি হতে পারে তা দেখেছেন, আর সেই সময় আপনি যে কতটা সচেতন হয়ে এর নির্বাচন করছেন আপনি নিজেও তা অনুভব করতে পারেননি। কিছু দিন বাদে আপনি পুরানো ব্যবহার ত্যাগ করে নতুন ব্যবহার রপ্ত করতে এতটাই পটু হয়ে যাবেন যে তাইই আপনার ব্যক্তিত্বের পরিচয় হয়ে উঠবে।

আগেই একটা কথা বলা হয়েছিল, "আমি এমনই," বিকল্পের অভ্যাসে পরিণত হলে তা সহজ ব্যবহারেই পরিণত হয়।

মানুষের ভেতরে একটা স্বয়ং-ক্রিয় নির্মাণ তত্ত্ব থাকে। একটা কাজ বার-বার করেই তা শিখতে হবে এমন কোন কথা নেই, আমাদের

মস্তিষ্ক পুণরাবৃত্তিতে অভ্যস্ত হয়ে যায়। স্বাভাবিক কাজের মতনই আমরা তা শিখে ফেলি।

আগেই বলেছি যে বাচ্চাদের ভয় দেখিয়ে, ধমক দিয়ে উপহাস করে বা অপমানিত করে তাদের কোন ব্যবহার শিখতে বাধ্য করা যায়। যখন বাচ্চারা ক্রমাগত এই পরিস্থিতির সম্মুখীনতা করে তখন তারা নিজেরাই ব্যবহার বদলাতে শিখে যায় যাতে তাকে অপ্রিয় পরিস্থিতির সম্মুখীনতা করতে না হয়। এই ধরণের অভিজ্ঞতাই আমাদের অভ্যাস করতে শেখায়।

শৈশবে নিজেকে বাঁচানোর জন্য আমাদের কিছু শিক্ষা নিতেই হয়। এই উদাহরণটি দেখুন ঃ

যাতায়াতের নিয়ম ঃ

প্রত্যেক দেশ ও সমাজে যাতায়াতের নিয়ম এবং রাস্তার আকৃতি অনুসারে বাচ্চাদের রাস্তা পার করার উপায় শেখানো হয়। কেন ? কারণ বাচ্চারা যাতায়াত সম্পর্কে ঠিকমতন জানে না, তারা জানেনা যে দুর্ঘটনা হতে পারে এবং তার ফলে তাদের আঘাত লাগতে পারে। শুধু বয়স্করাই এই বিষয়ে ওয়াকিবহাল হয়, বাচ্চারা দূরত্ব ও গতির সমীকরণ বোঝে না। বাবা-মা ও শিক্ষক গণ এই বিষয় বোঝে তাই বাচ্চাদের সুরক্ষার জন্য এবং নিজেদের চিন্তার কারণে তাদের যাতায়াতের নিয়ম শিখিয়ে দেয়।

বাচ্চাদের শেখানো হয় ঃ "রাস্তা পার করার সময় প্রথমে ডান দিকে দিকে দেখবে তার পর বাঁ-দিকে দেখবে, আবার ডান দিকে দেখবে যদি কোন বাহন চোখে না পড়ে তবে দ্রুতগতিতে রাস্তা পার করে নাও, দৌড়াবে না।" এটা খুবই উপযোগী নিয়ম আর বাচ্চাদের মস্তিষ্কে এই নিয়ম বারংবার ঢোকানো হয়। এইভাবে বাচ্চারা সেই নিয়ম শিখে যায়। তারপর যখনই রাস্তা পার হয় তখন এই নিয়ম মন মস্তিষ্কে ঘুরতে থাকে।

আপনারা সকলেই শৈশবে যাতায়াতের নিয়ম শিখে থাকবেন, এর সাহায্যে খুবই সুরক্ষিত ভাবে রাস্ত পার করা সম্ভব হয়। পরবর্তী কালে আপনি সর্বদাই এই নিয়ম লক্ষ্য করে চলেন।

যতক্ষণ না বড় হচ্ছেন, যতক্ষণনা যাতায়াতে কুশলতা এবং পায়ে হেঁটে কিভাবে দ্রুত গতিতে রাস্তা পার করা যায় তা জানতে পারছেন ততক্ষণ আপনার মনে হবে রাস্তা পার করার বিকল্প নিশ্চয়ই আছে। কিন্তু যখন আপনি বোঝদার হয়ে যান, তখন আপনার মনে হতে পারে যে, শৈশবে শেখানো সমস্ত নিয়ম নিষ্ঠার সাথে পালন করার কোন প্রয়োজন নেই। তখন আপনি নিজের অভ্যাস বদলানোর চেষ্টা করেন।

কিন্তু আবেগপ্রবণ অভ্যাস বদলানো খুবই কঠিন। আপনি যখন নিজের দিকে কোন গাড়ী আসতে দেখেন তখন আপনি নিজেকে বলতে পরেন, "গাড়ীটা তেমন দ্রুত বেগে আসছে না, এটা কাছে আসার আগেই আমি রাস্তা পার হয়ে যেতে পারব," দ্রুত পায়ে চলে আপনি রাস্তা পারও করে নেন। কিন্তু যখন বাইরের যাতায়াতের পরিবর্তে আপনি ভেতরের কোন আবেগজনিত চাপে সম্মুখীনতা করেন তখন অভ্যাসকে ভাঙতে পারা অতটা সহজ হবে দাঁড়ায় না। জীবনে যে ধরণের বিকল্প আপনি খুঁজতে থাকেন, তার মধ্যে আবেগ প্রবণ বিকল্প নির্বাচন করা আপনার জন্য সবচেয়ে কঠিন হয়ে দাঁড়ায়।

বিকল্প অভ্যাস সংখ্যা 2 ঃ

সম্প্রতি এমন কোন ঘটনার কথা মনে করুন, যে ক্ষেত্রে আপনি জানতেন যে আপনাকে কি করতে হবে, অথচ সময় মতন আপনি অন্য কাজ করেছেন কি? আপনি কি বিকল্প নির্ণয় সম্পর্কে চিন্তা-ভাবনা করেছেন? আপনি কি এই ব্যাপারে কোন কথা বলেছেন? আপনি কি এই ব্যাপারে নিজের মধ্যেই বিচার করেছেন? শেষ পর্যন্ত আপনি কিভাবে অন্য কাজ করবেন বলে ঠিক করেন?

এখন আপনি বিকল্প অভ্যাস সংখ্যা 1-এর দিকে দেখুন, যখন আপনি একজন বাচ্চা হিসাবে সচেতনতার সাথে একটা বিকল্প পথ বেছে

নিয়েছিলেন। দুটির মধ্যে কোন রকম সামঞ্জস্য আছে কি? দুটির সাথে যুক্ত অনুভূতি একই রকম কি? সবচেয়ে গুরুত্বপূর্ণ বিষয় হল, আপনার কি মনে হয় যে, আপনার সামনে কোন বিকল্প পথ ছিলই না?

এই কারণে আবেগ প্রবণ চাপ এর অভ্যাসের হাত থেকে মুক্তি পাওয়াই খুবই জরুরী।

ব্যবহার পরিবর্তন করা সম্ভব

আপনি যদি নিজের জীবনকে বদলাতে চান তবে পরিণামের ভয় প্রতিবন্ধকতা হিসাবে আপনার সামনে আসতে পারে। আপনি ভাবেন পরিণাম খুবই ভয়ঙ্কর হবে, কিন্তু প্রকৃত পক্ষে তা হয়না। আপনার ধারণাই আপনাকে ভয় পাইয়ে দেয়।

বেশীর ভাগ ক্ষেত্রেই প্রয়োজনের তুলনায় বেশী ভালো লোকেরা যে প্রতিক্রিয়া ব্যক্ত করে তা নিশ্চিত মাত্রায় থেকে বেশী হয়। এটা তখন হয় যখন আমাদের মস্তিষ্ক 'না' বলতে চায় কিন্তু আমাদের মুখ থেকে 'হ্যাঁ' বেরিয়ে আসে। এই কারণেই আমাদের মস্তিষ্কে দীর্ঘ বার্তালাপ চলে, আমরা বড়-বড় জবানের সন্ধান করি এবং নিজেদের দোষারোপ করতে

থাকি ও নিজেকে কিছুই বলার মতন অবস্থায় থাকি না।

পরিণামের ভয় ঃ

আমাদের মস্তিষ্ক সঠিক কথা বলার জন্য বিচলিত থাকে। যখন কেউ আমাদের কিছু বলে তখন প্রতিক্রিয়া স্বরূপ আমাদের ভেতরে একটা বিচলতার সৃষ্টি হয়, তখন চিৎকার করে বলতে ইচ্ছে করে। "এটা উচিত না", সেই সময় আমাদের আবেগ রণক্ষেত্রে পৌঁছে যায় এবং আমাদের হাতেই থাকে আমাদের মস্তিষ্ককে নিয়ন্ত্রণ করার ক্ষমতা। এমন অবস্থায় আমরা যা বলতে চাই তা বলার ক্ষমতা হারিয়ে ফেলি।

তার পরিবর্তে আমরা পঙ্গু হয়ে যাই, আমাদের মস্তিষ্কে যে জবাব থাকে আমরা তার বিপরীত কথা বলি। আমরা যা ভাবি তা বললে পরিণাম কি ভয়ঙ্কর হতে পারে তা চিন্তা করলেই আমরা ঘাবরেযাই। আমাদের মনে হয়, আমাদের চাকরি চলে যাবে, আমাদের জীবনসাথী আমাদের ছেড়ে চলে যাবে, আমাদের বাবা-মা বা অন্য কোন আত্মীয়রা কখনি আমাদের ক্ষমা করবেনা, আমাদের প্রিয় বন্ধুরা আমাদের ছেড়ে চলে যাবে।

আমরা অন্য ব্যক্তিদের ভাবনাকে আহত করার বা আঘাত করার কল্পনা করি। আমরা ভাবি যে অন্যরা আমাদের মুর্খ, বিচারহীন, কঠোর রুক্ষ, হৃদয়হীন, স্বার্থপর, নির্দয় ভাবে। আমরা কল্পনা করি যে অন্যরা তা স্বীকার করতে পারবেনা, তারা আমাদের উপহাস করবে, আমাদের অপমান করবে, আমাদের উপর রেগে যাবে। আমরা সর্বদা একটা খারাপ পরিণামের কথাই ভাবি, এই পরিণাম বন্ধ করার জন্য আমরা সব কিছু করতে প্রস্তুত থাকি, তাই যেটা বলা উচিত, তা কখনই বলে উঠতে পারিনা।

যা হয়, তা এক প্রকার আবেগ প্রবন কাল্পনিক জগতেই হয়। খারাপ পরিণামের কল্পনা আমাদের পরিস্থিতিকে স্পষ্ট রূপে দেখতে দেয়না।

পরিণামের ভয় আমাদের এতটাই চেপে বসে যে আমরা প্রভাবশালীরূপে ও স্বাভাবিক উপায়ে প্রতিক্রিয়া ব্যক্ত করতে পারিনা। পরিণামের ভয় আমাদের বাঁধতে থাকে। অসুবিধাজনক পরিস্থিতিতে নিজেদের বদলাতে অসমর্থ বোধ করি, কারণ আমরা আগে থেকেই কল্পনা করে নিই যে,

আমর যা ভাবছি বা অনুভব করছি, তা বলে দিলে কতটা খারাপ পরিণাম সামনে আসতে পারে।

এই পংক্তি গুলি পড়ার সময় আপনি হয়তো বলবেন, "এমনটা করা সম্ভব হতে পারে।" এই ব্যাপারে কিছু উদাহরণও দেওয়া যেত পারে, কিভাবে আপনার চাকরি চলে যায়, কিভাবে আপনার প্রেমিকা আপনাকে ছেড়ে চলে গেছে, বা কিভাবে অপনার কাকিমা আপনার সাথে কথা বলা বন্ধ করে দিয়েছে। আপনি এমন কোন ঘটনা মনে করতে পারেন কি, যখন আপনি নিজের মনের কথা বলেছিলেন বলে কাউর চোখ জলে ভরে গেছিল।

হ্যাঁ, আপনি ঠিকই বলছেন, এটা সম্ভব। অনেক সময় অদ্ভূত ঘটনা ঘটে। অনেক সময় কোন খারাপ ঘটনার কেন্দ্র বিন্দু হয়ে যেতে পরি আমরা অনেক সময় আমাদের ধিক্কার দেওয়া হয়। অনেক সময় আমাদের নিজেদের মতন করেই থাকতে দেওয়া হয়। আমাদের প্রতি ভ্রুক্ষেপ করা হয়না, পদোন্নতির সময় আমাদের দিকে নজর দেওয়া হয়না, আমাদের পিছনে আমাদের নিন্দা করা হয়। কিন্তু প্রয়োজনের তুলনায় ভালো লোকেরা সর্বদাই এই ভয়ই পায় যে, সব সময়তেই তাদের খারাপ পরিণামের সম্মুখীনতা করতে হবে।

শৈশবে আমরা নিজেদের বাঁচানোর জন্য কিভাবে গ্রহণ ক্ষমতা বিকশিত করি তাএই বইতে বলা হয়েছে, এবং আগে থেকেই বিপদকে চিহ্নিত করে নিজেকে বাঁচানোর জন্য প্রস্তুত হয়ে যাই। শৈশবের এই অভ্যাস বড় হওয়ার পরেও আমাদের মধ্যে কাজ করতে থাকে।

এই ভাবে আমাদের ভেতরে একটা সচেতনতার স্বভাব বিকশিত হয়ে যায় যা সম্ভাব্য বিপদকে মাপার জন্য সতর্ক থাকে। এর অর্থ হল সর্বদা কিছু ঘটার জন্য নিজেকে তৎপর রাখা, যাতে তিরস্কার, লজ্জা, হতাশা এবং আঘাত অন্তর্ভুক্ত থাকে। এর অর্থ হল কি হতে পারে, আর তার সম্ভাব্য পরিণাম কি হতে পারে সে ব্যাপারে সচেতন থাকা।

প্রয়োজনের তুলনায় ভালো মানুষদের জন্য এইধরণের চিন্তা খুবই সাধারণ বিষয়, "আমি এমনই।" এই ধরণের বিচারের ফলে আপনার জীবন থেকে সম্ভাবনার জায়গা কমে যায়, ফলে আপনার বিকল্পের সংখ্যা সীমিত হয়ে যায় কারণ আপনি আগে থেকেই পরিণাম সম্পর্কে

নির্ণয় নিয়ে নেন। আপনি যখন সম্ভাব্য বিপদের হাত থেকে বাঁচার চেষ্টা করবেন তখন চিন্তাও সমস্যা আপনাকে চেপে ধরবে।

এই ধরণের রক্ষণাত্মক ভাব আপনার স্বাভাবিক স্বভাবকে হত্যা করে দেয়। এটা আপনার ক্ষমতার দরজা বন্ধ করে দেয় এবং আপনার স্বাভাবিক গুণ গুলি নষ্ট হয়ে যায় তখন সুযোগ আসলেও সেইভাবে ঘাতক পরিণামের সন্মুখীনতা করতে পারেন না। যা হতে পারে সেই চিন্তায় আপনি বেশীর ভাগ সমট নষ্ট করে ফেলেন, আর এর ফলে কঠিন পরিস্হিতির সাথে মোকাবিলা করার স্বাভাবিক ক্ষমতা হারিয়ে ফেলেন। এর অর্থ হল আপনি যখনই ভয় ও আশঙ্কার সাথে প্রতিক্রিয়া ব্যক্ত করেন তখনই আপনার আবেগ প্রবণতা কমতে শুরু করে।

একদিক থেকে এটিকে বিরোধাভাসে পূর্ণ বলে মনে হয়। আপনি যদি সম্পূর্ণ রূপে সতর্ক থাকেন তবে আপনার অনুভূতি আপনাকে বিপদ সম্পর্কে সজাগ করে দেবে এবং আপনি প্রভাবশালী রূপে নিজের বিপদের মোকাবিলা করতে পারবেন। কিন্তু বাস্তবে এমন ঘটনা ঘটে না।

এই সময় আপনার ভালো ভাবে সৃষ্ট আবেগ প্রবণ প্রতিক্রিয়াই সামনে আসে যা যে কোন নতুন পরিস্হিতিতেই নিজের পুণরা বৃত্তি ঘটাতে থাকে। আপনার মনে অতীতের অপমানের কথা থেকেই যায়। এই কারণে আপনি স্বভাবিক ভাবে প্রতিক্রিয়া ব্যক্ত করতে পারেন না। আপনি যদি অতীতের খারাপ অভিজ্ঞতার ভিত্তিতে প্রতিক্রিয়া ব্যক্ত করেন তবে বর্তমান পরিস্হিতিকে স্পষ্ট রূপে দেখা আপনার কাছে অসম্ভব হয়ে উঠবে।

অনেক সময় আমাদের মনে হয়, আমরা সবরকম সম্ভাব্য আবেগপ্রবণ জটিলতার সম্মুখীনতা করতে তৎপর থাকতে পারি। কিন্তু তা সম্ভবপর হয়না। এমন পরিস্হিতিতে আগে বিকল্প কি ছিল, সেই চিন্তা না করে নতুন পরিস্হিতির দিকে নজর দেওয়াই সঠিক উপায় হতে পারে।

এই উদাহরণটি দেখুন ঃ

অনামিকা একজন যোগা টিচার, সে গ্রাহকদের বাড়ীতে গিয়ে যোগা শেখায়। এর ফলে সে গ্রাহকদের কাছ থেকে যা আয় করে তার দ্বারাই নিজের সংসার চালায়। সে প্রয়োজনের তুলনায় বেশী ভালো, এই কারণে তাকে প্রয়োজনের তুলনায় কঠিন পরিস্হিতির সম্মুখীনতা করতে হয়,

সে গ্রাহকদের কাছ থেকে মাসের শেষে পয়সা চাইতে সংকোচ বোধ করে। শুধু তাই নয়, যদি কোন গ্রাহক যোগা প্রশিক্ষণ দেরীতে শুরু করে তবে তাকে সম্পূর্ণ এক ঘণ্টা প্রশিক্ষণ দেওয়ার জন্য সে অতিরিক্ত সময় খরচ করে, আর তার জন্য আলাদা ভাবে কোন টাকাও নেয় না।

অনামিকা যখন ছোট ছিল তখনই ওর স্বভাব এমন হয়ে গেছিল কারণ পরিবারের শাসনকর্তার মনোভাবই তাকে আতঙ্কিত করে দিয়েছিল। তাকে তিন বছর বয়সে হোস্টেলে পাঠিয়ে দেওয়া হয়েছিল, সেখানে বড় বাচ্চাদেরই ছিল একাধিপত্য। বিরোধীতা করলে তাকে শাস্তি পেতে হবে, এই ভয়েই সে গুটিয়ে থাকত। তাই সে ভালো মেয়ে হওয়ার চেষ্টা করে, যাতে তাকে কোন রকম সমস্যায় না পড়তে হয়।

বাইরের থেকে বন্ধুদের পক্ষে এট বলতে কোন অসুবিধাই হত না যে, ''তোমার সমস্যা কোথায় ?'' সময় হলে লোকেদের কাছ থেকে পয়সা চেয়ে নাও, এটা তোমার পরিশ্রমের পয়সা।'' অনামিকার পক্ষে পয়সা চাওয়াটা ছিল খুবই সমস্যাজনক কাজ, কারণ ছোট্টবেলায় সে যা শিখেছে সেই অনুসারে পয়সা চাওয়ার অর্থ নিয়ম ভাঙা। সে তার গ্রাহকদের সঙ্গে তেমনিই ব্যহার করত যেমনটা ছোট্টবেলায় পরিবারের লোকেদের সাথে করত। অর্থাৎ তার মন ভয়গ্রসহ হয়ে পড়েছিল।

অনামিকার অনুভূতি ছিল তার প্রকৃত অনুভূতি, তার গ্রাহকরা তাকে কখনই ভয় পেতনা। তারা পয়সা দিতে দেরী করত কারণ অনামিকা কখনই তাদের কাছে পয়সা চায়না, অতিরিক্ত সময়ের জন্য কখনই আলাদা করে পয়সা চায়না। গ্রাহকও তার সুবিধা নিত। কিন্তু তারা খারাপ ছিল না।

পরিণামের ভয়ই মানুষের স্বাভাবিক গুণকে অবরুদ্ধ করে দেয়। সখী করদের দ্বিতীয় অংশটি এই রূপ ঃ

প্রথমে কল্পনা নিয়ে বাঁচে, তারপর তাকেই সত্যি বলে ধরে নেয়

বেশীর ভাগ ক্ষেত্রেই লোকেরা নিজেদের মস্তিষ্কে একটা কাল্পনিক চিত্র তৈরী করে নেয়। তারপর সেটিকে সত্যি বলে ধরে। প্রয়োজনের অতিরিক্ত ভালো মানুষেরা পরিণামের ভয়ের উপর ভিত্তি করেই পরিস্হিতির বিচার করে, তারপর তারা যে ব্যবহার করবে বলে ঠিক করে, সেটাকেই সত্যি বলে ধরে নেয়।

এই উদাহরণটি দেখুন ঃ

সুভাষিণী 35 বছরের মেয়ে, সে তার বাবা-মার একমাত্র সন্তান। তার বাবা-মা বুড়ো হয়ে গেছিল। কোন এক কম্পানীর উচ্চপদে কর্মরত সুভাষিণী এই বলে বিয়ের প্রস্তাব না করে দিত যে, এখন বিয়ের জন্য তার কাছে সময় নেই, এক-দু-বছর বাদে দেখা যাবে। সে একটা বড় শহরে চাকরি করে এবং একাই থাকে। তার বাবা-মা একটা ছোট শহরে থাকে। সে মাসের দুটি রবিবার বাবা-মার সাথে কাটাত। সে অন্য কিছু পছন্দ করে, তার বেশ কিছু বান্ধবিও আছে।

প্রত্যেক বছর সুভাষিণীর বন্ধু নীনা (সে বিবাহিতা) নব বর্ষের দিন তাদের সাথে কাটানোর জন্য সুভাষিণীকে আমন্ত্রণ করে। নীনার পরিবার বড়, তারা একটা পাহাড়ী শহরে থাকে, সেখানে যেতে সুভাষিনীর খুবই ভালো লাগে।

অথচ সুভাষিনী প্রতি বছরই নববর্ষের পার্টিতে যেতে মানা করে দিত সে বলে নব বর্ষের দিন বাবা-মার সাথে না থাকলে বাবা-মা খারাপ লাগবে, নব বর্ষের দিন তার বাবা-মা জোরদার প্রস্তুতি নেয় এবং তার মা তার পছন্দের খাবারও তৈরী করে। নীনা তাকে বহুবার বলেছে, এক বছর সে না গেলে এমন কিছু অসুবিধা হবে না, তুমি তো প্রত্যেক মাসেই দু-দিন তাদের সাথে কাটাও, তোমার বাবা মার খারাপ লাগবেনা, তুমি একবার ওনাদের বলে কেন তাদের মতামত নাও না।

সুভাষিনী কিছুতেই রাজী হয়না, তার মনে প্রতিরোধের সুর ভেসে আসে। বাবা-মার বয়স হচ্ছে, হয়তো এই বছরটাই শেষ, তারা তার উপর সম্পূর্ণরূপে নির্ভরশীল।

এক বছর নীনা এবং তার স্বামী সুভাষিনীকে প্রচণ্ড ভাবে চাপ দেয়, নীনা বলে দেয়, যদি সে এবছরের পার্টিতে না আসে তবে তাদের এত বছরের বন্ধুত্ব সারা জীবনের মতন শেষ হয়ে যাবে।

সুভাষিনী পড়ে যায় উভয় সংকটে। এক দিকে ছিল তার বান্ধবীর আমন্ত্রণ, সে মনে-মনে সেটিকেই স্বীকার করতে চাইছিল। অন্যদিকে আছে তার বাবা-মার খারাপ লাগার ব্যাপার। এই ব্যাপারে সে নীনা এবং তার অন্য বন্ধুদের সাথে ঘণ্টার পর ঘণ্টা ফোনে কথা বলে এবং সে কতটা সংকটের মধ্যে আছে তাও জানায়। সে সমস্ত রকম তর্কের

সাহায্য নেয়। কিন্তু তার বান্ধবীরা এই সংকটের জন্য তাকেই দায়ী করে।

সকলেই বলে বাবা-মাকে ঘটনাটা খুলে বলতে এবং নীনার বাড়ী যাওয়ার জন্য বাবা-মার কাছ থেকে সম্মতি নিতে। "আমার পক্ষে এমন করা সম্ভব না। ওঁরা ভাববে আমি নববর্ষের দিন ওঁদের সাথে থাকতে চাইনা। তাঁদের খারাপ লাগবে।"

শেষ পর্যন্ত, সুভাষিনীর যখন প্রচণ্ড চাপ অনুভব করে তখন একদিন রবিবার কম্পিত আওয়াজ পা নিয়ে বাবা-মার সামনে উপস্হিত হয় এবং তাদেরকে বলে যে, নববর্ষে তার বন্ধু তাকে পার্টিতে আমন্ত্রণ করেছে। সে যদি বন্ধুর বাড়ী যায় তাহলে কি তাদের খারাপ লাগবে। যদি তাদের খারাপ লাগে তাহলে সে যাবে না কারণ এখনও পর্যন্ত কিছুই ঠিক হয়নি।

তার বাবা-মা কি প্রতিক্রিয়া ব্যক্ত করেছিল ? "আমরা সর্বদাই এটা ভেবে অবাক হতাম যে, তোমার মতন যুবতী কেন প্রত্যেক বছরে নিউ ইয়ার পার্টি আমাদের সাথে কাটায়। তোমার তো অনেক আগেই বন্ধুর বাড়ী যাওয়ার কথা ভাবা উচিত ছিল। তুমি কাছে থাকলে আমাদের ভালোই লাগে কিন্তু আমরা চাই তুমি বন্ধুদের সাথেও আনন্দ কর।"

কত বছর ধরে সুভাষিনীর ইচ্ছা থাকা সত্ত্বেও নব বর্ষের পার্টিতে নীনার বাড়ীতে যাইনি কারণ সে ভাবত যে যদি নববর্ষর দিনে সে বাবা-মার পাশে না থাকে তবে তার বাবা-মার খারাপ লাগতে পারে। আসলে সে তার বাবা-মা কি প্রতিক্রিয়া ব্যক্ত করতে পারে সে সেই সম্পর্কে মনে-মনে কল্পনা করে নিয়েছিল আর সেই কল্পনার উপর ভিত্তি করেই সে এই সিদ্ধান্ত নিয়েছিল।

সুভাষিনী বিকল্প উপায়গুলিকে সীমিত করে ফেলেছিল, সে ভাবত যে তার ধারণা ঠিক, সে কোন দিন তার বাবা-মাকে কিছু জিজ্ঞাসাই করেনি, তাহলে সে প্রকৃত পরিস্হিতি কিভাবে বুঝবে ?

এই উদাহরণটি দেখুন ঃ

রাজু একজন অল্পবয়সী সেলসম্যান সে উৎসাহী এবং উচ্চাকাঙ্খী। এই কারণেই সে যে ইলেকট্রিকাল গুডসের দোকানে কাজ করে সেখানে তাকে ভালো টাকা বেতন দিয়ে রাখা হয়েছে। দোকানের মালিকের তার উৎসাহ এবং গ্রাহকদের সাথে তার আচরণ খুবই ভালো লাগে।

রাজুর সাথে যখনই তার থেকে ভালোও স্মার্ট কোন ব্যক্তির পরিচয় হয় তখনই রাজু সমস্যায় পড়ে যায়। উদাহরণ স্বরূপ তার মালিকের নাম করা যায়।

সে এগিয়ে যেতে চায়, তারজন্য সে তার মালিককে খুশীতে রাখতে চায় এবং সে যেন কোন রকম ভুল না করে ফেলে সেই দিকে সতর্ক থাকে। একদিন দোকানে কিছু জরুরী কাজ ছিল বলে তার মালিক সোহনলাল তাকে একটু রাত পর্যন্ত দোকানে থাকতে বলে। রাজুর বিশেষ কোন কাজ ছিল না তাই দোকানে থাকতে তার ভালোই লাগবে।

পরবর্তী সপ্তাহতে হিসাব-নিকেশের জন তাকে রাত পর্যন্ত থাকতে বলা হয়। সে পুণরায় জানায় তার কোন সমস্যা নেই–আর এই ভাবেই দিনের পর দিন কেটে যায়। প্রায় প্রত্যেক সপ্তাহতেই একদিন বা একাধিক দিন তাকে রাত পর্যন্ত থাকতে হত। রাজুর বন্ধুরা তাকে জিজ্ঞাসা করে, ওভারটাইমের জন্য সে কি আলাদা করে পয়সা পায়, সে বলে, সে কোনদিন ওভার টাইমের পয়সা চাইনি–সে নিজের কাজ এই মনে করেই রাত পর্যন্ত দোকানে থাকে। তার বন্ধুরা তার কথা মেনে নিতে পারেনা।

একদিন তার মালিক তাকে রাত পর্যন্ত দোকানে থাকতে বলে এই কারণে সে তার বন্ধুর জন্মদিনর পার্টিতে যেতে পারে না, এই প্রথম সে সমস্যা অনুভব করে। সে ঠিক করে যে, পার্টিতে যেতে না পারার জন্য সে তার বন্ধুর কাছে ক্ষমা চাইবে এবং তাকে একটা ভালো উপহার দিয়ে দেবে।

আর একদিন এক দূর সম্পর্কের আত্মীয়ের বিয়েতে যেত পারেনি বলে সে সমস্যা অনুভব করে। এবার রাজু বোঝে যে সে আর কাউকে কোন প্রতিশ্রুতি দিতে পারবেনা, কারণ যে কোন দিন তাকে অনেক রাত পর্যন্ত দোকানে থাকতে হতে পারে।

সময় কাটত থাকে, রাজু দেখে যে তার বন্ধুরা আর কোন অনুষ্ঠানেই তাকে ডাকে না। সে কারণ জিজ্ঞাসা করলে তার বন্ধুরা বলে, তাকে নিমন্ত্রণ করে কোন লাভ নেই, কারণ শেষ পর্যন্ত অনেক রাত পর্যন্ত কাজ করতে হবে বলে, সে কোন অনুষ্ঠানেই অংশ নিতে পারবেনা।

একটা মেয়ের সাথে বন্ধুত্ব হওয়ার পর তার সমস্যা আরোও বৃদ্ধি

পায়, সে তাকে সঙ্গে নিয়ে ঘুরতে যায়। প্রথম-প্রথম মেয়েটি তার উচ্চাকাঙ্খার প্রশংসা করে এবং দেরী পর্যন্ত কাজ করার জন্য অনেক সময় দেখা-সাক্ষাৎ-এর টাইমও পরিবর্তন করতে হয়, তাও সে স্বীকার করে নেয়। কিন্তু যখন এই ঘটনা চলতেই থাকে তখন এই মেয়েটি অনুভব করে যে, রাজুর সাথে যা হচ্ছে তা ঠিক হচ্ছেনা।

"তুমি ছয় মাস ধরে এই ভাবেই ওভার টাইম করে যাচ্ছ আর তার জন্য তুমি কোন পয়সাও পাওনা ? এটা তো তোমার বোকামি। তুমি বেতন বৃদ্ধি বা পদোন্নতির জন্য দাবীতো করতে পার।"

"আমার পক্ষে এটা করা সম্ভব না। যদি সোহনলালজী আমার বেতন বাড়াতে চাইতো তবে উনি নিজেই বেতন বাড়িয়ে দিতেন। উনি চান আমি রাত পর্যন্ত দোকানে থাকি আর যদি আমি থাকতে রাজী না হই তবে সে অন্য কাউকে রেখে দেবে, আমার মতন বহু লোক এদিক-ওদিক ঘুরে বেরাচ্ছে।"

"কি অদ্ভূত কথা বলছো ? তুমি চাইতেই পার। চাইলে তোমাকে চাকরি থেকে বার করে দেবেনা, এটা তুমি নিজেও জানো।"

"না, এমনটা করলে উনি আমাকে খারাপ ভাবতে পারেন। তাহলে উনি আমাকে আর একদমই পছন্দ করবেনা। তিনি এমনিতেই আমার সাথে খেলাখুলি কথা বলেননা, তার চোখে মুখে সর্বদা একটা রাগ-রাগ ভাব থাকে।"

রাজু এটাও জানে যে তার মালিক কি ভাবছে, সে এটাও জানে যে তার মালিক কি করতে পারে। সে মনে-মনে সম্পূর্ণ পরিস্হিতির একটা কাল্পনিক দৃশ্য এঁকে নিয়েছে। ও কিভাবে এত কিছু জানলো ? সে কোনদিন সোহনলালজীকে টাকা বৃদ্ধির কথা বলেনি, সে কখনই রাত পর্যন্ত কাজ করার বিরোধীতা পর্যন্ত করেনি।

সে খুবই সতর্কতার সাথে জীবন কাটাচ্ছে। সে খারাপ পরিণম সম্পর্কে বলেছে এবং সেভাবে যে তার মালিক তার কথা ভাবে এবং সে এটাও জানে যে তার মালিক তার সম্পর্কে কিভাবে। এই ভ্রান্তি মনে নিয়েই রাজু চাকরি করতে থাকে। সে ওভারটাইমের পয়সা চইত, না কারণ তার মনে হত ওভারটাইম করলে দায়িত্ব বৃদ্ধি পায়, আর সে এটা ভাবত যে যদি ওভারটাইমের পরিবর্তে সে পয়সা চায় তবে তাকে

চাকরি থেকে বের করে দেওয়া হবে। সে এটাও কল্পনাকরে নিয়েছে যে, তার মালিক তাকে পছন্দ করে না আর সেই কারণে সে বিরোধীতা করার চেষ্টা করেনা।

রাজুর ভেতরে এতটাই ভয় চেপে বসে গেছিল যে, তার মতন কর্মচারী পেয়ে তার মালিক কতটা খুশী হতে পারে সে সেই কথা কখনই ভাবত না। তার মালিক ছিল একজন চতুর ব্যবসায়ী, বিনা পয়সায় রাজুকে দিয়ে কাজ করাতে পেরে সে খুশীই হত। সে ঠিকই করে নিয়েছিল, যতদিন না রাজু বেতন বৃদ্ধির কথা বলবে, ততদিন সে বেতন বাড়াবে না। কিন্তু সে ঠিক করে ফেলেছিল যে, এইবার দীপাবলীর সময় সে রাজুকে ভালো টাকাবোনাস দেবে, আসলে সে রাজুকে খুবই পছন্দ করে এবং সে চায় রাজু তার সাথে দীর্ঘদিন ধরে কাজ করুক, রাজু তা জানেনা, সে ভাবে মালিক তাকে পছন্দ করেনা। রাজু ভাবে সে সর্বদাই ক্রুদ্ধ থাকে কিন্তু তার অনান্য বহু সহকর্মীরাই জানে যে, অত্যাধিক ব্যস্ত থাকার কারণেই তার মুখ সর্বদা গম্ভীর থাকে।

রাজুর প্রেমিকা তাকে বোঝানোর পর সে একদিন মালিকের সাথে কথা বলে। তখন সে জানতে পারে সে তার ধারণা কতটা ভুল ছিল। যদি সে দীর্ঘকাল ধরে দ্বিধার মধ্যেই থাকত এবং মালিকের সাথে কথা না বলত তবে হয়তো তাকে চকরি ছেড়ে যাওয়ার কথা ভাবতে হত। আর সে জানতেও পারত না যে, তার মনে যে কাল্পনিক ছবি রয়েছে বাস্তব তার থেকে সম্পূর্ণ ভিন্ন।

এর সারমর্ম হল, যখন আপনি নিজের ভুল ধারণার ভিত্তিতে কাজ করেন তখন মস্তিষ্কে এমন এক ভ্রম তৈরী হয় যা আপনার জন্য খুবই ভয়ঙ্কর বলে প্রমাণীত হয়ে থাকে।

এই সমস্যার হাত থেকে রেহাই পাওয়ার জন্য আপনাকে অন্যের সমস্যাও দেখার চেষ্টা করতে হবে। নিজের বিচার নিজেরই অন্যেরা আপনার বিচার সম্পর্কে মতামত জানাতে পারে। অন্যের মতামতের ভিত্তিতে আপনি নিজের বিচার বিশ্লেষণ করে দেখতে পারেন।

হয়তো এইভাবে এই বিষয়টিকে দেখলে আপনার জটিল বলে মনে হতে পরে। আপনার অস্থির মস্তিষ্ক একদিকে যেমন আপনার বর্তমান দৃষ্টিভঙ্গীকে প্রতিবিম্বিত করে, অন্যদিকে অপর ব্যক্তির সাথে তা চর্চা

করলে আপনার ভয়টা প্রকাশ পেয়ে যায়। সেই সময় সে বাস্তবের দিকে তাকানোটা জরুরী বলে মনে করেনা।

আমরা যদি অপরের মতামত জানার পর পরিণাম জেনে ভয় পেয়ে যাই তবে অবশ্যই আমরা নিজেদের সমস্যা জর্জরিত বলে মনে করব। প্রয়োজনের অতিরিক্ত ভালো মানুষেরা বিকল্পের দিকে ধ্যান দিতে পারে না, তারা সর্বদাই মস্তিষ্কের চাপ সহ্য করে।

নিজের অনুভূতি চিনুন ঃ

আগেই বলা হয়েছে যে, প্রত্যেক ব্যক্তিই নিজের মত করে ভালো ব্যবহার গ্রহণ করে থাকে, এই কারণে প্রত্যেক ব্যক্তি আলাদা-আলাদা পরিস্থিতিতে ভিন্ন-ভিন্ন উপায়ে প্রতিক্রিয়া ব্যক্ত করে থাকে। এই পুস্তকে দেওয়া ঘটনা গুলি আপনার চির-পরিচিত বলে মনে হতে পরে, আপনার অনুভূতি আপনার একেবারেই নিজেস্ব এৎ আপনার ব্যবহারও একান্তই আপনার নিজের।

এখানে অনুভূতি বোঝার ব্যাপারে বলার চেষ্টা করা হয়েছে। আপনি যখন ভদ্র-ব্যবহার করেন তখন আপনার মনে যে অনুভূতি বিচার এবং শরীরে যে প্রতিক্রিয়ার সৃষ্টি হয়, এখানে সেই সম্পর্কেই চর্চা করা হয়েছে। নিচে খুবই সহজ দুটি অভ্যাস দেওয়া হল, যার সাহায্যে আপনি এই প্রকার অনুভূতিগুলিকে চিনতে পারবেন।

ভালো/মন্দ অভ্যাস সংখ্যা 1

এই বিষয় পড়া শুরু করার আগে আমি আপনাদের জিজ্ঞাসা করতে চাই যে, আপনাদের এই শীর্ষকটি পড়ে কোন রকম প্রতিক্রিয়া হয়েছে কি, এক মুহূর্তের জন্য এই ব্যাপারটির দিকে নজর দিন।

আপনি একাই এর অভ্যাস করতে পারেন বা অন্য ব্যক্তিরা সঙ্গে থাকলেও তা করতে পারেন, আপনি তাদের চিনুন বা নাই চিনুন। যেহেতু সবকিছু আপনার মস্তিষ্কেই ঘটে তাই একা থাকলেও কল্পনা করে নিতে পারেন যে আপনি দুজন ব্যক্তির মধ্যে বসে আছেন। তারা যে কেউ হতে পারে–যাদের আপনি চেনেনা বা যাদের আপনি চেনেন না। আপনি যদি বাসে করে কোথাও যান বা কোন অফিসে বসে তবে আশে-পাশে বসে থাকা বা দাঁড়িয়ে থাকা ব্যক্তিদের দিকে দেখুন। আপনার মস্তিষ্কের দুজন মানুষকে বসতে হবে, আপনার দুদিকে দুজন ব্যক্তি আছে।

আপনি একা থাকুন বা লোকেদরমধ্যে, এখন ভাবুন যে আপনার ডান দিকে বসে থাকা ব্যক্তিকে আপনি কোন ভালো কথা বলতে চান, অন্য ভাবে বলা যায় আপনি তার প্রশংসা করছেন এবং কল্পনা করুন যে আপনি উচ্চ স্বরে সেই কথা বলছেন। লক্ষ্য করুন যে আপনি কেমন অনুভব করছেন। কাউর প্রশংসা করা আপনার জন্য কি খুবই সহজ ব্যাপার ? আপনি কি প্রথমে কিছু ভেবেছেন এবং তারপর তা বলতে পারেননি কারণ আপনি কি ভেবেছেন আপনি উচ্চ স্বরে একথা বললেও সে তা বিশ্বাস করবেনা ? যদি আপনার কাছে সুযোগ থাকে তবে মনে আসা কথা গুলি লিখে ফেলুন।

লক্ষ্য করুন তো আপনার কোন শারীরিক প্রতিক্রিয়া হয়েছে। আপনার হৃদ-স্পন্দন বৃদ্ধি পেয়েছে কি ? নাকি কাউকে ভালো কথা বলতে পেরে আপনি নিজেই মনে-মনে হেসেছেন ? আপনার ভেতর কোন জীবন্ত অনুভূতির সৃষ্টি হয়েছে কি বা আপনি যত দ্রুত সম্ভব প্রশংসা সূচক শব্দ বলার চেষ্টা করেছেন কি ?

এবার আপনি বাঁ-দিকে বসে থাকা ব্যক্তির সম্পর্কে কল্পনা করুন আর ভাবুন তাকে খারাপ কিছু বলবেন, ধরুন তাকে অপামানিত করতে চান। মনে কর,ন, আপনি উচ্চ স্বরে তাকে অপমান করছেন। লক্ষ্য কর,ন এবার আপনার ভেতরে কি ধরণের প্রতিক্রিয়া হচ্ছ। আপনিকি অস্বস্তি বোধ করেছেন ? আপনি কিছু বলবেন বলে ঠিক করেও বলতে পারেননি কারণ আপনার মনে হয়েছে এগুলি বলা অসম্ভব। আপনি কি ভাবছেন, "এ কি অদ্ভূত অভ্যাস। আমাকে খারাপ হতে বলা হচ্ছ এবং অপরকে অপমান করতে বলা হচ্ছ।" আপনি কি ভাবছেন, "আমি কখনও কাউর সাথে এমন ব্যবহার করতে পারব না, এই কথা বলার অর্থ কি ?" আপনি কি ভাবছেন, "যে ব্যক্তিকে আমি চিনি পর্যন্ত না তাকে খারাপ কথা বলার কথা ভাবতে পর্যন্ত পাচিছনা।" বা "আমি কোন পরিচিত ব্যক্তিকেও খারাপ কথা বলতে পারব না," আপনি কি খারাপ কথা বলার কল্পনা মাত্র করেছেন, এবং ভাবছেন যে বাস্তবে কখন সেই কথা বলতে হবেনা ?

যদি সম্ভব হয় তাহলে নিজের অনুভব সম্পর্কে লিখে ফেলুন। আপনি কি পেটে একটা মোচড় অনুভব করছিলেন ? যখন কাউকে

খারাপ কিছু বলবেন বলে ভাবছিলেন তখন কি আপনার মুখে হাসি ছিল ? আপনি কি কিছুই বলতে চাইছিলেন না ? এই অভ্যাসের দ্বারা আপনার হয়তো এক প্রকার মানসিক যাত্রা হয়ে গেছে। আপনার গলা কি শুকিয়ে গেছে এবং এবার কি আপনি বুঝতে পারছেন আপনাকে কি করতে বলা হচ্ছে ? আপনি কোন অপমানজনক কথা বলতে সক্ষম এটা জেনে কি আপনি খুশী হচ্ছেন ?

এটা আপনি কেন অভ্যাস করবেন না তার কোন লম্বা তালিকা প্রস্তুত করেছেন কি ? যে বিষয়টি আপনার প্রয়োজনীয় বা প্রয়োজনহীন বলে মনে হচ্ছিল সেই সমস্ত বিষয় সংশোধন করেছেন কি ? যে কথা কাউকে আহত করতে পারে বা সুরক্ষা প্রদান করতে পারে ?

আপনার কি প্রতিক্রিয়া হবে তার কল্পনা করছিলেন কি ? অন্য ব্যক্তি ক্ষুব্ধ, হতাশ বা আহত হতে পারে, তার কল্পনা করেছেন কি ? অন্যের আপনার উপর শারীরিক বা মৌখিক দিক থেকে আক্রমণ করতে পারে তা ভেবে দেখেছেন কি ? কোন ব্যক্তি অপমানিত হওয়ার পর স্তব্ধ থাকবেন এই কথা ভেবেছেন কি ? আপনি যে শারীরিক, সৃজনশীল ও মানসিক প্রতিক্রিয়া অনুভব করেছেন তা লিখে ফেলুন।

ভালো/মন্দ অভ্যাস সংখ্যা 2 ঃ

এমন কোন ঘটনার কথা মনে কর,ন যখন কেউ আপনাকে কিছু বলেছিল বা আপনার সাথে কিছু করেছিল বলে আপনি সমস্যা বোধ করেছিলেন, আপনি রাগ করেছিলেন, ক্ষুব্ধ হয়ে গেছিলেন বেং তা সত্ত্বেও আপনি কিছু করতে পারেননি, হয়তো আপনি সেই ব্যবহার স্বীকার করে নিয়েছেন কারণ আপনার মনে হয়েছে অন্যরা ঠিক, ভুল আপনিই করেছেন। হয়তো আপনি কিছু করতে অসমর্থ থেকে গেছেন।

মনে করুন তখন আপনি কোথায় ছিলেন, আপনি ও অন্যরা কি ধরণের জামা-কাপড় পরেছিলেন, সেখানে যদি অন্য কেউ থেকে থাকে তবে আপনি শারীরিক ভাবে কোথায় অবস্হান করছিলেন, সেই সময় রাত ছিল না দিন। আপনি এই ঘটনা স্মরণ করে ভাবছেন যে, আপনি ভালো বলে সেই সময় আপনার মাথায় যা এসেছিল তা বলতে পারেননি।

আপনার হৃদ-স্পন্দন দ্রুত হয়ে গেছিল কি ? আপনার গলা শুকিয়ে

গেছিল এবং পেটে ব্যথা শুরু হয়ে গেছিল কি ? আপনি মনে-মনে কষ্ট বোধ সত্ত্বেও হাসছিলেন কি ? আপনি কোন রকম সংকোচবোধ করছিলে কি ? আপনি কি ভেবেছিলেন অন্যেরা যা করছে ঠিক করছে কারণ ভুল আপনারই ? সামান্য সময়ের জন্য কি আপনার সামনে অন্ধকার ছেয়ে গেছিল আর আপনি বুঝতে পারছিলেন বা আপনি কি করবেন ? আপনি কি পিছনে সরতে সরতে মাটির দিকে দেখছিলেন ?

এই পরিস্থিতিকি তার মধ্যে একটা যা আপনি অন্য ব্যক্তির জন্য ভাবছিলেন ? আপনি যা বলতে চান তা বলে দিলে অন্য ব্যক্তির প্রতিক্রিয়া কি হতে পারে তা কল্পনা করেছেন কি ? যদি সম্ভব হয় তবে এই সমস্ত অনুভূতি লিখে ফেলুন। আপনার নিজেকে হতাশ, উদাস ও দুর্বল বলেম নে হয়েছে কি ?

এই দৃশ্যের দিকে ফিরে যান এবং কল্পন করুন যে আপনি সেই সমস্ত কথা বলছেন যা বাস্তবে আপনি বলতে চান, আপনার মনের বোঝা কম হওয়ার জন্য আপনি আনন্দ বোধ করতে পারেন, অন্য কোন অনুভূতিও বোধ করেছেন কি ? আপনি কি নিজেকে বলেছিলেন, ''আমি কখনই এমনটা করতে পারব না ?'' আপনি নিজের মনের কথা কাউকে বললে কি প্রতিক্রিয়া হয়েছে তার কল্পনা করে দেখেছেন কি ?

এবার পুণরায় সেই দৃশ্যের দিকে ফিরে যান এবং কল্পনা করুন যে আপনি সেই সমস্ত কথা বলছেন যা আপনি বলতে চাইতেন। আপনার মনের বোঝা হাল্কা হওয়ার জন্য আপনি আনন্দ বোধ করেছেন, অন্য কোন অনুভূতিও অনুভব করেছেন কি ? আপনি কি নিজেকে বলেছিলেন, ''আপনি যখন নিজের মনের কথা অন্য কাউকে বলেছেন তখন তার প্রতিক্রিয়া কি হয়েছে, তার কল্পনা কিভাবে করবেন ?''

যখন আপনি কাউকে খারাপ কিছু বলবেন ভেবেছিলেন, তখন আপনার সাথে কি হয়েছিল তাও ভেবে নিন, আর তারপর দুটির সাথে তুলনা করুন। এর মধ্যে কোন সমানতা দেখতে পেয়েছেন কি ? প্রত্যেক ক্ষেত্রেই আপনার প্রতিক্রিয়া একে অপরের সাথে মিলেছে কি ? নাকি তা একেবারেই ভিন্ন ?

আপনার কি হয়েছে ?

আপনি যখন এই ধরণের অভ্যাস করেন, তখন আপনার মস্তিস্কে

বিভিন্ন ধরণের প্রক্রিয়ার জন্ম হতে পারে। আমাদের মধ্যে বিভিন্ন অনুভূতির সৃষ্টি হয় এবং মনে হয় যে আমাদের প্রতি তার নিয়ন্ত্রণ আছে, কিন্তু তার উপর আমাদের কোন নিয়ন্ত্রণ থাকে না। আমাদের যুক্তি সংগত মন জানে যে, নিজেকে বাঁচানোর জন্য আমাদের কি করা উচিত এবং কিভাবে তার দেখাশোনা করা উচিত, অথচ আমাদের আবেগ আমাদের উপরেই চেপে থাকে। আমাদের মন বেশীর ভাগ সময়েই আমাদের ইচ্ছার বিরুদ্ধে আমাদের শাসন করে।

যখন আপনি বুঝতে পারবেন না যে আপনার কি করা উচিত তখন আপনার কি হয়েছে সেটা জানা আপনার জন্য খুবই জরুরী হয়ে পড়ে। আপনার সাথে কেমন হওয়া উচিত বা আপনার কি চাই, যা আপনার কাছে নেই, তা বোঝার চেষ্টা করছেন কি?

আমি কখনই আপনাকে খারাপ ব্যক্তি হতে বা খারাপ কথা বলতে বলব না। তাহলে আপনি যা ঠিক তার বিপরীত হয়ে যাবেন। এই দুটি জিনিস অভ্যাস করলে আপনি যে কোন কঠিন পরিস্থিতিতে নিজের শারীরিক ও আবেগের প্রতিক্রিয়া চিনতে পারবেন।

কাউকে খারাপ কথা বলার পর যদি আপনার ভেতরে বহুদিন ধরে একটা পাপ বোধ কাজ করে তবে ধরে নিতে হবে যে, আপনি বহুদিন ধরে প্রয়োজনের অতিরিক্ত ভালো মানুষ হিসাবেই জীবন কাটাচ্ছেন, আপনাকে প্রকৃত পরিস্থিতি সমস্যায় ফেলতে পারে না, কিন্তু সেই সম্পর্কে চিন্তা করলেই আপনি সমস্যায় পড়ে যান।

যতক্ষণ না আপনি আপনার ব্যবহার কেমন তা বুঝতে পারছেন ততক্ষণ পর্যন্ত তা বদলানোর জন্য আপনি কিছু করতে পারবেন না। আপনার শরীর, আবেগপ্রবণতা এবং বিচারের প্রতিক্রিয়াই বলে দেয় যে আপনি কি করেন। আপনি নিজের ব্যবহারের প্রতি চোখ রেখে, প্রভাবশালী রূপে তা বদলানোর চেষ্টা করলে সচেতনতার সাথে প্রথম পদক্ষেপ ফেলতে পারেন।

উপরে দেওয়া বিষয়গুলি অভ্যাস করার সময় মানুষ যে ধরণের ব্যবহার করে, নিম্নে তার তালিকা দেওয়া হলঃ

- হাসা
- সংকোচ বোধ করা

- কাঁদার ইচ্ছা
- হাততালি দেওয়া
- পা নাড়ানো
- চোখের দিকে না দেখা
- লজ্জা পাওয়া
- কাশা
- পেটে ব্যথা বোধ করা
- চিন্তা করতে অসমর্থ হওয়া
- শরীরে গরম বোধ করা
- নড়া
- টলমল করা
- ঘাবড়ে গিয়ে হাসা
- মুখ লোকানো
- গলা শোকানো
- দাঁত দিয়ে আঙুল কাটা
- অজ্ঞান হওয়ার ভাব অনুভব করা
- বেশী কথা বলা
- মাথা নাড়ানো
- মেঝের দিকে তাকিয়ে থাকা।

বেশীর ভাগ ক্ষেত্রেই আপনি অসুবিধার মধ্যে থাকলে শরীরের ভাষার সাহায্যেই অপরকে তা বুঝিয়ে দেন। আপনি হয়তো ভাবেন আপনি ভেতরের বিচলতা গোপন করতে সক্ষম হয়েছেন, কিন্তু আপনার শরীরের ভাষা অন্য কথা বলে দেয়।

মনে করুন আপনার কোন এক সহকর্মী অফিসে সর্বদা আপনাকে 'মোটা' বলে সম্বোধন করে। সে মজাকরে বলে তাই আপনি প্রথমে সে দিকে নজর দেননি। আপনি প্রচণ্ড সংবেদনশীলতা আপনি দেখাতে চান না। কিন্তু সে বারংবার বলতে থাকলে, আপনি ঠিক করেন যে আপনি তাকে তা বলতে মানা করবেন।

তাই আপনি তাকে বলেন, "তুমি বারবার মোটা বলে ডাক, আমার শুনতে ভালো লাগে না, আমি চাই তুমি আর বলনা।" আপনার মনে

হয় আপনি ঠিক করেছেন। কিন্তু সমস্যা হল আপনি যখন এই কথা বলছিলেন তখন আপনার মুখে হাসি ছিল, আর হাসি থাকার অর্থ আপনি বিষয়টা নিয়ে গম্ভীর নন। অজান্তেই এই ধরণের ব্যবহার হয়ে যায়, কিন্তু তার বিপরীত অর্থ ধরে নেওয়া হয়।

যখন কোন গম্ভীর বিষয় হয়নি মুখে বলা হয়, তখন সামনের ব্যক্তি একটা মিশ্র বার্তা পায়। এমন অবস্থায় অন্য ব্যক্তি আপনার অনুরোধকে গম্ভীরতার সাথে নিতে পারে না। মূল প্রহারের তুলনায় এটি অনেক বেশী হতাশজনক পরিস্হিতিতে পরিণত হয়। আপনি এত প্রস্ততির সাথে যথেষ্ট সাহস অর্জন করে কাউকে কিছু করতে নিষেধ করেন অথচ অন্য ব্যক্তি সেদিকে নজর দেয় না। হেসে কথা বললে ধরেনেওয়া হয়, ''ভালো কথা, যদি তুমি আমাকে মোটা বলে ডাক তাহলে আমার একটুও খারাপ লাগবে না।''

যদি এরপরেও কেউ আপনাকে বিব্রত করতে থাকে তবে আপনি ভাববেন, মনের কথা কাউকে বলেও কোন ফল পাওয়া যায়না। কারণ সে আপনার কথায় ভ্রূক্ষেপ করেনা বলেই এমনটা করে।

আপনি একবারেই নিজের ব্যবহার পরিবর্তন করতে পারবেন না। আমি আপনাকে কখনই তা করতে বলব না। এই অভ্যাসের মাধ্যমে আপনাকে এইটুকুই সচেতন করা হচ্ছে যে, আপনাকে এটা ভালো করে বুঝতে হবে যে অনেক সময় আপনি স্পষ্ট রূপে কাউকে কিছু বললেও তার পরস্পর বিরোধী অর্থ বার করা হয়ে থাকে।

করব অথবা মরব ঃ

আপনাকে আগেও বলা হয়েছে যে, আপনার ভাবনা আপনার শরীরে বিভিন্ন প্রকার প্রতিক্রিয়া উৎপন্ন করে থাকে। আপনি খুশীতেই থাকুন, উদাস হোন, আতঙ্কিত হোন বা রাগ করুন, প্রত্যেক অবস্হাতেই আপনার শরীর প্রতিক্রিয়া ব্যক্ত করে থাকে। বিশেষ করে মানসিক চাপের সময় আপনার শরীরের ভেতরে 'করব অথবা মরব' এমন একটা পরিস্হিতির সৃষ্টি হয় যাতে আপনি নিজেকে বাঁচানোর জন্য তৎপর হতে পারেন।

কোন সময় আপনার প্রতিবাদ করতে ইচ্ছা করেঃ আপনি নিজের পক্ষে কথা বলবেন বলে ঠিক করেন, তখন আপনি নিজের মনের কথাই

বারবার বলতে থাকেন এবং আপনি যা ভাবেন তাই অপরকে বলেন। আপনার শরীরে চাপের হরমন নিস্বারিত হত শুরু করে, হৃদস্পন্দন দ্রুত হয়ে যায়, দ্রুত গতিতে শ্বাস-প্রশ্বাস চলে, এর থেকেই বোঝা যায় যে, আপনি বুঝতে প্রস্তুত।

এমন ঘটনা আপনার জীবনে বহুবার ঘটতে পারে, যখন আপনি এক মুহূর্তও পরিণামের কথা ভাবেননা, এবং এটাও ভাবেন না যে এর প্রভাবে আপনি হতাশ হতে পারেন। যখন কোন ব্যক্তি মনে করে যে তার বাচ্চার কোন বিপদ ঘটতে পারে তখন তার ভেতরে প্রতিবাদের জন্ম হয়, কিছু লোক আছে যারা যে কোন অন্যায় দেখলেই প্রতিবাদ করে ফেলে। কিছু লোক নিজের সম্পত্তি অন্য কাউর হাতে চলে যেতে দেখলে প্রতিবাদ করে ফেলে। এমন অবস্হায় প্রতিবাদ জানানোর ক্ষেত্রে শারীরিক প্রস্তুতিই আপনাকে সাহায্য করে, আপনি যত ভালো মানুষই হোক না কেন, কোন জিনিস সঠিক করার ভাবনা আপনার মনে ভয়ের তুলনায় অধিক প্রভাবী হয়ে থাকে।

নিজের জীবনকে সহজ করে তোলার উদ্দেশ্য সংঘর্ষ বা প্রতিবাদের পথ কমই গ্রহণ করা হয়।

অনেক ক্ষেত্রেই আপনার কাছে বহু বিকল্প পথ থাকে ঃ আপনি সরে যান, ক্ষমা করে দেন, সংঘর্ষ এড়িয়ে যান, পরিস্হিতির থেকে দূরে সরে যান। এমনও পরিস্হিতি আসে সেক্ষেত্রে আপনি নিজের ইচ্ছা ও প্রয়োজন গুলি অপরের জন্য ত্যাগ করে দেন।

এর অর্থ হল আপনাকে সর্বদা জটিলতার মধ্যে দিয়েই কাটাতে হবে। এর জন্য আপনার কোন সম্পর্ক শেষ হয়ে যেতে পারে, আপনার চাকরি চলে যেতে পারে, বন্ধুত্ব নষ্ট হয়ে যেতে পারে। অথচ আপনি কখনই অপরের সামনে নিজের অনুভূতি ব্যক্ত হতে দেননা।

নিজের ইচ্ছামতন জীবন-যাপন করুন ঃ না বলতে শিখুন

আমরা আগেই বলেছি যে কিভাবে আমরা নিজের পছন্দে প্রয়োজনের অতিরিক্ত ভালো মানুষে পরিণত হতে পারি, সেগুলি করার সময় এই বিষয়টা অনুভব করা যায়না। আপনি যদি এই ধরণের স্বভাব পছন্দ করেন তবে আপনার তার থেকে মুক্ত হওয়ার যোগ্যতাও আছে, যার শুরু আপনি অন্য বিকল্প নির্বাচনের মাধ্যমে করতে পারেন।

অভ্যাস করা জরুরী ঃ

এই বইতে এই ধরণের কিছু কার্যকরী বিকল্পের কথা বলা হয়েছে, এবং আপনি কিভাবে প্রভাবশালী উপায়ে তা পরখ করতে পারেন তাও বলা হয়েছে। আমি কখনই একথা বলব না যে কয়েকটা সূত্রের দিকে

খেয়াল করলে আপনি রাতারাতি বদলে যাবেন। এই ধরণের পরিবর্তন এত দ্রুত গতিতে আসা সম্ভাবনা।

'না বলা কলা' এত সহজ নয় বা আপনি বইতে পড়েই শিখে যাবেন। এটি এমন এক কলা যার জন্য অভ্যাস খুবই জরুরী। আপনি ভুল করেন, তারপর তা সংশোধন করার জন্য অভ্যাস করেন, একই ভাবে এই কলাও বিকশিত হয়ে যায় এবং সময়ের সাথে সাথে তা আপনার অভ্যাসে পরিণত হয়।

এই বইতে না বলার কলার সাথে সম্পর্কিত বিধি, টেক্‌নিক্‌ ও দক্ষতার চর্চা করা হয়েছে, যার ভিত্তিতে আপনি নিজের ব্যক্তিত্বে নিহিত সম্ভাবনা গুলিকে চিনতে পারেন।

আগেই বলা হয়েছে যে, এর জন্য কোন নিধারিত পথ নেই, বরং বিভিন্ন পথ আছে। এমনটাও হতে পারে যে, আপনার বর্তমান ব্যবহারকে একটু বদলে তা আপনার জন্য উপযোগী করে তোলা যায়। যখনই একটা বা দুটো পরিবর্তন আসবে তখন নিজের ব্যবহারের প্রভাব দেখে আপনি নিজেই অবাক হয়ে যাবেন।

এই ধরণের প্রয়াস জারী রাখার জন্য জীবনকে খোলা মনে করা খুবই জরুরী।

প্রয়োজনের অতিরিক্ত ভালো হওয়া কোন মামুলি ব্যাপার নয়। আপনি যখন সংকট, লজ্জা বা রাগের সম্মুখীনতা করেন, তখন তা অত্যন্ত ঘাতক হয়ে উঠতে পারে। আমি সেই পরিণামের কথা বলছি না যার জন্য আপনার ভয় লাগে বা যার জন্য আপনাকে জটিলতায় পড়তে হয়। এমন ধরণের লোকেদের সাথে বন্ধুত্ব করলে আপনি উদাস হতে পারেন বা সমস্যায় পড়তে পারেন, যারা জীবনে তিক্ততার সম্মুখীনতা করেছে কারণ তারা সকলের সাথে তাল মিলিয়ে চলতে চায় এবং অসফল হলে তারা নিজেদের ছেড়ে দেয় শাস্তি পাওয়ার জন্য।

কিন্তু, যেহেতু এটা একটা গম্ভীর বিষয় এবং এর পরিণামও গম্ভীরই হয়, তাই আশেপাশের আনন্দময় জীবন গুলি আমরা দেখতে পাইনা। তাই এই বইতে পরিবর্তনের চেষ্টা করার সময় কিছু হাল্কা প্রকৃতির হাস্যরসও দেওয়া হয়েছে।

আমি আপনাকে একথা বলতে চাইছিনা যে, যে বিষয়টি আপনি

অনুভব করতে পারছেন না তা স্বীকার করে নিন বা তিরস্কারকে হেসে উড়িয়ে দিন বা অপরের খারাপ ব্যবহার চুপচাপ সহ্য করে নিন, কারণ দীর্ঘ দিন ধরেই আপনি তা করে চলেছেন, কিন্তু এই পুস্তকে বর্ণিত কিছু বিকল্পের অভ্যাস করার সময় আপনার ভেতরে একটা হাস্যবোধ জন্ম নিতে পারে। আপনি কিছু বিষয়ে রস আস্বাদ করতে পারবেন।

আমি জানি ব্যবহার বদলানো সবচেয়ে কঠিন কাজের মধ্যে একটা, কারণ ব্যবহার সম্পর্কিত সমস্যার শিকড় শৈশবেই গজিয়ে যায়, তাই দীর্ঘ সময় ধরে ব্যবহার আপনার সাথে যুক্ত হয়ে থাকে তা পরিবর্তনের জন্য যে চেষ্টা করা হবে তার প্রতিরোধের চেষ্টা তো আপনি করবেনই, আপনার জীবনের সাথে যুক্ত লোকেরাও তা করবে। পরিবারের লোকজনেরা বা বন্ধুরাও আপনাকে খুবই পছন্দ করে, কারণ আপনার জন্য তাদের জীবন সুবিধাজনক হয়ে ওঠে।

সম্ভবতঃ সমস্ত দিক থেকে প্রতিরোধের সম্মুখীনতা করার পর আপনি দেখতে পাবেন যে আপনাকে নিজের প্রতিরোধেরও সম্মুখীনতা করতে হচ্ছে, আপনার অসুবিধাজনক পীড়াদায়ক অনুভূতি আপনার প্রতিরোধ করে থাকে। মনের ভেতরে বিভিন্ন প্রকার দুঃখজনক স্মৃতি থাকে। আপনি হয়তো যুক্তিগত দিক থেকে জানেন যে কি করা উচিত এবং সেটা কেন সর্বশ্রেষ্ঠ্য উপায় আপনি তাও জানেন। কিন্তু আপনার শরীর পরিবর্তন দেখার সাথে-সাথে প্রতিক্রিয়া জানাবে, পেটে ব্যথা বোধ হবে, গলা শুকিয়ে যাবে, নিঃশ্বাস-প্রশ্বাসের গতি বৃদ্ধি পাবে।

অনেক সময় আমরা যে দ্বিধাগ্রস্ত হয়ে পড়ি, সে ক্ষেত্রে যুক্তিও কিছু করতে পারেনা। "আমি কিভাবে এই ধরণের ঝামেলায় ফেঁসে গেলাম?" একথা আমরা বলি যখন আমরা কোন সংকটের হাল্কা দিকটা দেখি, তখন শক্তি বজায় রাখা বা নিয়ন্ত্রণ রাখা আমাদের জন্য সুবিধাজনক হয়ে ওঠে, যা পরীক্ষা করে দেখার জন্য আমরা অন্যদের এগিয়ে দিই। তখন আপনার কাছে কিছু করার, পরিস্থিতি বদলানোর সুযোগ এসে যায়।

পরিবর্তনের জন্য কিছু অভ্যাস, প্রতিক্রিয়া এবং বিচারকে খেলার মতন প্রস্তুত করা হয়েছে। আপনি অবশ্যই এই অভ্যাস গুলি পরখ করে দেখতে চাইবেন, কিন্তু এই খেলার একমাত্র খেলোয়াড় আপনি।

"এটা একটা মজার বিষয়, কেউ জানতেও পারবেনা আপনি নিজেকে বদলানোর চেষ্টা শুরু করে দিয়েছেন। লোকেদের আপনার ব্যবহার আলাদা লাগতে পারে, কারণ তারা যে ব্যবহারের সাথে অভ্যস্ত তার থেকে ভিন্ন লাগতে পারে।"

যখন কোন খেলার খেলোয়াড় আপনি একা হন তখন আপনার কাছে খুবই শক্তি থাকে এবং তা অতিবাহিত করুন আপনার জন্য আনন্দদায়ক হয়।

খেলার মতন পৃষ্ঠভূমিতে এই বিষয়টিকে দেখার মুখ্য উদ্দেশ্য হল আপনি যখন তা প্রকৃত জীবনে প্রয়োগ করবেন, তখন বাস্তবিক জীবনের প্রতিকূল পরিস্থিতি আপনাকে প্রভাবিত করতে পারবে না।

আমি এটাও জানি যে, পরিবর্তনের প্রক্রিয়া আমি যত মজার বলব, এই প্রক্রিয়ায় ঢোকা তত সুবিধাজনক হয়ে উঠবে। আশা করি, আপনি এই অসম্ভব মনে হওয়া প্রক্রিয়াটিকে সম্ভব করে তোলার চেষ্টা করবেন। আমি চাই যে আপনি পরিবর্তনের চ্যালেঞ্জকে গ্রহণ করুন এবং কখনই ভাববেন না যে আপনি পথ প্রদর্শক ছাড়াই মাউন্ট এভারেস্ট উঠছেন। প্রথমে ছোট-ছোট পাহাড়ে ওঠার চেষ্টা করুন, বড়-সর অভিজ্ঞতার জন্য এভারেস্টকে রেখে দিন।

এই বইতে ছোট-ছোট জয়ের চর্চা করা হয়েছে। সর্বদা ছোট-ছোট জয় পাওয়ার চেষ্টা করুন। আপনি যখন কোন পরিস্থিতির জন্য সবকিছু একবারেই বদলানোর চেষ্ট করবেন তখন অসফল হওয়ার চান্স বেশী থেকে যায়। আপনি চেষ্টা করবেন না এমন কথা বলছি না, কিন্তু প্রথমে ছোট-ছোট বিষয়ে চেষ্টা করুন। নতুন কিছু করার সময় ছোট-ছোট পা তুলুন।

যখনই আপনি ছোট-ছোট জয়ের আস্বাদন করবেন, তখন বুঝতে পারবেন যে আপনি বড়-কোন বিষয় করতেও সক্ষম হয়ে উঠেছেন, আপনার কাছে পর্যাপ্ত অভিজ্ঞতা এসে যাবে, যার ফলে আপনার আত্মবিশ্বাস দৃঢ় হয়ে উঠবে। সে বিষয়ের জন্য আপনার কষ্ট হবে এবং পরে অনুতাপ বোধ করবেন, সেই অভ্যাস করা সহজ ব্যাপার না। এটা কোন সাধারণ প্রয়াস নয়, আপনি মাঝ পথেই অভ্যাস ত্যাগ করার কথা ভাবতে পারেন।

এই বইতে কিছু পছন্দের পরীক্ষার কথা বলা আছে যার ভিত্তিতে আপনি ছোট্ট-ছোট্ট জয় পেতে পারেন।

এখানে এমন ব্যক্তিদের অভিজ্ঞতার দিকে আলোকপাত করা হয়েছে যদি তারা অন্য কোন বিকাশের দিকে যেত তবে তাদের বিভিন্ন পরিণামের সম্মুখীনতা করতে হত। এটা এমন এক পরিস্হিতি যা লোকেদের জীবনে ঘটে এবং অত্যাধিক ভালো হওয়ার জন্য তাদের অসুবিধা, ক্ষোভ এবং হতাশার সাথে-সাথে অস্তিত্ব লোপের ভয় থেকে যায়।

বিভিন্ন সম্ভাব্য পরিণামের চর্চা করার সাথে সাথে কিছু বিধি, বিচার এবং টেকনিকের কথাও বলা হয়েছে।

প্রত্যেক পরিদৃশ্যে গতিবিধি এবং উপায়ের চর্চাও করা হয়েছে। যদিও এর মধ্যে থেকে বিভিন্ন রকম সম্ভাবনার চয়ন করা যায় কিন্তু শুধুমাত্র সেই সম্ভাবনা গুলির দিকেই লক্ষ্য করা হয়, যা কোন বিশেষ পরিস্হিতিতে মানুষের জন্য সম্ভব হয়ে ওঠে। মানুষকে এই ধরণের সমস্যার সমাধান করা উচিত আমি যে কথা বলছি না, বরং একথা বলছি যে এই ধরণের সমাধান খোঁজা সম্ভব। না বলার কলা বিকশিত করার ক্ষেত্রে কোন একটাই পথ নেই, আপনাকে নিজের মতন করে সংশোধন করতে হবে এবং কোন উপায় আপনার জন্য সর্বশ্রেষ্ঠ তা খুঁজে বার করতে হবে।

যখন আপনি নিজেকে কোন পরিস্হিতিতে বদ্ধ বলে মনে করবেন, তখন এটা মনে রাখবেন যে, যে কোন পরিস্হিতিতে আমাদের সামনে একাধিক বিকল্প থাকে, এমনও বিধির কথা বলা হয়েছে যা পড়ে আপনি বলতে পারেন, "আমি এমনটা কখনই করতে পারব না।" বা এমনও উপায় আছে যা পড়ে আপনার মুখ থেকে বেরিয়ে যাবে "হ্যাঁ, আমি এটা পরখ করে দেখত চাই।"

পরিবার সম্পর্কে একটা টিপনী ঃ

আপনি আগেই জেনে গেছেন যে, এই বইতে এমন ঘটনা ও পরিস্হিতির উল্লেখ করা হয়েছে যার মধ্যে দিয়ে মানুষের দৈনন্দিন জীবন অতিবাহিত হয়। এর মধ্যে থেকে কিছু ঘটনা অন্য গুলির থেকে অনেক বেশী চ্যালেঞ্জিং বলে মনে হয়।

এমন এক ক্ষেত্র আছে, যেখানে ব্যবহারের জন্য সব থেকে বেশী জটিলতার সম্মুখীনতা করতে হয়, সেই ক্ষেত্র হল পরিবার। আপনার

পরিবার আপনার সামনে যে সমস্যা তুলে ধরবে তা সর্বাধিক গুরুত্বপূর্ণ হয়ে উঠবে। তবুও ঘটনা এবং সমাধানের চেষ্টা করার সময় কিছু বিষয় মাথায় রাখা খুবই গুরুত্বপূর্ণঃ

1. প্রত্যেক পরিবার আলাদা হয়। তর্কের ভিত্তিতে আপনি এই ব্যাপারটা বুঝতে পারবেন। যখন পরিবারের সাথে আপনার ব্যবহার বদলানার কথা ওঠে, তখন কোনও নিশ্চিত টেকনিক আপনার জন্য উপযোগী বলে প্রমাণীত হয়না। আপনি আপনার পরিবারের সেই ব্যবহারও সহ্য করে নেন, যদি তা আপনার বন্ধু বা সহকর্মী করত তবে সহ্য করতে পারতেন না।

2. বেশীর ভাগ পরিবারেই সংবাদের নিশ্চিত উপায় (অধিকাংশ ক্ষেত্রে আপনার জন্মের আগেই) প্রচলিত থাকে এবং পরবর্তী কালেও তাই চলতে থাকে এবং মনে হয় তা সর্বদাই থেকে যাবে। আপনি সে ভাবে চলতে বা বলত শিখেছেন সেইভাবে সংবাদ প্রদান শিখেছেন। আপনার হাতে আর কোন বিকল্প উপায় নেই।

তাই, যদি এই রকম জমে যাওয়া অভ্যাস আপনি বদলানোর চেষ্টা করেন তবে অপনার তরফ থেকে কিছু ভিন্ন প্রকারের প্রয়াস হওয়া খুবই জরুরী।

3. ''আমি কেবল তাকে বুঝতে চাই,'' এমনও পরিস্হিতি আসবে সে ক্ষেত্রে পুরান প্রচলিত উপায় বদলানোর জন্য মৌলিক ব্যবহারের প্রয়োজন হয়ে পড়ে। এমন কিছু পরিস্হিতি উপস্হিত হবে যেখানে আপনার ভালোবাসা এবং নরম ব্যবহার প্রয়োজন হয়ে উঠবে।

●

নিজেকে বন্ধন মুক্ত করুন

যখনই আপনার ব্যবহার বদলানোর কথা আসে, তখন সবার আগে আপনার ভাষার কথা ওঠে। যখন আপনার গৃহীত ভাষা এবং শেখা ব্যবহার বদলানোর কথা ওঠে তখন ভাষার কথা উখাপন অদ্ভূত বলে মনে হয়। কিন্তু এই বিষয়টি ততটা অদ্ভূত নয়।

এক মুহূর্তের জন্য এই ব্যাপারে ভেবে দেখুন। আপনি কিছু পুরানো স্মৃতির দিকে তাকিয়ে দেখুন, হয়তো তার প্রভাব আপনার উপর পড়েছে। আপনাদের মধ্যে বহু লোক শারীরিক অত্যাচার সহ্য করে থাকবেন, যা খুবই মর্মান্তিক অভিজ্ঞতা কিন্তু ভাষা এমন এক পরিবেশ তৈরী করে যার জন্য আপনি স্বাভাবিক ব্যবহার বদলাতে বাধ্য হয়ে পড়েন।

শৈশবের সাথে সম্পর্কিত অভিজ্ঞতার চর্চা করতে গিয়ে আমি বলেছি যে বাচ্চাদের নিয়ন্ত্রিত করার জন্য বাবা-মা কি কি উপায় পরখ করে

দেখে। এর মধ্যে একটা ফলদায়ী উপায় হল বাচ্চাদের উপহাস করা, অপমানিত করা, ছোট দেখানোর চেষ্টা করা, যা সে অনুভব করছে বা চাইছে সেটিকে অদেখা করা। তারা কি ভাববে বা কি রকম ব্যবহার করবে তার জন্য চাপ দেওয়া হয় এগুলির জন্য কোন রকম শারীরিক অত্যাচার করা হয়না, শুধুমাত্র ভাষার সাহায্য নেওয়া হয়।

এছাড়া, আপনাদের অনেকেরই স্কুলের অভিজ্ঞতা আছে, উদাহরণ স্বরূপ, আপনাকে আপনারই সহপাঠীদের সামনে কোন শিক্ষক খুবই খারাপ ভাবে অপমানিত করে থাকবে। বদমাইশি করার কারণে বা কোন প্রশ্নের উত্তর ভুল দেওয়ার জন্য, খারাপ নম্বর পাওয়ার জন্য, দেরী করে আসা প্রভৃতি কারণে শিক্ষ্যক এমন করে থাকে। যখন সবাই মিলে আপনার উপহাস করে, পুণরায় যাতে সেই ঘটনা না ঘটে আপনি সেদিকে সচেতন হয়ে যান, তার জন্য আপনি সব কিছু করতে প্রস্তুত হয়ে যান। আপনি পুণরায় সেই লজ্জা বা অপমানের সম্মুখীনতা করতে চাইবেন না।

শুধু তাই নয়, অন্য কাউর উপহাসের সাক্ষীও আপনি থেকে থাকবেন, তখন আপনার সামনে নিজের উপহাসের দৃশ্য ভেসে ওঠে এই কারণে আপনি তার থেকে দূরে থাকার চেষ্টা করবেন।

শব্দের মাধ্যমেই বিচার তৈরী হয়, যার দ্বারা আপনি এই পৃথিবীকে দেখেন।

ভাষার দ্বারাই ব্যবহার আকার পায়। এখানে সে বিষয়েই আলোচনা করছি। অন্যরা আপনার কাছে কি চায় তা বলার জন্যও শব্দের প্রয়োজন। বকতে, ধিক্কার জানতে, আশ্বস্ত করতে, পুরস্কৃত করতে, ভয় দেখাতে, বোঝাতে এবং ওসকানোর জন্য ভাষারই প্রয়োজন। শব্দ গালে মারা থাপ্পরের মতন হয়ে থাকে, তা আমাদের আত্মবিশ্বাসকে শেষ করে দেয় এবং আমাদের আত্মসন্মানকে আঘাত করে।

আপনার ভাষাকি খুবই মিষ্টি?

ভাষা আমাদের অবচেতন মনে ঢুকে পড়ে কারণ যখন আমরা শব্দ শোনার জন্য সক্ষম থাকিনা তখন থেকেই আমরা শব্দ শুনি। আমরা যার অধীনে থাকি, যাকে ভয় পাই, যার সাথে একমত হই প্রভৃতি সকলের মুখ থেকেই শব্দশুনি, আর যতদিন না তার উপর সন্দেহ করার ক্ষমতা বিকশিত হয় ততদিন পর্যন্ত এই শব্দগুলিকে সত্যি বলেই মনে করি।

এমন দুঃখ দায়ক ও আঘাত করার মতন শব্দ আপনাকে বলা হয়েছিল যে তা আপনার মনের গভীরে বসে গিয়েছিল, আর আজ যখন আপনি সন্দেহ করতে শিখে গেছেন, তখনও এই কথা গুলিতে সন্দেহ প্রকাশ করতে আপনি সংকোচবোধ করেন। যখন আপনার মা হতাশ হয়ে আপনাকে কিছু বলেছিল, তার সেই কথায় আজও সন্দেহ প্রকাশ করতে অসুবিধা হয় ঃ "তোমার কাছে কিছু আশা করাই বেকার–আমি কিভাবে তোমার কাছে আশা করছি ?"

আপনাকে যে কথা বলা হয় তা আপনার উপর গভীর প্রভাব ফেলে। এই কারণেই যখন ব্যবহার বদলানোর কথা বলা হয় তখন সবার আগে শব্দের প্রতিই নজর দেওয়া হয়।

সবার প্রথমে আমরা একটা সহজ বাক্য দিয়ে শুর, করছি। ক্ষমা চাওয়ার জন্য এর ব্যবহার করা হয়। ক্ষমা চাওয়ার সবচেয়ে প্রচলিত উপায় কি ? "আই এম সরি।" দৈনন্দিন জীবনে কথা বলার সময় আপনার মুখ থেকে কতবার বেরোয়, "আই এম সরি ?"

লোকেরা তখনই ক্ষমা চায় যখন তাদের মনে হয় তারা কোন ভুল করে ফেলেছে। এছাড়া, যখন অন্য কেউ তার উপর ভুলের বোঝা চাপিয়ে দেয়, তখন ক্ষমা চায়, যখন কেউ মনে করে তার ব্যবহার ভালো নয়, তখনও সে ক্ষমা চায়, কোন ব্যক্তি যখন এমন কিছু চায় যা পাওয়ার আশা তার একেবারেই নেই তখনও সে ক্ষমা চায়, সে অন্যের ব্যবহারের জন্য ক্ষমা চায় যখন ক্ষমা চাওয়ার মতন কোন কারণই থাকে না।

একটা উদাহরণ দেখুন ঃ

এক মহিলা তার বাড়ীর অর্ধেক অংশ এক ব্যক্তিকে ভাড়ায় দিয়েছিল।

এই ব্যক্তি ঘরে ঢুকতেই এমন এক ইঁটে আঘাত খায়, যার সাহারায় একটা ফার্নিচার দাঁড়িয়ে ছিল।

এই ব্যক্তি বলে, "আই এম সরি।"

মহিলা বলে, "আপনি কি ইঁটের কাছে ক্ষমা চাইছেন ?"

"ওহো", এই ব্যক্তি নীচের দিকে তাকিয়ে বলে 'আই এম সরি।'

ভাষার প্রয়োগ করা আমাদের কাছে অভ্যাসে পরিণত হয়। যে চিন্তার পিছনে আমাদের কোন পছন্দ থাকেনা, তা আমাদের অভ্যাসে পরিণত হয়। ভাষার প্রভাব এতটাই গভীর হয় যে, বেশীর ভাগ সময়ে আমরা বুঝতেই পারিনা, আমরা কি শব্দের প্রয়োগ করছি।

ভাষার ব্যবহার আমাদের ধারণা এবং আত্মবোধের আড়াল তৈরী করে এবং তা মজবুতও করে তোলে।

আমরা শারীরিক ভাষা দ্বারা লোকেদের কাছে কোনবার্তা পাঠাতে পারি। অতি সহজেই তার ব্যবহার হয়ে থাকে। একই ভাবে শব্দ উচ্চারণের মাধ্যমেও একই বার্তা লোকেদের কাছে পৌঁছে যায়। আপনি যে ভাষার প্রয়োগ করেন তার মাধ্যমে আপনার ব্যক্তিত্ব ফুটে ওঠে।

আপনার ভাষা এমন এক শক্তিশালী সংকেত যার দ্বারা অন্যরা বুঝতে পারে আপনি কতটা সহজ-সরল, আপনি যদি ক্রমাগত ক্ষমা চাইতে থাকেন বা অস্পষ্ট শব্দের প্রয়োগ করেন, অপ্রত্যক্ষ বা দূর্বল ভাবে নিজের কথা উপস্থিত করে, তবে অন্যরা আপনাকে ভুল ভাববে, আপনাকে এড়িয়ে চলবে, এবং আপনার সম্পর্কে একটা ভুল ধারণা পোষণ করবে, আপনি তাকে এতটাই সুযোগ করে দেন যে, যার সাহায্যে সে আপনাকে বিরক্ত করতে পারে এবং নিজের মর্জী অনুসারে কাজও করিয়ে নিতে পারে।

ক্ষমা বা অনুমতির ভাষা এক-প্রকারের আমন্ত্রণ হয়ে থাকে, এর থেকে বোঝা যায় আপনি অন্য কিছু বলতে চান, আর আপনার মুখ থেকে আর একথা নির্গত হচ্ছে। বোঝা যায় যে আপনার মূল ব্যক্তিত্ব সামনে আসতে পারছেন, তাই আপনার উদ্দেশ্য সম্পর্কে স্পষ্ট ধারণা করা সম্ভব হয়না।

আগে এমন শব্দ বা কথার উল্লেখ করা হয়েছে যা ব্যবহার করে আপনি অন্যের কাছে নিজের বক্তব্য উপস্থিত করতে পারেন। এখানে আমরা এমন কিছু দৈনন্দিন কথা বার্তা, প্রবাদ প্রবচন, এবং শাশ্বত বানী দেখব যা আপনার কাছে শিক্ষার মতন কাজ করে।

একটা সহজ উদাহরণের দ্বারা শুরু করা যাক।

বিংশ শতাব্দীর এক গুরুত্বপূর্ণ উপকরণ হল আনসারিংমেশিন। যার কাছে এই মেশিন আছে সে কি জবাব দেয়, "আই এম সরি, আমি আপনার সাথে কথা বলতে পারছিনা..." মেশিন কেন ক্ষমা চায় ? এই মেশিন ক্ষমা না চেয়ে কেন বলেনা "দয়া করে আপনার কথা জানিয়ে দিন, আমি যত শীঘ্র সম্ভব আপনার সাথে যোগাযোগ করার চেষ্টা করব।"

এই ধরণের মেশিন নির্মাতাদের যুক্তি হল, সমাজে যে ধরণের ভাষা প্রচলিত, তারাও মেশিনে সেই ধরণের ভাষা ব্যবহার করে থাকে।

এই মেশিন আরো একটা কথা প্রমাণ করে, আমরা কি ভাবে চোখ বন্ধ করে যে কোন জিনিস বিশ্বাস করি। আমাদের থেকে যে ধরণের ব্যবহার আশা করা হয়, সেই ধরণের ব্যবহার করার জন্য আমরা কতটা তৎপর কি। যদি কেউ আপনার সাথে কথা বলতে চায় এবং আপনি তার সাথে কথা বলতে না পারেন তবে আশা করা হয় আপনি ক্ষমা চাইবেন, আশা করা হয় আপনি শীঘ্রই লোকেদের সাথে কথা বলবেন, কারণ লোকেরা আপনার সাথে কথা বলতে চায়।

ভাষা আপনার ব্যাপারে ভিন্ন উপায়ে বলে থাকে। আপনি যদি সেই সমস্ত লোকেদর মতন হন, যারা সর্বদা ক্ষমাই চাইতে থাকে তবে আপনার মেশিনও আপনার মতনই হবে এবং সেটা বদলানোর জন্য আপনাকে সামান্য পরিবর্তন করতে হবে। যখন ক্ষমা চাওয়ার শব্দগুলির উপর আপনার থেকেই নিয়ন্ত্রণ এসে যাবে তখন আপনি নিজের সম্পর্কে ধারণা বদলাতে পারবেন এবং মানুষ যে ভাবে আপনাকে প্রতিক্রিয়া জানায়, সেই সম্পর্কেও আপনার দৃষ্টিভঙ্গী বদলাবে।

আপনার মেশিন যদি সারা-দুনিয়াকে বলে যে, আপনি কথা বলতে না পারার জন্য দুঃখিত এবং যদি সে প্রতিশ্রুতি করে সে আপনি আপনার গুরুত্বপূর্ণ তালিকায় তা অন্তর্ভূক্ত করে নেবেন ও ফিরে এসেই তার সাথে কথা বলবেন, তবে মেশিনের এই কথা বদলে আপনি ব্যবহারে পরিবর্তনের বার্তা দিতে পারেন। তখন আপনার মেশিন লোকেদের বলবে, ''প্রয়োজন হলে আমি আপনার সাথে যোগাযোগ করে নেব।''

ক্ষমার ভাষা ঃ

এবার খেয়াল করে দেখুন যে, ক্ষমার ভাষা কিভাবে কাজ করে এবং আপনি কি ধরণের শব্দ প্রয়োগ করেন, যার দ্বারা আপনার অজান্তেই আপনার দুর্বলতা প্রকাশ পেয়ে যায়।

সবার আগে সেই শব্দ গুলির কথা বলুন, যার দৈনন্দিন জীবনে আপনার থেকেই আপনার মুখ থেকে বেরিয়ে পড়ে। এছাড়া সেই সমস্ত সৎ-পরামর্শ ও প্রবাদ গুলির চর্চা করা যাক যে গুলি আপনি ছোট থেকে শুনে আসছেন, আপনার ব্যবহার ভিত্তিই হয়তো সেই গুলি।

দৈনন্দিন জীবনে ভাষার ব্যবহার ঃ

আপনি কিভাবে ক্ষমা চান ? যখন আপনি কাউকে কিছু করতে বলেন এবং বুঝতে পারেন যে সে করতে চাইছেনা, তাহলে আপনি কি বলেন ? আপনি যখন কাউকে কোন দুঃসংবাদ দেন, তখন কি বলেন ?

আপনি যখন কোন নতুন বিচার সম্পর্কে বলতে চান তখন কোন শব্দের প্রয়োগ করেন ?

নিম্নে এমন কিছু শব্দ দেওয়া হল যার সাহায্যে আপনি নিজেকে লোকানোর চেষ্টা করেন এবং আপনি অন্য কোন অবস্হায় তা প্রতিপন্ন করতে চান। এগুলি এমন শব্দ বলে দেয় যে আপনি নিজেকে গম্ভীরতার সাথে নেন না, আপনার ইচ্ছা, বিচার, চিন্তা, এবং অনুভূতির কোন গুরুত্বই নেই। এই ভাবে আপনি লোকেদের নিজের দুর্বলতার কথা জানিয়ে দেন (তারা ভাবে আপনি মূর্খ, নিস্কর্মা এবং বেকার ব্যক্তি)।

আপনি যখন আশ্বাসনের আশা করেন, তখনই এই ধরণের ভাষার প্রয়োগ করে থাকেন। এটা নিজের প্রতি করা টিপ্পনীর মতন হয়ে থাকে যা হীন ভাবনাকে প্রদর্শিত করে।

এই শব্দ গুলির দিকে লক্ষ্য করুন ঃ

- আই এ্যাম সরি।
- আমি সত্যি দুঃখিত।
- আপনার খারাপ লেগেছে কি ?
- এটা কি সম্ভব যদি...
- হ্যাঁ
- কিন্তু
- হ্যাঁ, কিন্তু
- অবশ্যই
- দুঃখের বিষয়।
- এক্সকিউজ মি।
- এটা কি ঠিক হবে, যদি আমি... ?
- আপনার কি খারাপ লাগবে, যদি আমি... ?
- আমার মনে হয়না আপনার এটি পছন্দ হবে।
- আপনি কি আমার উপর কৃপা করবেন ?
- আমি জোর দিয়ে বলতে চাই না...
- আপনি কি বিচার করবেন ?
- এটা হয়তো শুনতে খারাপ লাগবে।
- আমার একদম ঠিক আছি।
- যদি কোন বড় সমস্যা না থাকে।
- আপনার কি মনে হয়, আপনি করতে পারবেন... ?

- বিঘ্ন ঘটায় দুঃখিত।
- আমি বিঘ্ন ঘটালে আপনার খারাপ লাগবে কি?
- আপনার এটা ভালো লাগবেনা।
- আমার দ্বারা এটা সম্ভব না।
- আমি উপর ছেড়ে দিন। আমি দেখে নেব।
- আমার খারাপ লাগবেনা।
- একদম ঠিক আছে।
- এটা কি আপনার জন্য ঠিক হবে?
- আমাকে জিজ্ঞাসা করবেন না, আমি কিছু জানিনা।
- বিব্রত করার জন্য ক্ষমা করবেন?
- সমস্যায় পড়ার জন্য ক্ষমা করে দিন।
- আমি ক্ষমা চাইছি যে...
- আপনাকে বিব্রত করতে খারাপ লাগছে, কিন্তু...
- আমি যেমন চাইবেন তেমন করব।
- আমার খারাপ লাগে না।
- আমি জানি না।
- আমি জানি আপনি খুব ভালো জানেন, কিন্তু...
- এর থেকে হয়তো বড় সমস্যার সৃষ্টি হতে পারে, কিন্তু...
- সেখানে আমার করার মতন কিছু ছিল না।
- আপনি কি আমার উপর খুব রেগে আছেন।
- আমার আপনাকে জিজ্ঞাসা করতে সত্যিই খারাপ লাগছে, কিন্তু...
- আমি নিজেকে ঠিক মতন বোঝাতে পারছিনা।
- মনে হচ্ছে আমি নিজের কথা ঠিক মতন বলতে পাচ্ছিনা।
- আমি কোন কাজের নই।
- আপনি বিশ্বাস করেন কি?
- আমি আপনাকে বিব্রত করতে চাই না।
- আমি একটা প্রশ্ন করলে আপনার খারাপ লাগবে কি?
- এই সবই আমার ভুল।
- এই সবের জন্য আমি দায়ী।
- আপনি কি আমার থেকে অন্য কিছু চান?
- আমি কি আপনার জন্য অন্য কিছু করতে পারি?
- আপনার প্রয়োজন না হলে, মানা করতে পারেন...

- প্লিজ রাগ করবেন না।
- আমি খারাপ হতে চাই না।
- আমি এটা আশা করছিলাম।
- আপনার উচিত বলে মনে হলে ঠিক আছে...
- আমি সত্যিই আপনাকে কিছু জিজ্ঞাসা করতে চাই
- আমার কি করা উচিত ?
- আপনি কি ভাবছেন ?
- আমি কি কথায় বাধা দিতে পারি ?
- আমার সত্যিই খারাপ কথা শোনে না।
- এটা ঠিক আছে।
- আপনার কি মনে হয় যে আপনি এটাই চান।
- আমার উপর দোষারোপ করবেন না।
- আমি কোন কর্মের নই...
- আপনার যে সময়টা ঠিক বলে মনে হবে, আপনি কি...?
- আপনি কি ভাবেন এটা আপনার জন্য সম্ভব...?
- আপনি কি আমার উপকার করতে পারবেন ?
- যদি আপনার আপত্তি না থাকে।
- আমার মতামতের কোন দাম নেই।
- এটা আমি আপনার জন্য করে দেব।
- এক্সকিউজ মি, আমি কি কথার মধ্যে কথা বলতে পারি ?
- কথার মধ্যে কথা বলার জন্য, আমাকে ক্ষমা করবেন।
- যদি কেউ না করে, তাহলে আমি করব।
- আমি সম্মানের সাথে বলতে চাই।
- আপনার কাছে কবে সময় হবে।

আপনার মুখ থেকে কি শব্দ নির্গত হচ্ছে তা সচেতনতার সাথে শুনে এই তালিকায় নতুন-নতুন বাক্য অন্তর্ভুক্ত করতে পারেন।

এর মধ্যে কোনটাই ভুল নয়। কিন্তু যখন বারংবার কোন রকম বিচার বিবেচনা না করেই এর ব্যবহার করা হয়, তখন তার মধ্যে থেকে দুর্বলতা প্রকাশ পায়, মনে হয় আপনি নিজের ব্যবহারকে যুক্তি সংগত করার জন্য এর প্রয়োগ করছেন, অজুহাত বানানোর জন্য এর প্রয়োগ করা হয় এবং সরাসরি, স্পষ্ট বক্তব্যের থেকে বাঁচার জন্য করা হয়, আর তখনই হয় সমস্যার সৃষ্টি। এগুলি খুবই সহজ-সরল বাক্য। আপনি কখন এবং

কেন এর ব্যবহার করছেন, সেটাই দেখার বিষয়।

যখন আপনি ক্ষমা চান, তখন কেন ক্ষমা চাইছেন সেই ব্যাপারটা স্পষ্ট হওয়া খুবই জরুরী। আপনি কি নিজের কোন কাজের জন্য ক্ষমা চাইছেন নাকি কোন ব্যবহারের জন্য ক্ষমা চাইছেন।। তাহলে অবশ্যই ক্ষমা চান। কিন্তু আপনি যদি নিজের অস্তিত্বের জন্য ক্ষমা চান তাহলে তার থেকে আপনার দুর্বল আত্মবিশ্বাসই প্রদর্শিত হবে।

যারা প্রয়োজনের তুলনায় বেশী ভালো হয় তারা ক্ষমা চায় এবং সর্বদা অনুমতি চাওয়ার প্রবণতা থাকে। আমার লক্ষ্য সেই অভ্যাস বদলানো, আপনার শালীনতা হরণ করা আমার লক্ষ্য নয়। আমাদের সকলেরই ভদ্রতা শেখা উচিত কিন্তু যে ভদ্রতা নিজের ক্ষতি ডেকে আনে তার কোন প্রয়োজন নেই। বাহানাবাজী বা অত্যাধিকক্ষমা চাওয়ার প্রবণতাকে কখনই ভদ্রতা বলে ধরা হয়না।

প্রয়োজনের তুলনায় বেশী ক্ষমাচাওয়ার কারণে অনেক হাস্যকর বিষয় সামনে এসে যায়, হয়তো আপনি বহুবার তা অনুভব করে থাকবেন, যখন কোন ব্যক্তির কাছে ক্ষমা চাওয়া হয়, তখন সেই ব্যক্তিও ক্ষমা চাইতে শুরু করে।

এই উদাহরণটি দেখুন ঃ

আপনি ঃ আই এ্যাম সরি। রিয়েলি আই এ্যাম, ভেরি, ভেরি সরি।

উনি ঃ না, না, ঠিক আছ আমার সত্যিই খারাপ লাগেনি।

আপনি ঃ না-না, আমি সত্যিই লজ্জিত। আপনি কোনদিন আমাকে ক্ষমা করতে পারবেননা।

উনি ঃ ক্ষমা চাওয়ার মতন কিছুই হয়নি। আই এ্যাম সরি। আপনি এত বিব্রত বোধ করবেন না।

আপনি ঃ ''আমি এটা আপনার উপর ছেড়ে দিচ্ছ।''

উনি ঃ দয়া করে দুঃখ বোধ করবেন না, সব ঠিক আছে। আমার আপনার থেকেও বেশী কষ্ট হচ্ছ।''

আর এই ভাবেই কথা চলতেই থাকে।

ব্যবহারের সাথে সম্পর্কিত নিয়ম

প্রত্যেক পরিবারের একটা নিজস্ব নিয়ম থাকে। প্রত্যেক পরিবারে কোন একজন শাসন করে, সেই ঠিক করে পরিবারের প্রত্যেক সদস্য কি ধরণের ব্যবহার করবে। ছোট বেলায় আপনিও সেই নিয়ম শুনে থাকবেন এবং গ্রহণও করে থাকবেন।

সেই ধরণেরই কিছু নিয়ম দেওয়া হল ঃ

- যদি তুমি কোন কাজের কথা বলতে না পার তাহলে মুখ বন্ধ রাখো।
- বেকার চিৎকার করনা।
- ভালো বাচ্চা এমন করেনা।
- বাচ্চাদের কাঁদা উচিত না।
- পুরুষ হও।
- পুরুষদের ব্যথা লাগেনা।
- কান্না মেয়েদের কাজ।
- ভালো কিছু করার চেষ্টা কর।
- ভালো কিছু করে মনে রাখার প্রয়োজন নেই।
- বাচ্চাদের চিৎকার করা উচিত না।
- না কাঁদলে আমি একটা জিনিস দেব।
- এটা কোন বড় সমস্যা নয়।
- সংকটের সময়তেই ধৈর্য্যের পরীক্ষা হয়।
- আমি যা চাই তা পাইনা।
- আমি জানি তুমি কি ভাবছো।
- আমি কৃতজ্ঞতা প্রকাশ করতে চাই।
- বড়দের সব কথা মানা উচিত।
- অতিথি নারায়ণের সমান।
- নিজের ঘরে যাও।
- যতক্ষণ না বাবা ঘরে আসছে, ততক্ষণ অপেক্ষা কর।
- আমি যদি তোর জায়গায় থাকতাম তবে কখনও এমন করতাম না।
- শান্তি বজায় রেখে খেলো।
- ভদ্রতার সাহায্যে মানুষ মহান হয়ে ওঠে।
- চরি এই সফলতার চাবি।
- পৌরষত্ব ভাগ্য বদলে দিতে পারে।
- আমি যখন তোমার মতন ছিলাম....
- আমাদের সময়ে....
- আফ্রিকার ক্ষুধার্ত বাচ্চাদের কথা ভেবে দেখো।
- তুমি নিজের মার মন ভেঙে দিচ্ছো।
- পুরুষের মতন এর সম্মুখীনতা কর।

● তাকে সন্দেহের সুযোগ দিওনা।
● সব কিছু গড়বড় হওয়ার পর দৌড়ে আমার কাছে আসবেনা।
● যদি সবার আশা পূরণ হত তাহলে রাস্তার ভিখারী ঘুরে বেরাত না
● মানুষের প্রয়োজন পূরণ হয়, ইচ্ছা নয়।
● তোমাকে দিতে শিখতে হবে।
● আমি কল্পনা করতে পারছি না....উনি বেঁচে থাকলে কি বলতেন।
● ভালো হয়েছে...এই দিন দেখার আগেই উনি পৃথিবী থেকে চলে
  গেছেন।
● আমি বুঝতে পারিনা, কেন বাচ্চাদের সব কথা শোনা হয়।
● তোমার কৃতজ্ঞ থাকা উচিত।
● তুমি কতটা অকৃতজ্ঞ।
● শেষ পর্যন্ত তুমি...
● তুমি জানোনা এটা কি...
● দুধ ফেল না।
● প্লেট ভেঙনা।
● আমার আর তোমাকে একদম ভালো লাগেনা।
● তুমি আরোও বেশী...কেন হতে পারোনা ?
● ভাবুক হওনা।
● তোমার কোন প্রয়োজন নেই।
● তুমি কিভাবে এত মতলবি হলে ?
● তোমার বাবাকে বলনা।
● আমরা পরিবারে এই ধরণের কথা বলি না।
● পরিবারের অর্থ হল জবাবদেহী।
● খুশী হও।
● কথা না শুনলে শাস্তি পাবে।
● তুমি একদম তোমার (বাবা, মা, দাদু, ঠাকুমা প্রমুখ) মতন।
● মুখ ভেঙিও না।
● সর্বদা অন্যকে সাহায্য করা উচিত।
● যখন তোমার নিজের সন্তান হবে তখন বুঝতে পারবে।
● তোমার কারণে পরিবারের নাম ডুবে গেছে।
● তোমার জন্য পরিবারকে লজ্জায় পড়তে হয়েছে।
● তুমি অদ্ভূত ধরণের বাচ্চা।

- আমরা দেখব।
- পড়ে দেখব।
- তুমি একদম ঠিক।
- তুমি আমাদের হতাশ করেছ।
- আমার কথা ভালো করে শুনে নাও।
- তোমার ভবিষ্যৎ অন্ধকারাচ্ছন্ন।
- যদি তুমি ঠিক না হও তবে তোমাকে হোস্টেলে পাঠিয়ে দেব।
- তুমি কথা না শুনলে পড়াশোনা বন্ধ করে দেব।
- তোমাকে বিয়ে দিয়ে শ্বশুরবাড়ী পাঠিয়ে দেব।
- প্রতিবেশীরা কি ভাববে ?
- আমি আর তোমার বাজে কথা শুনতে পারছিনা।
- তুমি একবার নিজের কথা ভাবা বন্ধ করতে পারনা কি ?
- আমি তোমার কাছে এটা আশা করিনি।
- তুমি আমাদের মন ভেঙে দিয়েছো।
- তোমার বয়সের মতন কথা বল।
- তোমার মাথায় মেধা ছিলই না।
- পরিবারের অন্যরা তোমার থেকে অনেক বেশী বোঝদার।
- কথা কম কাজ বেশী।
- তুমি এইভাবে ঘর থেকে বাইরে যেত পারনা।
- আমি এই ধরণের ব্যবহারের জন্য বাচ্চাদের লালন-পালন করে বড় করিনি।
- তুমি নিজেকে কি ভাব ?
- তুমি কি চাইছো তোমার মাথা ফাটিয়ে দেওয়া হোক ?
- তুমি কি তোমার বদমাইশি কখনই বন্ধ করবে না ?
- তুমি বড় হলে বুঝতে পারবে।
- আমি যা করেছি তার বদলে এই পেলাম।
- ভয় পাওয়ার কিছু নেই ?
- একদিন তোমার জন্য আমি মরে যাব।
- শান্ত হও, কিসের জন্য এত উত্তেজিত হচ্ছ ?
- আমার তোমাকে দেখে লজ্জা করছে।
- আমি কোন দিন তোমার জন্য মাথা তুলতে পারবনা।
- বাচ্চারা বাবা-মার রক্ত চোষে না কি ?

● দয়া করে বড় হয়ে যাও।

● কতদিন ছোট থাকবে ?

● তোমার কবে বুদ্ধি হবে ?

● কোন দেখানোর প্রয়োজন নেই।

● যেমন ফলাবে তেমনিই ফলবে।

● নিজেকে কি ভাব ?

যখন কোন বাবা-মা এই তালিকার দিকে তাকাবে তখন আপনার থেকেই তাদের মুখ থেকে বেরিয়ে আসবে "হে ভগবান, আমি আমার বাচ্চাদের এই কথাই বলতাম।" আপনি জানেন যে, আপনি নিজের বাচ্চাদের সাথে যথেষ্ট কথা বলেন। এই ধরণের কথা বলা খুবই সহজ–এই ধরণের কথা আপনার থেকেই খুব থেকে বেরিয়ে যায়, এই ধরণের কথা আপনার অবচেতন মন থেকেই বেরিয়ে আসে, এই কথা ছোট বেলায় আপনিও শুনে থাকবেন। আপনি যা পছন্দ করেন বা, বাচ্চাকে তা করতে মানা করার জন্য আপনি এই ধরণের শব্দ প্রয়োগ করে থাকেন, আর বাচ্চাদের উপর নিজের মর্জী চাপিয়ে দেওয়ার চেষ্টা করেন।

হয়তো আপনার মনে আরো কিছু কথা আসছে, বা এই তালিকায় যুক্ত করা যায়। এই বাক্যগুলির দ্বারা আপনার ঠাকুর দাদার যুগে কি নিয়ম প্রচলিত ছিল আপনি তাও বুঝতে পারবেন, বংশ পরম্পরায় এই একই নিয়ম চলে আসছে।

এই সূচীতে ধর্মীয় ক্ষেত্রকে ছেড়ে দেওয়া হয়েছে। যখন আপনি বড় হয়ে ওঠেন তখন ধর্মের ভিত্তিতে আপনাকে বিভিন্ন প্রকার নৈতিক শিক্ষা দেওয়া হয়ে থাকে।

ধর্মের মাধ্যমে আপনাকে জীবন-যাপনের পথ দেখানোর চেষ্টা করা হয়। আপনি ধর্মীয় উপদেশকেও এই তালিকার অন্তর্ভুক্ত করতে পারেন। ধর্মের সাথে সম্পর্কিত ধারণা, কথা, পাঠ, সিদ্ধান্ত প্রভৃতি বিষয় আপনাকে ছোটবেলাতেই বলে দেওয়া হয়।

নিয়ম নিয়ে আপনার পরিবারে কখন কথা কাটাকাটি হয়েছে কি ? আপনার বাবা-মা কখন নিয়মের বিরোধীতা করেছে কি ? এই পরিস্থিতিতে এক ব্যক্তির স্বীকার যোগ্য এবং অপেক্ষিত ব্যবহারের সত্যতা অপর ব্যক্তির সত্যের থেকে ভিন্ন হতে পারে। তাহলে কোনটিকে সঠিক বলে ধরা হবে ?

এটা যেন রঙিন চশমা চোখে দিয়ে পৃথিবী দেখার মতন, যাতে আপনার নিয়ম, আপনার ধারণা প্রণালীর অঙ্গ হয়ে উঠবে, কোন অন্য ব্যক্তির সাথেও এমন হতে পারে। যদি একই ছাদের নীচে পরস্পর বিরোধী প্রণালী হয় তবে আপনি ভাষার লড়াইও দেখতে পাবেন। বাচ্চাদের এই স্হিতি দ্বিধা পূর্ণ হয়ে থাকে। যেমনটা নিজের ভেতরে অনুভব করে ও বাইরে শোনে। এই দুজনের মধ্যে তো লড়াই হয়ই, একই সাথে এই নাটকীয় রূপ থেকে পরস্পর বিরোধী সত্যি শুনতে হয়।

স্বাভাবিক গুণ এবং ভাষা ঃ

উপরে প্রদত্ত তালিকা দেখে এবং সম্ভবত নিজের দিক থেকেও কিছু যুক্ত করে হয়তো আপনার কাছে এটা স্পষ্ট হয়ে উঠেছে যে আপনার জীবনে আকার প্রদানের ক্ষেত্রে ভাষা কতটা গুরুত্বপূর্ণ ভূমিকা পালন করে। শব্দ আপনার আত্মবিশ্বাসকে আঘাত করে তাকে দুর্বল করে তোলে। আপনার সাথে যে ক্রূর ভাষা ব্যবহার করা হয় তার জন্য আপনার আত্মবিশ্বাস টলমল হয়ে উঠতে পারে।

এই ধরণের ভাষা আপনার স্বাভাবিক গুণ গুলি নষ্ট করে দেয়। আপনাকে বারংবার যে শব্দ বলা হয় তার ভিত্তিতে জীবন অতিবাহিত করা আপনার কাছে অনেক সহজ হয়ে ওঠে। কারণ এই শব্দ গুলি শুরু থেকেই আপনার মাথায় বসে গেছে, এই কারণে আপনার মস্তিষ্কেও একটা নিয়মের বই তৈরী হয়ে গেছে যা আপনাকে বলে দেয়, আপনার কি করা উচিত আর কি করা উচিত না। এই কারণেই আপনার স্বাভাবিক গুণ বিকশিত হতে পারেনা।

স্বাভাবিক গুণের অভাবের অর্থ হল, প্রত্যেক ঘটনারই বিচার হয়ে গেছে, সব চিন্তা দূর হয়ে গেছে, প্রত্যেক সম্ভাবনার বিশ্লেষণ হয়ে গেছে। আপনি প্রত্যেক কাজের কি পরিণাম হতে পারে সে ব্যাপারে চিন্তিত থাকেন, আপনি নিজেকেই জিজ্ঞাসা করেন, "কি হবে যদি..."

"কি হবে যদি...." এই কথাটা মস্তিষ্কের অনেক খানি স্হান, সময় এবং শক্তি নিয়ে নেয়। প্রত্যেক সম্ভাব্য পরিণাম নিয়ে বিচার করা, প্রত্যেক সংকটের দিকে লক্ষ্য করা, ক্লান্ত করার প্রক্রিয়া বিশেষ। যে সময় আপনি ভাবেন কি হতে পারে, সেই সময় কি হচ্ছে আপনি সেদিকে তাকান না। (এই প্রক্রিয়া শৈশবে কার্যকার হলেও বয়স কালে তার কোন উপযোগিতা থাকে না।)

আপনি যখন বর্তমানের দিকে থেকে চোখ সরিয়ে নেন, তার অর্থ এই

দাঁড়ায় যে আপনি সংকটকে অদেখা করতে চাইছেন, আপনি যদি বর্তমান নিয়ে না বেঁচে এক ধরণের কাল্পনিক দুনিয়া নিয়েই মত্ত থাকেন...''এমনটা হতে পারে কিংবা অমনটা হতে পারে'' তবে আপনার স্বাভাবিক গুণগুলি নষ্ট হয়ে যাবে এবং আপনি নিধারিত নিয়ম গুলি পালন করতে থাকবেন।

এই সমস্ত নিয়ম আপনাকে গণ্ডী বদ্ধ করে দেয় এবং আপনি নিজেকে বাধা-বিপত্তির জালে আটকে ফেলেন। এই নিয়ম আপনাকে সংকীর্ণ এবং ছোট গণ্ডীর মধ্যে বেঁধে ফেলে এবং আপনি স্বীকার যোগ্য তথা ভালো ব্যবহারের সীমাকে লঙ্ঘন করতে পারেন না। আপনি যখন ছোট ছিলেন তখনই এই নিয়ম গুলি তৈরী করা হয়েছিল এবং আপনি আজ পর্যন্ত তা ভুলতে পারেন নি। এই নিয়ম আপনার মস্তিষ্কে আবদ্ধ হয়ে যায় এবং আপনি যাই করুন না কেন তার জন্য পথ দেখায়।

কল্পনা করুন আপনি কোন বৈঠকে অংশ গ্রহণ করেছেন। আপনি শারীরিক রূপে এই বৈঠকে কাজ করলে আপনার মস্তিষ্ক বলে, ''আমার পক্ষে মুখ বন্ধ রাখাই শ্রেয়, আমার বিচার কোন কর্মের না। আমি অপরের সামনে নিজেকে মুর্খ বলে প্রমাণীত করতে চাইনা। কিজানি সবাই আমাকে কি ভাববে। আমি জানি ওরা আমাকে গুরুত্ব দেবেনা। তাই আমার কিছু না বলাই ভালো।'' এই ধরণের নেতিবাচক কথা।

প্রত্যেক ব্যক্তির মাথাতেই বাক্যলাপ চলতে থাকে–এটা না হওয়া অসম্ভব। কিন্তু প্রয়োজনের তুলনায় ভালো ব্যক্তিরা সর্বদা আশঙ্কাজনক বাক্যালাপ করে থাকে। আপনি কবে শেষ কোন কাজ করে নিজেকে প্রশংসা জানিয়েছিলেন ? হয়তো কোন দিনই না, কারণ আপনার মনে হয়েছে এটা ঠিক হয়নি বা অন্য কেউ আপনার প্রশংসা করেছে।

অনেক ছোট বয়সেই আপনাকে নিয়মের সাথে পরিচিত করিয়ে দেওয়া হয়েছিল আর সেই নিয়ম আজও আপনার অবচেতন মনে ঢুকে আছে, সেই কারণে আপনি সেই ব্যাপারে ভাবেনই না। ভাষার প্রতি নিজের সচেতনতা বৃদ্ধি করে, আপনি নিজের ব্যবহারে পরিবর্তন আনার চেষ্টা করতে পারেন।

ছোট-ছোট কথাও গুরুত্বপূর্ণ ঃ

আপনাকে নিজের ভাষার দিকে নজর দিতে হবে। কারণ না বলার কলার সাথে ভাষার এক গভীর যোগাযোগ আছে। এই কারণে এই

ব্যাপারটা শুরু করা জরুরী। সবার আগে নিজের অন্তরের ভাষা লক্ষ্য করুন। আপনার মস্তিষ্কে উপস্থিত অন্তহীন বাক্যালাপ আপনার কাছে সবচেয়ে সুবিধাজনক ক্ষেত্র হতে পারে। এটা এমন এক পরিস্হিতি শুধুমাত্র যেখানে আপনি জানতে পারেন যে আপনি কি ভাবে বদলাচ্ছেন এবং এর জন্য আপনাকে জোরে বলার প্রয়োজন নেই।

পরবর্তীকালে যখন নিজের মস্তিষ্কের আওয়াজ শুনতে পাবেন তখন তাকে ধন্যবাদ জানান এবং তাকে পরামর্শ দেবেন যে, সর্বদা নিন্দা করার পরিবর্তে কখন-কখন প্রশংসাও করতে হয়।

পরবর্তী পদক্ষেপে মুখ থেকে উচ্চারিত শব্দ গুলির দিকে ধ্যান দিন। বদলানোর প্রয়োজন নেই, প্রথম দিকে শুধু ধ্যান দিন। প্রথম দিকে এটি বদলানা আপনার পক্ষে সম্ভব হবেনা, কিন্তু পরে নিজের শব্দের প্রতি সচেতনতা বলে আপনি নতুন শব্দের প্রয়োগ করতে পারবেন এবং পুরানো অভ্যাসের হাত থেকে মুক্তি পেতে পারবেন।

ভদ্র ভাবে না বলার
পাঁচটি উপায়

লোকেরা সর্বদাই আপনাকে কিছু না কিছু করতে বলবে। এটাই জীবন। বেশীর ভাগ সময়তেই লোকেরা আমাদের এমন প্রতিশ্রুতি দিতে বলে যা আমাদের পক্ষে খুবই অসুবিধাজনক হয়ে থাকে, যার জন্য আমাদের হাতে সময় থাকে না বা যা আমর মন থেকে করতে চাইনা কিন্তু না বলতে আমার সংকোচ বোধ করি। তাই যে বিষয়টি আমরা পছন্দ করিনা, তার জন্যও তৈরী হয়ে যাই।

আপনাকে 'না' বলার অভ্যাস করতে হবে। আপনাকে এটা বুঝতে হবে যে, যে বিষয়টি আপনি পছন্দ করেন না, তাতেও 'হ্যাঁ' বললে আপনার জীবনে তার প্রতিকূল প্রভাব পড়বে। আপনি সবাইকে 'হ্যাঁ' বলতে থাকলে একটা অবাঞ্ছিত কাজের মধ্যে ফেঁসে যাবেন এবং কোন কাজই সন্তোষজনক ভাবে সম্পূর্ণ করতে পারবেন না।

সবার আগে আপনাকে এটা শিখতে হবে যে, কি ধরণের কাজের ব্যাপারে 'হ্যাঁ' বলা উচিত এবং কি ধরণের কাজের ব্যাপারে 'না' বলা উচিত। আপনি নিজের জীবনের গুরুত্বের বিচার এই নির্ণয় নিতে পারেন। আপনার নিজেকেই ঠিক করতে হবে যে কোন জিনিস আপনার জীবনের জন্য গুরুত্বপূর্ণ। তাই ইতিবাচক দৃষ্টিভঙ্গীর দ্বারা জীবনের লক্ষ্য নির্ধারণ করা খুবই জরুরী। যখনই আপনাকে কোন কার্য করতে বলা হবে তখন নিজের লক্ষ্যের কথা মাথায় রেখেই কি করবেন তা ঠিক করা উচিত এই কার্য আপনাকে লক্ষ্যের দিকে নিয়ে যাবে নাকি লক্ষ্য ভ্রষ্ট করবে তা দেখা খুবই জরুরী।

যখনই আপনি সিদ্ধান্ত নেন যে আপনার জন্য 'না' বলাই ঠিক হবে তখন আপনি শালীনতার সাহায্যেই 'না' বলতে পারবেন, এতে অন্যের মন আহত হবেনা এবং আপনার মধ্যেও কোন রকম গ্লানি বোধ জন্মাবে। না বলার সময় সৎ থাকার চেষ্টা করুন। এয়া করতে পারলে আপনার মধ্যে কোন রকম অনুতাপ জন্মাবে না।

ভদ্র ভাবে না বলার
পাঁচটি উপায়

1. সরাসরি না বলে দিন ঃ

কখন-কখন সরাসরি ভদ্রভাবে না বলে দেওয়াই সবচেয়ে ভালো। যদি কখন কেউ আপনাকে এমন কোন কাজ করতে বলে বা সে নিজেই ভালো মতন করতে পারে তবে এই ধরণের ব্যক্তিদের হাত থেকে বাঁচার জন্য সরাসরি 'না' বলো দেওয়াই বুদ্ধিমানের কাজ। এ ভাবে যারা প্রায় আপনাকে কোন কাজ করার জন্য অনুরোধ করবে তাদের বলে দিন, "আমি জানি আপনি নিজেই আমার থেকে অনেক ভালো ভাবে এই কাজ করতে পারবেন।"

2. ব্যস্ততার উল্লেখ করুন ঃ

"বর্তমানে আমি অন্য একটা কাজে ব্যস্ত আছি।" আপনি যখন ব্যস্ত থাকবেন তখন লোকেদের স্পষ্ট রূপে নিজের ব্যস্ততার উল্লেখ করে দিন। এমনটা করলে লোকে বুঝে যাবে যে, আপনার কাছে সময় নেই এবং নিজের কাজ করানোর জন্য তার অন্য উপায়ের সন্ধান করে

নেবে। কোন নতুন কাজ করার আগে যে যে কাজ আপনার বাকি আছে সেগুলি সম্পর্কে বিচার করতে ভুলবেন না।

৩. অসুবিধা সম্পর্কে বলুন ঃ

"বর্তমানে আমি নিজের কেরিয়ার বা পরিবারের ব্যাপারে চিন্তা করতে ব্যস্ত।" যদি আপনি জীবনের কোন সমস্যা নিয়ে জর্জরিত থাকেন তবে কাউর অনুরোধে কাজের বোঝা কখনই গ্রহণ করবেন না, নিজের জীবনের অসুবিধার কথা বিস্তারিত ভাবে জানানোর কোন প্রয়োজন নেই। সংকেতের দ্বারা বুঝিয়ে দেওয়াই যথেষ্ট।

৪. অসমর্থতার কথা বলুন ঃ

"আমার মনে হয় না, আমি এই কাজ করার জন্য সক্ষম ব্যক্তি।" যদি আপনার মনে হয় যে আপনাকে যে কাজ করতে বলা হচ্ছে আপনি তার জন্য সক্ষম নন, তাহলে সরাসরি তা জানিয়ে দিন। নিজের অসমর্থতার কথা জানাবার সময় বলে দিন যে এটা একটা গুরুত্বপূর্ণ কাজ, আপনি তা করলে তার পরিণাম ভালো হবেনা। কেউই খারাপ পরিণাম জানার পরেও আপনাকে দিয়ে কাজ করাতে চাইবে না।

৫. বিকাশ পথ গ্রহণের পরামর্শ দিন ঃ

"আমি করতে পারব না, কিন্তু আমি এমন একজনকে চিনি যে এই কাজ করতে পারবে।" না বলার এই উপায়টি তখনই প্রয়োগ করুন যখন আপনি জানেন যে অন্য কোন ব্যক্তির দ্বারা এটা করা সম্ভব, এবং তার হাতে পর্যাপ্ত সময়ও আছে। না বলার সময় বিকল্প পথ জানিয়ে দিলে খুবই ভালো হয়। কিন্তু একটা কথা মাথায় রাখবেন যে ব্যক্তিকে আপনি নিতে বলছেন সে যেন কাজটা করতে রাজী থাকে। যদি সে রাজী না হয় তাহলে মনে হবে যে আপনি কাজটা এড়িয়ে যাওয়ার চেষ্টা করেছিলেন।

●

'না' বলার শক্তি

'না' একটা অতি সহজ শব্দ, এটা একমাত্র অন্যর দিয়ে তৈরী। কিন্তু আমাদের মধ্যে বেশীর ভাগ লোকরাই এই 'না' শব্দটি উচ্চারণ করতে পারেনা। বেশীর ভাগ লোকের মুখেই শোনা যায় ''আমার খুবই ভালো লাগবে...'' বা ''আপনার কবে আমাকে প্রয়োজন...''

বাচ্চার বয়স দুই বছর হওয়ার পরেই তার মুখ থেকে 'না' শোনা যায়। এই সময় বাচ্চাদের জীবন থাকে বাবা-মার শাসনাধীন। ছোট বাচ্চার মুখ থেকে বাবা-মার 'না' শুনতে ভালো লাগে।

আমরা বড় হওয়ার পর, আমাদেরকে সকলকে খুশীতে রাখতে বলা হয়। আমাদের শব্দ কোষ থেকে 'না' শব্দ গায়েব হয়ে যায়। আমরা অন্যকে খুশী দেওয়ার জন্য বিভিন্ন উপায়ের সন্ধান করে থাকি। গুরুজনদের সামনে 'না' বলার কথা ভাবা যায়না। কিন্তু মনে-মনে আমর সকলেই

জানি যে, 'না' বলতে পারলে আমরা জীবনের অনেক সমস্যা থেকেই মুক্তি পেতে পারব।

● **দুর্বল 'না' ঃ**

দুর্বল 'না'-এর সাথে থাকে অজুহাত এবং তর্ক। আপনার ভেতরে আত্মবিশ্বাস না থাকলে 'না' বলার সময় আপনার মুখ থেকে বিভিন্ন অজুহাত বেরিয়ে আসবে যাতে সামনের ব্যক্তি আপনার নিষ্ঠার প্রতি বিশ্বাস করে।

এমন অবস্হায় 'না' বলার সময় মানুষ না চাইতেও প্রস্তুত হয়ে যায়। এই ভাবে না বললে তার প্রভাব উল্টো হতে পারে, আর সন্দেহ হতে পারে যে, আপনি কাজটা না করার জন্য বাহানা বানাচ্ছেন।

● **প্রভাবশালী 'না' ঃ**

এটা আক্রমণাত্মক ভঙ্গীতে বলা হয়। ''আপনি কি ঠাট্টা করছেন? আপনি শহর থেকে বাইরে গেলে আমি আপনার কাজ করব?''

কখন-কখন প্রভাবশালী 'না'-র দ্বারা অনুরোধকারী ব্যক্তির উপর আঘাত করা হয়ে থাকে। ''মনে হচ্ছে তোমার মাথায় আর কিছু নেই। আমি এমন কাজ করতে পারব না যা আমার জন্য গুরুত্বপূর্ণ নয়।''

● **জোরদার 'না' ঃ**

এটা খুবই সহজ-সরল ''না, আমার দ্বারা এটা সম্ভব না।'' যদি আপনাকে কারণ বলতে হয়, তবে কম শব্দে সহজ ভাবে তা বলে দিন। ''না আমার দ্বার সম্ভবনা। আমি এখন অন্য একটা কাজ ব্যস্ত আছি।''

● **জোরদার 'না'-কে সুবিধাজনক করার উপায় ঃ**

1. যদি আপনাকে কেউ কোন কাজ করার অনুরোধ করে তবে তা নিয়ে বিচার-বিবেচনা করার জন্য সময় চাওয়া জরুরী। যখন বিচার করবেন তখন একট কথায় মাথায় রাখবেন যে নির্ণয় আপনার উপরে নির্ভর করছে।

2. বেশীর ভাগ ক্ষেত্রে জোরদার 'না' বলার সময় শরীরের ভাষার ব্যবহার করুন। এই কথাটা মাথায় রাখবেন যে আপনার আওয়াজ যেন শক্তিশালী ও স্পষ্ট হয়। 'না' বলার সময় সামনের ব্যক্তির চোখের দিকে তাকিয়ে কথা বলুন এবং মাথা নাড়িয়ে 'না' বলে দিন।

 — না বলতে শিখুন

3. মনে রাখবেন 'না' বলা একটা সম্মানজনক উত্তর। যদি আপনার মনে হয় যে কোন কাজের জন্য না বলা উচিত তবে সততার সাথে 'না' বলে দিন।

4. আপনি যখন 'না' বলতে চান অথচ আপনার মুখ থেকে 'হ্যাঁ' বেরিয়ে যায়, তবে আপনি নিজের উত্তর নিয়ে সমস্যা বোধ করতে পারেন। এর জন্য আপনার শক্তি ক্ষয় হতে পারে এবং আপনি অন্য অসুবিধার ও সম্মুখীনতা করতে পারেন। 'না' বলে আপনি এই সমস্ত সমস্যার হাত থেকে নিজেকে বাঁচাতে পারেন।

5. যদি আপনি এমন কোন ব্যক্তিকে না বললেন, যাকে আপনি অন্য পরিস্হিতিতে সাহায্য করতে পারেন, তবে তাকে তা স্পষ্ট রূপে জানিয়ে দিন।

না বলা এক মহান কলা

সকলেই জানে যে, আপনি যদি একসাথে অনেক গুলি প্রতিশ্রুতি পূরণ করার চেষ্টা করেন তবে আপনার কোন কাজই সুসম্পন্ন হবে না। আপনার সমস্যা বৃদ্ধি পেতে থাকবে এবং কোন কাজই সময় মতন সুসম্পন্ন হবেনা।

সব সময় আপনাকে অনুরোধ করা হয় এবং আপনার কাছে সময় চাওয়া হয়–ফোন, ইমেল প্রভৃতির মাধ্যমে বা নিজস্ব প্রক্রিয়ায়। কাজ সুসম্পন্ন করার জন্য এবং নিজেকে চাপের হাত থেকে বাঁচানোর জন্য আপনাকে 'না' বলার মহান কলাশিখত হবে। এটা এমন এক কলা যা শিখতে গিয়ে বেশীর ভাগ লোক সংকোচবোধ করে।

'না' বলা এত কঠিন কেন মনে করা হয় ? আসলে অপনার মনে হয়, আপনি যাকে না বলবেন সে আহত হবে, সে রাগ করতে পারে,

হতাশও হতে পারে। তাই আপনার মনে হয় ভবিষ্যৎ-এ আপনার অমুক ব্যক্তিকে প্রয়োজন হতে পারে, তখন আপনি তার সাথে খুবই ভালো সম্পর্ক বজায় রাখতে চাইবেন। তাই 'না' বলে আপনি সম্পর্ক নষ্ট করতে চান না।

যদি চেষ্টা করা হয় তাহলে 'না' বলার কলা শেখা যায়। নিম্নে এই সমস্ত উপায়ের চর্চা করা হল।

1. নিজের সময়ের মূল্য বুঝুন ঃ

নিজের প্রতিজ্ঞার কথা মাথায় রাখুন এবং সময়ের মূল্য বোঝার চেষ্টা করুন এই রকম অবস্থায় যদি কোন ব্যক্তি আপনার কাছে কোন নতুন কাজের জন্য সময় চায়, তাহলে তা করার মতন সময় আপনার হাতে নেই তা আপনি জানেন। আপনি তাকে বলতে পারেন, ''আমি এখন করতে পারব না, আমার এখন অনেক কাজ করতে হবে।''

2. নিজের গুরুত্বপূর্ণ কাজ গুলির বুঝুন ঃ

মনে করুন আপনার হাতে কিছু অবসর সময় আছে (যা আজকালকার দিনের মানুষের হাতে কমই থাকে) তখন আপনি নিজেকে প্রশ্ন করুন যে, যে নতুন কাজ আপনি নিতে চলেছেন, তার জন্য আপনার অবসর সময় খরচ করা ঠিক হবে কি ? আপনি যদি লোকেদের সন্তুষ্ট করতে ব্যস্ত থাকেন তবে আপনার পরিবারের জন্য আপনার হাতে সময় থাকবে না। অন্যকে সন্তুষ্ট করার তুলনায় স্ত্রী সন্তানের সাথে সময় কাটানো অনেক বেশী গুরুত্বপূর্ণ।

3. না বলার অভ্যাস করুন ঃ

মানুষ যে কোন সময় কোন কিছু অভ্যাস করা শিখতে পারে। দৈনন্দিন জীবনে প্রায়ই 'না' বলা অভ্যাস করলে তা আপনি ব্যক্তিগত জীবনেও বিকশিত করতে পারবেন। এই শব্দ বারংবার উচ্চারণ করতে থাকলে আপনি চাপের হাত থেকেও রেহাই পাবেন। যখনই কোন চাপে ফেলার চেষ্টা করবে, আপনি সহজভাবে এড়িয়ে যাবেন। তবেই আপনি নিজেকে বাঁচাতে পারবেন।

4. ক্ষমা চাইবেন না ঃ

কিছু লোক অসম্মতি জানাতে গেলে প্রথমেই বলে, ''আমার খুব খারাপ লাগছে, কিন্তু...''। শালীনতা খুবই গুরুত্বপূর্ণ বিষয় কিন্তু ক্ষমা

চইলে আপনার পক্ষ দুর্বল হয়ে যায়। নিজের সময়ের সুরক্ষার ব্যাপারে আপনার স্পষ্ট হওয়া উচিত এবং কোন রকম ক্ষমা চইবেন না।

5. খুব ভালো হওয়ার দরকার নেই ঃ

ভদ্র হওয়া খুবই ভালো কথা। কিন্তু যে কোন ব্যক্তির অনুরোধ শুনে খুব ভালো মানুষ হতে গেলে, আপনি সমস্যায় পড়ে যাবেন। যদি লোকেদের মনে হয় আপনার সময় (ও পয়সা) খুব সহজেই ব্যবহার করা যায়, তবে তারা ক্রমাগত আপনার দুর্বলতার সুযোগ নেবে। কিন্তু আপনি যদি নিজের আশেপাশে শক্ত পাঁচিল দিয়ে দেন তবে লোকেরা অন্য দুর্বল ব্যক্তিদের খুঁজতে থাকবে। আপনি লোকেদের বুঝিয়ে দিন যে, আপনার সময়ের উপর শুধু আপনারইই অধিকার আছে। যে বিষয়টি আপনার গুরুত্বপূর্ণ বলে মনে হবেনা, তাতে সরাসরি না বলে দিন।

6. বসকে না বলুন ঃ

আমাদের প্রায়ই মনে হয় যে, বসদের সব কথাতেই হ্যাঁ বলা উচিত, বসদের আদেশ মানতে আমরা বাধ্য। আমাদের মনে হয়, বসদের সামনে 'না' বললে, আমাদের দুর্বলতা প্রকাশ পেয়ে যাবে। কিন্তু আসলে আপনি বসকেও না বলতে পারেন। আপনি বসকে বলতে পারেন যে, এক সাথে অনেক গুলি দায়িত্ব পালন করতে হলে আপনার কাজের মান নিম্ন হতে পারে এবং আপনি বর্তমান দায়িত্বও ঠিক মতন পালন করতেন না পারেন। যদি বস আপনাকে নতুন দায়িত্ব সামলানোর জন্য চাপ দেয় তবে তাকে বলুন যে নতুন ভাবে কাজের গুরুত্ব বুঝিয়ে দিতে। কারণ আপনি একটা সময়ে একটাই কাজ করতে পারেন।

কি ভাবে সীমা নির্ধারণ করবেন এবং না বলবেন

দৈনন্দিন জীবনে আমাদের সর্বদাই অন্যের অনুরোধ শুনতে হয়। অপরের সাহায্য করাকে ভালো অভ্যাস বলা হয় ঠিকই কিন্তু ক্রমাগত তা করতে থাকলে, আমাদের নিজেদের জরুরী কাজের জন্য হাতে সময় থাকে না। যে কাজ করার জন্য আমাদের সময়, ইচ্ছা বা শক্তি থাকে না, অপরের জন্য সেই কাজ করতে হলে আমাদের ভেতরে হতাশা বোধ জম নেয়।

যখন আমাদের কোন কাজ করতে বলা হয় আমাদের 'না' বলার ইচ্ছা থাকলেও আত্মবিশ্বাসের অভাবের জন্য আমর 'না' বলতে পারিনা এমনটা কেন হয় ? নিম্নে এর কারণ উল্লেখ করা হলঃ

● হয়তো আপনি এই ভেবে ভয় পান যে অন্যরা আপনাকে পছন্দ করবেনা বা আপনি সবাইকে সন্তুষ্ট করতে চান।

- আপনি সর্বদা নিজেকে ব্যস্ত রাখতে চান যাতে নিজেকে ব্যস্ত ও গুরুত্বপূর্ণ ব্যক্তি রূপে প্রদর্শিত করতে পারেন।

- আপনার মনে হয় যে, চুপচাপ না বলে থাকাই ভালো তাই অবসর সময়ে অপরের কাজ নিয়ে ব্যস্ত থাকা যেতেই পারে।

- না বলার পরিণাম কি হতে পারে আপনি সেটা ভেবে ভয় পান, আর পরিণামের ভয়েই আপনি না বলতে পারেন না।

আপনি যখন সীমা নির্ধারণ করতে শিখে যান এবং 'না' বলতে শুরু করেন তখন আপনার জীবন সুন্দর হতে শুরু করে। এর জন্য আপনার স্পষ্টস্বরূপে বলাটা খুবই জরুরী হয়ে ওঠে। বন্ধু, সহকর্মী, পরিবারের লোকেদের কথায় অসম্মতি জানানোর বিষয়টি, একান্তই আপনার নিজের সিদ্ধান্ত।

কার্যস্থলে, পরিবারে, বা বন্ধুদের মধ্যে আপনি সরাসরি 'না' বলা শিখতে পারেন। নিম্নে এমন তালিকা দেওয়া হল যা গ্রহণ করে আপনি না বলার কলা শিখতে পারেন।

● সম্পূর্ণ তথ্য জানেন কিনা তা দেখে নিন ঃ

যে কাজ করার জন্য আপনাকে অনুরোধ করা হবে তা করার জন্য প্রতিশ্রুতি দেওয়ার আগে আপনি সেই সম্পর্কে ভালো ভাবে জানেন কিনা তা দেখে নিন। যদি সম্পূর্ণ তথ্য না জানেন তবে আপনার ভ্রান্তি হতে পারে এবং সম্পূর্ণ তথ্য না জানলে আপনার সিদ্ধান্ত নিতেও অসুবিধা হতে পারে। কাজের সম্পর্কে সামনের লোককে প্রশ্ন করার সম্পূর্ণ অধিকার আপনার আছে।

● নিজেকে জিজ্ঞাস করুন ঃ এটা অনুচিত অনুরোধ কি ?

যখনই কেউ কোন অনুরোধ করে তার সঙ্গে তার স্বার্থ জড়িয়ে থাকে। যে ব্যক্তিকে অনুরোধ করা হয় তার হিত সম্পর্কে ভাবা হয়না। যদি অনুরোধ শুনে আপনার অনুচিত বলে মনে হয় তবে সরাসরি না বলে দিন। অনুরোধ শুনে আপনার অসহ্য লাগলে সেই অনুরোধ মেনে নেওয়া উচিত হবেনা।

● সময় নিন ঃ

আপনাকে কেউ অনুরোধ করলে সঙ্গে-সঙ্গে তার জবাব দিতেই হবে এর কোন মানে নেই। সিদ্ধান্ত নেওয়ার পূর্বে ভালে করে বিচার বিবেচনা করে নেবেন। সহজ ভাবে বলুন ঃ "এই সম্পর্কে ভাবার জন্য আমার একটু সময় লাগবে। চিন্তা করে বলব।"

 ————————————————————— *না বলতে শিখুন*

● **লক্ষ্য তৈরী করুন ঃ**

আপনি যখন নিজের লক্ষ্য নির্ধারণ করে ফেলবেন তখন 'না' বলা অনেক সুবিধাজনক হয়ে উঠবে। আপনি যদি নিজের গুরুত্বপূর্ণ কাজ গুলিকে নির্ধারণ করে নিতে পারেন তাহলে অপরের কাজের জন্য আপনি কতটা সময় দিতে পারবেন তা ঠিক করা অনেক সুবিধাজনক হয়ে উঠবে। তখন অনুরোধ এড়িয়ে চলা আপনার পক্ষে অনেক সুবিধাজনক হয়ে উঠবে।

● **অজুহাত না করে বা ক্ষমা না চেয়ে সহজ ভাবে বলুন ঃ**

যখন অপনি সমস্ত তথ্য জানবেন এবং না বলার সিদ্ধান্ত নিয়ে নেবেন তখন শান্ত ভাবে স্পষ্ট করে নিজের সিদ্ধান্ত জানিয়ে দিন। গুরু গম্ভীর অনুকূল শারীরিক ভঙ্গিমা এবং চোখের ভঙ্গিমার দ্বারা আপনি সামনের লোককে নিজের সিদ্ধান্তের কথা জানিয়ে দিন।

দুর্বল হবেন না। কোন রকম সংকোচ না করেই 'না' বলে দিন। আপনি যদি সংকোচ বোধ করেন তবে মনে হবে যে আপনি নিজেই নিজের সিদ্ধান্ত নিয়ে সংশয়ের মধ্যে আছেন। আপনি যদি বলেন, "আমার খারাপ লাগছে কিন্তু..." তাহলে আপনার পক্ষ দুর্বল বলে ধরা হবে। আপনি কি বলবেন যদি তা ঠিক করেই ফেলেন তাহলে অজুহাত বানানোর বা ক্ষমা চাওয়ার কোন প্রয়োজন নেই।

● **চাপ দেখে ঘাবড়াবেন না ঃ**

আপনার যদি মনে হয় যে সামনের ব্যক্তি আপনাকে নিজের কথা মানানোর জন্য আপনাকে চাপ দিচ্ছে, তাহলে ঘাবড়াবেন না। নিজের সিদ্ধান্তটি মনে মনে বলে দিন। নিজের বক্তব্য স্পষ্ট ভাবে জানিয়ে দিন, এবং কোনরকম চাপের জন্যই নিজের সিদ্ধান্ত বদলাবেন না। না এর অর্থ নাই যেন হয়, নিজের সিদ্ধান্ত বজায় রাখার পুরো অধিকার আপনার আছে।

● **না বলার সিদ্ধান্তটিকে নিজের হিত বলে মনে করুন ঃ**

না বলার সিদ্ধান্তটিকে নিজের জন্য উপকারিও সুবিধাজনক বলে ধরুন। একটা কথা মনে রাখবেন যে, আপনি নিজের বিবেক থেকে এই সিদ্ধান্ত নিয়েছেন যাতে আপনার হিতে সাধিত হবে।

●

না বলা মুশকিল নয়

আপনি কি কাজের বোঝে চেপে গেছেন এবং সেই কারণে মানসিক চাপও অনুভব করেন ? আজকাল কার ব্যস্ত জীবনে আপনি একাই এমনটা বোধ করেন না। আপনি যদি চাপের হাত থেকে বাঁচতে চান এবং নিজের সময়ের উপর নিয়ন্ত্রণ রাখতে চান তবে নুতন কাজের জন্য না বলার অভ্যাস করতে হবে। অনেক সময় আপনি 'না' বলতে চান কিন্তু সংকোচের কারণে 'হ্যাঁ' বলে ফেলেন এবং অতিরিক্ত কাজের বোঝে বিব্রত বোধ করেন। যদি আপনি না বলতে শিখে যান তবে নিজের এবং প্রিয়জনদের উপকার করতে পারবেন। এইভাবে চাপের বোঝা কমানো যায় এবং গুরুত্বপূর্ণ কাজের জন্য সময়ের সঠিক ব্যবহার করা যায়।

কি ভাবে না বলবেন ঃ

1. শুধুমাত্র বলুন, ''আমার পক্ষে এখন করা সম্ভব না।'' আপনার স্বরে যে সহানুভূতির সাথে গম্ভীর্য প্রকাশ পায়। আপনাকে যদি কারণ জিজ্ঞাসা করা হয় তবে আপনি বলুন, আপনি অন্য কাজে ব্যস্ত আছেন এবং প্রসঙ্গ বদলে দিন। বেশীর ভাগ বোঝদার লোকই আপনার জবাব শুনে সন্তুষ্ট হয়ে যাবে, কিন্তু যদি কেউ নিজের কাজের জন্য ক্রমাগত চাপ দিতে থাকে তাহলে বলুন, ''এখন আমি অন্য কাজে ব্যস্ত আছি।'' তারপর বিষয় বদলে দিন এবং প্রয়োজন হলে এই জায়গা থেকে চলে যান।

2. যদি স্পষ্ট ভাবে 'না' বলতে আপনার অসুবিধা হয় এবং অনুরোধ করি যদি নাছোরবান্দা হয় তবে বলুন, ''আগে আমি ভেবে নিই, তারপর জবাব দেব। এমনটা করলে আপনি নিজের কার্য্য তালিকার সমীক্ষা করার সুযোগ পেয়ে যাবেন, এবং আপনি জমা-খরচের বিশ্লেষণও করে নিতে পারেন। কোন নতুন কাজ গ্রহণ করলে তার পরিণাম কি হতে পারে সেই বিষয়ে আন্দাজ করে আপনি নিজের জবাব দিতে পারেন। এই প্রক্রিয়া গ্রহণ করলে আপনি নিজেকে অতিরিক্ত কাজের বোঝের হাত থেকে বাঁচাতে পারবেন।''

3. আপনার যদি কোন ব্যক্তির অনুরোধ পছন্দ হয় কিন্তু যদি তার জন্য আপনার হাতে পর্যাপ্ত সময় না থাকে তবে আপনি বলতে পারেন যে, ''আমি করতে পারবনা। কিন্তু আমি করার চেষ্টা করতে পারি।'' এই কাজের সামান্য অংশ করার পর আপনি বলতে পারেন, আপনি করতে পারবেন। এই ভাবে আপনি আংশিক রূপে কাজের সাথে যুক্ত হয়ে যাবেন, কিন্তু আপনি এই কাজ করার জন্য অবশ্যই কোন শর্ত রাখবেন।

● জরুরী টিপ্‌স ঃ

1. 'না' বলাটিকে রক্ষাত্মক করার চেষ্টা কর‍্‌ন, তার জন্য মনে কোনরকম দুঃখ রাখবেন না। স্পষ্ট ও ভদ্র ভাবে না বলুন। এইভাবে সামনের লোক সংকেত পেয়ে যাবে যে আপনি সহানুভূতিশীল কিন্তু চাপের মুখে পড়ে নিজের সিদ্ধান্ত বদলান না।

2. আপনি যদি কোন ব্যক্তিত্বে পড়ে 'না' বলতে চান তবে তথ্যের দিকে ধ্যান দিন এবং ব্যক্তিকে আশ্বস্ত করার মতন করে জবাব দেবেন

না। যদি এই ব্যক্তির মনে হয় আপনার জবাব 'হ্যাঁ' হতে পারে এবং পরে আপনি না বললে তার খারাপ লাগতে পারে।

3. যদি আপনাকে না বলার কারণ জিজ্ঞাসা করা হয় তবে সর্বদা মনে রাখবেন যে, আপনি সবার কথা মানতে বাধ্য নন। আপনি বলতে পারেন, "আমার ব্যস্ত জীবনে এটা করা সম্ভব না।"

মনে রাখবেন কাজের সময় খুবই কম। কোন নতুন কাজ স্বীকার করলে আপনার বর্তমান কাজ প্রভাবিত হতে রে। অন্য কাউর কাজ করতে হলে আপনার বিশ্রামের সময় বা আপনার নিজের কাজের সময় নষ্ট হবে।

গর্বের সাথে না বলুন

কোন পরিচিত বন্ধুর অনুরোধে না বলে দেওয়া এতটা সহজ নয়। কিন্তু অনেক সময়তেই তার দরকার হয়ে পড়ে। যখন আপনার পক্ষে অনুরোধ স্বীকার করা সম্ভব হয়না তখন নিজের ভার সাম্য বজায় রাখুন এবং না বলে দিন কিন্তু ধৈর্য্যচ্যুত হবেন না। আপনি যদি না বলতে প্রস্তুত না থাকেন তবে সবসময় আপনার মুখ থেকে 'হ্যাঁ'-ই নির্গত হবে।

জরুরী পদক্ষেপ

1. ধ্যানপূর্বক অনুরোধের কথা শুনুন ঃ

যখন কোন ব্যক্তি আপনাকে অনুরোধ করবে তখন তাকে মাঝ পথে বাধা দেবেন না, তার সম্পূর্ণ কথা মন দিয়ে শুনুন।

2. আপনার 'না' কে যতটা সম্ভব সংক্ষিপ্ত বানান ঃ

আপনার কণ্ঠস্বর যেন উচ্চ না হয় এবং তাতে যেন তিক্ততা না থাকে। সরাসরি বলে দিন যে, আপনি এই কাজ করতে পারবেন না। যখনই 'না' বলবেন, তখন যেন আপনার স্বরে আত্মবিশ্বাস থাকে, যাতে তা সামনের লোককে প্রভাবিত করতে পারে।

3. বিস্তারিত ভাবে কারণ জানানোর প্রয়োজন নেই ঃ

আপনি যে কারণেই না বলুন না কেন, তা বিস্তারিত ভাবে জানানোর প্রয়োজন নেই। যদি আপনাকে কারণ জিজ্ঞাসা করা হয় তবে বলে দিন, "আমি করতে পারব না।" ঐই কথা বলার পর এই বিষয়ে আর চর্চা করবেন না।

4. সহজ ভাবে নিজের মর্জীতে কারণ বলে দিন ঃ

যদি আপনার মনে হয় যে কারণ উল্লেখ করা জরুরী তাহলে সহজ ভাবে কারণ বলার চেষ্টা করুন।

5. নিজের সিদ্ধান্তে অটুট থাকুন ঃ

যদি অনুরোধকারী আপনার না স্বীকার করতে প্রস্তুত না থাকে তবে তাকে সরাসির বলে দিন যে, আপনি কোন ভাবেই নিজের সিদ্ধান্ত বদলাবেন না।

উপযোগি টিপ্‌স ঃ

- ভদ্র ব্যবহার করুন। অনুরোধকারী ভদ্র না হলেও আপনি ধৈর্য্যচ্যুত হবেন না।

- যদি আপনার না বলতে অসুবিধা হয় তবে শান্ত থাকুন এবং সম্ভব হলে সেখান থেকে সরে যান।

- আপনি যখন না বলার কারণ বলবেন তখন মিথ্যের সাহায্য নেবেন না।

- না বলার আগে বলুন, "আপনি কি বলতে চান আমি বুঝতে পারছি," তাহলে সামনের লোক কখনই হতাশ হবে না।

কি ভাবে অপরাধ বোধ ছাড়া না বলবেন

'না' একটা অতি সাধারণ শব্দ কিন্তু কখন-কখন এর ব্যবহার খুবই কঠিন কাজ হয়ে দাঁড়ায়। কোন ব্যক্তি তার জীবনসাথী বা বাচ্চাদের সাথে অতি সহজেই এই শব্দ ব্যবহার করতে পারে, কিন্তু যখনই পরিবারের বাইরে কাউকে একথা বলার প্রয়োজন হয় তখন সে সংকোচবোধ করে।

কখনও কিভাবে 'না' বলা যায় তা ঠিক করা খুবইজরুরী। কিন্তু এর অর্থ এই নয় যে, আপনি সর্বদা নিজের স্বার্থের কথা ভাববেন, কখনও অপরের সাহায্য করবেন না। কিন্তু সমস্যার সৃষ্টি তখনই হয় যখন আপনি সবার কথা রাখতে গিয়ে নিজে মানসিক চাপের মধ্যে পড়ে যান।

● **যখন অপনি প্রকৃত পক্ষে কিছু করতে চান, শুধু তখনই হ্যাঁ বলুন ঃ**

যখন কাউর অনুরোধ শুনে আপনার মনে হবে যে, আপনার এই কাজ করা উচিত বা যখন আপনার মনে হবে এই কাজ আপনার

জীবনের লক্ষ্য বা সফলতাকে অনেকটাই অনুকূল দিকে নিয়ে যাবে, তখন আপনি 'হ্যাঁ' বলুন।

● **না বলার জন্য ব্যস্ত হওয়ার প্রয়োজ নেই ঃ**

আপনি যদি সন্ধ্যেবেলায় বাচ্চাদের সাথে টি.ভি. দেখে আরাম করে কাটাবেন বলে ঠিক করে থাকেন, এমন অবস্হায় আপনার যদি কোথাও নিমন্ত্রণ এসে যায় তবে এর অর্থ এই নয় যে আপনি এই নিয়ন্ত্রণ স্বীকার করে নেবেন। নিজের জন্য সময় বার করা ঠিক ততটাই গুরুত্বপূর্ণ যতটা অপরদের জন্য। নিজের সময়ের মূল্য বোঝার চেষ্টা করুন। একটা কথা সর্বদা মনে রাখবেন যে, যখন অপনি কোন ব্যাপারে 'হ্যাঁ' করেন তার পরিবর্তে কোন ব্যাপার না হয়ে যায়।

যখনই এমন পরিস্হিতির সৃষ্টি হয় তখনই আপনার পরিবার, কেরিয়ার, আধ্যাত্মবোধ প্রভৃতি গুরুত্বপূর্ণ বিষয়গুলি অবহেলিত হতে শুরু করে। উদাহরণ স্বরূপ, আপনাকে আপনার বাচ্চার স্কুল, সমিতির সাহায্য করতে বলা হয়, আপনি সেই সমিতির কাজে জড়িয়ে পড়ে বাচ্চাকেই ঠিক মতন সময় দিতে পারেন না। একই ভাবে সর্বদা চাঁদা আদায়কারীদের 'হ্যাঁ' বলে আপনি নিজের ভবিষ্যৎ-এর সঞ্চয় পদ্ধতিকে 'না' বলে দেন।

● **একবারে 'হ্যাঁ' বলবেন না, আগে ভাবার সময় নিন ঃ**

আপনাকে যখনই কোন কাজের জন্য অনুরোধ করা হবে তখন আপনার হাতে কি-কি কাজ আছে তা একবার ভেবে নিন। একবার একান্তে বিচার-বিবেচনা করে নিন। তা না হলে আপনি সবাইকেই 'হ্যাঁ' বলতে থাকবেন, ফলে কাজের বোঝা এতই বৃদ্ধি পাবে যে, আপনার জীবন অসহনীয় হয়ে উঠবে।

● **অভ্যাস করতে থাকলে 'না' বলা সুবিধাজনক হয়ে ওঠে ঃ**

প্রথমবার কাউকে 'না' বলার সময় আপনি একটু সমস্যা বোধ করতে পারেন। কিন্তু যখন আপনি বুঝবেন যে, না বলে আপনি ঠিকই করেছেন তখন আপনার আত্মবিশ্বাস বহুগুণ বৃদ্ধি পাবে। অভ্যাসের মাধ্যমে এই দক্ষতা শেখা যেতে পারে, আপনি যত বেশী এর প্রয়োগ করবেন আপনার পক্ষে 'না' বলা তত সুবিধাজনক হয়ে উঠবে।

● **যখন 'হ্যাঁ' বলার পর নিজের ভেতরে অশান্তিবোধ করেন তার মানে আপনার 'না' বলা উচিত ছিল ঃ**

নিজের জন্য সর্বদা নিজের পরামর্শের উপরেই ভরসা করুন। আপনার 'না' বলার ইচ্ছা থাকা সত্ত্বেও যখন আপনি 'হ্যাঁ' বলে দেন, তখন আপনার ভেতরে একটা অশান্তির সৃষ্টি হয়। এই অশান্তিবোধ আপনার জন্য মোটেই অনুকূল হয়।

 ——————————————— *না বলতে শিখুন*

● **যখন নিজের ক্ষমতার প্রতি ভরসা থাকে তখন না বলা অনেক বেশী সুবিধাজনক হয়ে ওঠে ঃ**

আপনি যখন বেশ দৃঢ়তার সাথে না বললেন এবং তার জন্য যদি কাউর কাছে ক্ষমা না চান তবে তার থেকেআপনার দৃঢ় আত্মবিশ্বাসই প্রকট হয়, ফলে আপনার যোগ্যতার প্রতি আপনার বিশ্বাস আরোও দৃঢ় হয়ে ওঠে। কিছু লোক 'না' বলার পর সাফাই দিতে শুরু করে যার ফলে তাদের দূর্বল আত্মবিশ্বাস ফুটে ওঠে।

● **আপনার কঠোর বা বদমেজাজি হওয়ার প্রয়োজন নেইঃ**

'না' বলার বহু উপায় আছে, যেমন, "আমার পক্ষে এখন আপনাকে সাহায্য করা সম্ভব না," "আমি সামনের মাসে এই কাজ করতে পারব," "এটা আমার পক্ষে করা সম্ভব না", বা সহজ ভাবে বলুন, "না, ধন্যবাদ"।

●

না বলার উপযোগী সূত্র

জীবনকে সুখকর করে তোলার জন্য না বলার উপযুক্ত সূত্র গুলি জানা খুবই জরুরী। নিম্নে সেই সূত্রগুলির সম্পর্কে আলোচনা করা হল ঃ

1. সংক্ষেপে বলুন ঃ

সংক্ষেপে নিজের উত্তর দিন এবং সরাসরি বলুন। নিজের জবাবের জন্য কখনই সাফাই দেওয়ার চেষ্টা করবেন না।

2. ভদ্র ব্যবহার করুন ঃ

অনুরোধকারী ব্যক্তিকে 'না' বলার সময় ভদ্রতা বজায় রাখবেন। যেমন–"আমার বলতে খুবই খারাপ লাগছে কিন্তু আজ আমি আপনার সাথে ডিনারে যেতে পারবনা। আমাকে আমন্ত্রণ জানানোর জন্য ধন্যবাদ।"

3. নিয়ন্ত্রণ রাখুন ঃ

শান্তভাবে সরাসরি 'না' বলুন এবং অনুরোধকারীর প্রতি সহানুভূতি দেখান।

4. সততা বজায় রাখবেন ঃ

অসম্মতি জানানোর সময় সততা বজায় রাখলে খোলাখুলি ভাবে নিজের পক্ষে কথা বলতে পারবেন, ফলে সামনের ব্যক্তির প্রতিও একটা অনুকূল প্রভাব পরবে।

5. না বলুন ও এগিয়ে যান ঃ

অনেক সময় অনুরোধকারী 'না' শোনার পরেও চাপ দেওয়ার চেষ্টা করে যার ফলে একটা ভ্রমের সৃষ্টি হয়। এমন অবস্হায় 'না' বলে এগিয়ে যাওয়াই শ্রেয়।

6. অভ্যাস করুন ঃ

আপনি যা বলতে চান, আয়নার সামনে দাঁড়িয়ে তা বলার অভ্যাস করুন। এই অভ্যাসের সময় এই পরিস্থিতির কল্পনা করুন, যখন আপনি কাউকে 'না' বলবেন।

না বলার পাঁচটি টেকনিক্‌

1. সহজ-সরল না ঃ

এই টেকনিকের উদ্দেশ্য হল ক্ষমা না চেয়ে 'না' বলা। সামনের লোক যদি কোন সমস্যায় পড়ে, তবে আপনি সেই সমস্যা নিজের উপর আসতে দেবেন না। এক্ষেত্রে সহজ-সরল 'না' খুবই প্রভাব সৃষ্টি করতে পারে।

উদাহরণঃ না, না, আমি করতে পারব না।

2. অনিশ্চিত না ঃ

এই টেকনিক অনুসারে বর্তমানের অনুরোধ এড়িয়ে যাওয়া যায়, কিন্তু একেবারে না করে দেওয়া যায়না। এটা একেবারে না হয়ে যায় না, ঐ বিষয়ে পরবর্তী কালে আবার কথা উঠতে পারে। যদি আপনার মনে হয় পরবর্তী কালে আপনি এই অনুরোধ রাখতে পারবেন তাহলে এই টেকনিকের ব্যবহার করতে পারেন।

উদাহরণ ঃ আমি আজ রাতে এই চিঠি পাঠাতে পারব না, কাল সকালে পারব।

3. বিচার-বিবেচনা করে বলা 'না' ঃ

এই টেকনিক অনুসারে অনুরোধের ভাব বুঝে বিচার বিবেচনা করে 'না' বলা যেতে পারে। এই ভাবে কোন অনুরোধের ক্ষেত্রে একেবারে না করে দেওয়া যায়, যার ফলে পরবর্তীকালে এই কথা ওঠার প্রশ্নই আসেনা।

উদাহরণ ঃ আমি জানি যে এই চিঠিটা খুবই জরুরী, কিন্তু আমি আজ রাতে পোস্ট অফিসে যেতে পারবনা।

4. বিকল্পিত না ঃ

এই 'না' এর মানে কথাবার্তা সেখানেই শেষ হয়ে যায়না, এই বিষয়

নিয়ে ভবিষ্যৎ-এও আলোচনা করা হতে পারে। যখন আপনার মনে হবে যে আপনি কোন কাজ করতে পারবেন অথচ সময় নিয়ে আপনার ভেতরে অনিশ্চিয়তা থেকে যায় তখন আপনি এই টেকনিকের ব্যবহার করতে পারেন।

উদাহরণ ঃ আমি কি অন্য কোন সময়ে আপনার কাজ করতে পারি ?

5. কারণ সহ না ঃ

এই টেকনিকের সাহায্যে 'না' বলার সময় তার সংক্ষিপ্ত ও সঠিক কারণ বলা হয়ে থাকে। আপনি যখন সামনের লোককে দুঃখ দিতে চাইবেন না, অথচ অনুরোধ রাখতে না পারার কারণ আপনার জানা থাকে, তখনই এই না-এর ব্যবহার করুন।

উদাহরণ ঃ আমিআজ রাতে চিঠি পোস্ট করতে পারবনা, কারণ আমাকে বন্ধুদের সাথে দেখা করতে যেতে হবে।

না বলা সুবিধাজনক হয়ে উঠতে পারে

আপনি নিজের ব্যবহার ,আবেগ, প্রয়োজন এবং ইচ্ছার ব্যাপারে যতবেশী সজাগ থাকবেন, আপনি তত বেশী সেগুলি পরিবর্তন করতে সহম হবেন, সেই পরিবর্তন সঠিক প্রক্রিয়ায় নাও হতে পারে। আপনি কি করছেন এবং কেমন বোধ করছেন, যখন সেই ব্যাপারে খেয়াল করতে শুরু করবেন তখনই আপনি সফল হতে থাকবেন, কিন্তু এই পরিবর্তনকে আপনি কখনই সফলতা বলে মনে করবেন না। এরজন্য আপনি সজাগ হোন।

সজাগ হওয়ার মানে হল আপনি
এই দিক গুলি মাথায় রাখুন ঃ

● **অনুভূতি ঃ**

যখন আপনি এমন কোন পরিস্হিতির সম্মুখীনতা করেন যা আপনার নিজের নিয়ন্ত্রণের বাইরে বলে মনে হয় তখন আপনার মনে কি ধরণের ভাবনা আসে ? অন্যেরা আপনার থেকে কি চায় সেই তুলনায় নিজের ইচ্ছার পূরণের সময় আপনার ভেতরে কি ধরণের অনুভূতি জাগে ?

● **শারীরিক ভঙ্গি ঃ**

নিজের সম্পর্কে কাউকে বলার সময় আপনার শারীরিক ভঙ্গি কেমন থাকে ? আজ আপনি খুবই ভদ্রতার পরিচয় দিচ্ছেন তাহলে আপনি কি করেন ?

● **ভাষা ঃ**

আপনি যখন প্রয়োজনের তুলনায় ভালো হওয়ার চেষ্টা করেন তখন আপনার মুখ থেকে কি ধরণের শব্দ নির্গত হয় ? 'গ্রহণ যোগ্য ভাষা' চেনার পর আপনি ছোট-খাট পরিবর্তন আনতে পারবেন।

● **মস্তিষ্ককে আরাম দিন ঃ**

আপনার বেচারা মস্তিষ্ক আপনা হিত সাধনের জন্য প্রয়োজনের বেশী পরিশ্রম করে।   আপনি তার উপরেই ভরসা করে সেই বিচারকে সত্যি বলে মনে করেন এবং তার উপর গুরুত্ব দেন। আপনার জীবনে বিভিন্ন ধরণের ধারণা থাকে, তা সত্যি হতেও পারে আবার নাও হতে পারে, কিন্তু আপনি সেগুলি সত্যি বলেই মনে করেন, তাই নিজের ধারণার উপর ভিত্তি করেই আপনি কি রকম ব্যবহার করবেন তা ঠিক করেন। কোন ধারণা ঠিক না ভুল, তা জানার কেমাত্র উপায় হল জিজ্ঞাসা করা। আপনি যদি প্রকৃত সত্য বিষয় না জানেন তবে প্রকৃত আপনার ধারণার বিপরীতও হতে পারে। আপনি নিজের ধারণাকেই সঠিক বলে মনে করেন এব অপরের কথা না ভেবে নিজের কথাই মানেন, যা বিপরীতও হতে পারে।

● **চয়ন ঃ**

একটা কথা সর্বদা মনে রাখবেন যে, আপনার পছন্দ করার অধিকার আছে। এমন অনেক সময় আসে যখন আপনি নিজেই তা বুঝতে পারেন না, কিন্তু যখনই কোন সিদ্ধান্ত নেওয়ার প্রশ্ন আসবে তখন সর্বদা বিকল্প কিছু চয়ন করার অভ্যাস করুন। যখন আপনি জানতে পারবেন যে আপন সর্বশ্রেষ্ঠ বিকল্প চয়ন করেছিলেন তখন আপনার কার্যের প্রতি নিয়ন্ত্রণ এসে যাবে।

● **জীবন একটা খেলা ঃ**

নিজের সচেতনতা বৃদ্ধি এবং নিজের ব্যবহার পরিবর্তনের লক্ষ্যকে একটা খেলার মতন নিন। ঐই খেলার একমাত্র খেলোয়াড় আপনি, তাই আপনি ছাড়া আর কেউ জানে না যে আপনি কি। আপনি ঐই খেলাকে সম্পূর্ণ রূপদান করতে পারেন বা মাঝপথেও ছাড়তে পারেন বা ইচ্ছা না করলে নাও ফেলতে পারেন।

● **ছোট-ছোট জয় ঃ**

নিজেকে রাতারাতি বদলানো সম্ভাবনা। এক ঝটকায় সম্পূর্ণ বদলানোর চেষ্টা করবেন না–এমনটা কখনই সম্ভব না। ছোট-ছোট জয় পাওয়ার চেষ্টা করুন যাতে আপনি নিজের আত্মবিশ্বাস এবং উৎসাহের নির্মাণ করতে পারেন।

● **হাসিকে নিয়ন্ত্রণ করুন ঃ**

আপনি যখন হেসে ফেলেন তখন এটা ধরে নেওয়া হয় যে আপনি একেবারেই গম্ভীর নন। এটা দেখে যে কোন ব্যক্তি আপনাকে তার অনুরোধ সম্পর্কে পুণঃ বিচার করতে বলতে পারেন। অনুরোধ প্রত্যাখানের সময় আপনি হেসে ফেললে ধরা হবে আপনি নিজের সিদ্ধান্তে সম্পর্কে নরম। তার মনে হতে পারে যে, সে যা করছে তা আপনি মন থেকে মেনে নিচ্ছেন। যদি আপনি চান অন্যের আপনাকে গম্ভীর ভাবে নিক, তবে সবার আগে নিজে গম্ভীর থাকার চেষ্টা করুন।

● **সরাসরি দেখুন ঃ**

কিছু লোকের পক্ষে অন্য কোন ব্যক্তির চোখে চোখ রাখা কঠিন হয়ে পড়ে। আপনি যদি চোখের দিকে না তাকিয়ে অন্য দিকে তাকান তবে তার অর্থ এটাই হয় যে, যে বিষয়ে কথা হচ্ছ সে ব্যাপরে আপনার কোন উৎসাহ নেই। যখন কেউ আপনার মুখটা ঠিক মতন দেখতে পাবেন তখন সে আপনার কথাকেও গম্ভীরভাবে নেবে না।

● **নিজের স্থানে দৃঢ় থাকুন ঃ**

আপনি যদি পিছনের দিকে সরতে থাকেন তবে কোন রকম প্রভাব পড়বে না। তা দূর্বলতা বলে ধরা হবে। যখন আপনার উদ্দেশ্য ঠিক মতন জানা যায় না, যখন আপনি পিছনের দিকে সরতে থাকেন তখন অন্য ব্যক্তি বুঝতে পারেনা যে আপনি কি চাইছেন, সেই কারণে সে খালি স্থানে নিজের মর্জী মতন হস্তক্ষেপ করে দেয়। আপনি যদি দৃঢ়তার সাথে নিজের স্থানে দাঁড়িয়ে থাকেন তবে আপনার উদ্দেশ্য বল পায়। এর অর্থ হল, শারীরিক ভাবে এবং মৌখিক রূপে আপনাকে দৃঢ়তা বজায় রাখতে হবে।

● **নিজের বক্তব্য স্পষ্ট রূপে জানান ঃ**

উচ্চ স্বরে কথা বলতে হবে এর কোন মানে নেই। বেশীর ভাগ লোক এই ভুলটাই করে বসে। উচ্চ স্বরে কথা বলে এটা বোঝানোর প্রয়োজন নেই কি, আপনি কি চান, বরং স্পষ্ট ভাবে দৃঢ়তার সাথে বলে দিন যে, আপনি কি বলতে চাইছেন।

● **সত্যি বলুন ঃ**

এই উপায়ে অপর ব্যক্তি বুঝতে পারবে যে, আপনি কি রকম বোধ

করছেন। এই ভাবে আপনি বোঝাতে পারেন যে অপর ব্যক্তি যা বলছে বা যা করছে তার জন্য আপনি অসুবিধা বোধ করছেন। সত্যি বলা কঠিন হতে পারে, আপনি কি রকম বোধ করছেন তা প্রকাশ করা কঠিন হতে পারে। কিন্তু সীমা নির্ধারণ এবং বাধার সমাধান করার জন্য এটার প্রয়োজন, এই ভাবে আপনার পরিস্হিতি সম্পূর্ণ রূপে স্পষ্ট হয়ে উঠতে পারে।

● বিষয় পরিবর্তন করবেন না ঃ

আপনি যা করতে চান না হয়তো অপরে ওসকানিতে সেই সমস্ত কথার জালে জড়িয়ে পড়তে পারেন। এমন অবস্হায় এইব্যক্তি আপনার উপর চাপ সৃষ্টি করার জন্য বিষয়ের পরিবর্তন করে যুক্তি তর্কের অবতারণা করতে পারে।

● সম্মতি ঃ

যদি কেউ আপনাকে বলে আপনি বোকার মতন কথা বলেন, তবে তার সাথে এক মত হয়ে যান। ফলে সে আর কোন পথেই কথাবার্তাকে এগিয়ে নিয়ে যেতে পারবেনা। "মনে হচ্ছে, তুমি একটু ভাবুক হয়ে গেছ, তাই না ?" "হ্যাঁ, তুমি ঠিকই বলছো।" একথা শুনে অপর ব্যক্তি তার অস্ত্র ফেলতে বাধ্য হয়। এই বিষয়টি খেলার ছলে করা যেতে পারে।

● আরোপ লাগাবেন না ঃ

যদি আপনি কাউকে বলতে চান যে, আপনি তার ব্যবহার পছন্দ করছেন না তবে আপনি কেমন বোধ করছেন সেই দিয়েই কথা শুরু করুন, তার মধ্যে কি দোষ আছে–প্রথমে তার উল্লেখ করবেন না। আপনি যখনই আরোপ লাগানোর জন্য আঙুল তুলবেন, সে তখনই নিজেকে বাঁচানোর পথ খুঁজে ফেলবে, আপনার কথা শুনতে আগ্রহই দেখাবে না।

● যুক্তি সঙ্গত তর্ক করুন ঃ

এটা ঠিক করে নিন যে, তর্ক-বিতর্ককে কোন পথে নিয়ে যাবেন, তার জন্য নিরর্থক কথা বলবেন না। পুরানো তর্ক-বিতর্ক তুলে ধরবেন না। এই ভাবেই ব্যর্থ যাক্-বিতন্তার সমাধান করা যায়।

● **সেতু বন্ধন করুন ঃ**

অপর ব্যক্তিকে এমন কিছু দিন যাতে পরিবর্তে সেও আপনাকে কিছু দিতে চায়। আপনি কাউকে শুধুমাত্র চা খাইয়ে বা সহানুভূতি জানিয়েও তাকে নিজের করে নিতে পারেন।

● **আপনি যা চান তা কেন পাচ্ছেন না তা জানার চেষ্টা করুন ঃ**

আপনি যা চান অন্যরা আপনাকে কেন তা দিচ্ছে না তার পিছনে বহু কারণ থাকতে পারে। ঠাণ্ডা মাথায় এটা জানার চেষ্টা করুন যে, আপনি যা চান তা কেন পান না, এই ভাবে আপনি সামনের দিকে এগিয়ে যেতে পারবেন।

● **ইচ্ছায় পরিবর্তন ঃ**

যখন আপনি জানতে পারেন যে, আপনি যা চান কেন তা পাচ্ছেন না, তার মানে এই নয় যে, আপনি কখনই কিছু পেতে পারেন না। ইচ্ছার পরিবর্তন করে আপনি অন্য কাউর কাছ থেকে নিজের কাজের জিনিস পেতে পারেন এবং ছোট-ছোট জয় গুলিকে নিজের খাতায় অন্তর্ভুক্ত করতে পারেন।

● **সময় নিন ঃ**

নিজের আবেগ বা হতাশা নিয়ন্ত্রিত করার জন্য তখনই অনুকূল মহল নির্ণয় করা সম্ভব যখন আপনি ছোট-ছোট কাজ করবেন। যে কোন পরিস্হিতির থেকে বাইরে বেরানোর জন্য কিছু অজুহাত প্রস্তুত রাখুন এবং যে কোন সিদ্ধান্তে পৌঁছানোর আগে পর্যাপ্ত সময় নিন।

● **গতি ধীরে করুন ঃ**

নিজের বক্তব্যকে প্রভাবশালী রূপে উপস্হিত করার জন্য হাসিমুখে ছোট-ছোট বাক্যের ব্যবহার করুন। কোন ব্যক্তি যদি এটা ধরে নেয় যে আপনি ফাঁক পূরণের চেষ্টা করবেন তবে তাকে শিক্ষা দেওয়ার জন্য আপনি নিজেকে নিয়ন্ত্রণ করুন এবং কখনই এই ফাঁক পূরণের চেষ্টা করবেন না।

● **দৃঢ়তার সাথে 'না' বলুন ঃ**

তর্কের শুরুতেই লক্ষ্য নির্ধারণ করে নিন। আপনি পরে নিজের নির্ণয় বদলাতে পারেন। আপনি দৃঢ়তার সাথে 'না' করলে তার প্রভাব খুবই গভীর হবে, এবং কখনই সেটাকে এড়ানো সম্ভব হবে না।

● **এক মিনিট অপেক্ষা করুন ঃ**

যদি আপনার মনে হয় যে সদ্য সদ্য আপনি যা বলেছেন যা করেছেন, তা বলা বা করা ঠিক হয়নি তবে এটা বলা ফল দায়ক হতে পারে যে, "কিছু মনে করবেন না।" তারপর এক মিনিট অপেক্ষা করে বলুন, "আমার পক্ষে সম্ভব না।" এটা করলে অন্যরা বুঝতে পারে যে, আপনি একটু অপেক্ষা করতে চান এবং একটু অপেক্ষা করতে চান এবং একটু সময় চান।

● **বিচার বদলাতে পারেন ঃ**

তথ্য জানার দু-মিনিট, দু-ঘন্টা, দু মাস বা দু বছর বাদেও নিজের বিচার বদলানোর অধিকার আপনার আছে। যদিও বার-বার আপনাকে আপনার প্রতিজ্ঞার কথা স্মরণ করিয়ে দেওয়া হবে কিন্তু সময় মতন আপনি তা করবেন না বা তার প্রতি কোন রকম আগ্রহ দেখাবেন না।

● **সাফাই দেবেন না ঃ**

কখনও ক্ষমা চাইবেন না, কখনও সাফাই দেবেন না। অন্যদের নিজের বিরুদ্ধে ব্যবহারের জন্য কখনই ইন্ধন যোগাবেন না।

● **সংক্ষিপ্ত কথা বলুন ঃ**

কথাকে দীর্ঘ করার কোন মানে নেই। কথাকে অযথা বড় করলে অন্যরা আপনাকে আপনারই জালে জড়িয়ে ফেলতে পারে। যখনই কিছু বলতে চান, যথা সম্ভব সংক্ষেপে বলুন।

● **বেশ কিছু বিকল্প রাখুন ঃ**

সরাসরি না বলার পরিবর্তে আপনি এটাও বলতে পারেন যে, যেহেতু আপনি কোন সাহায্য করতে পারবেন না তাই এমন কোন পথ থাকতে পারে যেখানে আপনার কোন প্রয়োজনই নেই। আপনি যত বিকল্প পথ দেখাবেন, অন্যরা আপনাকে ঠিক ততটাই কম চাপ দেবে।

● **নিজের বক্তব্য পুণরায় বলুন ঃ**

এমন ভাবে নিজের বক্তব্য পুণরায় উপস্হাপিত করুন যাতে অন্যরা আপনার সিদ্ধান্তকে ঠিক বলে মনে নেয়। এই ভাবে আপনি নিজের বক্তব্যের ব্যাপারে দৃঢ়তা বজায় রাখতে পারেন। এটা করার সময় এই ব্যাপারটা মাথায় রাখবেন যে, আপনার ব্যবহারে কেন কোন দ্বিধা প্রকাশ না পায়।

● **হাস্যরস ঃ**

মানসিক চাপ কম করার জন্য বা কঠিন পরিস্থিতির মোকাবিলা করার জন্য হাস্যরসের সাহায্য নিন। কোন সমস্যা অপরের কাছে কতটা গুরুতর তা বুঝে, নিজেকে অজুহাতের হাত থেকে বাঁচানোর জন্য এই হাস্যরস একটি কার্যকারী উপায় হতে পারে।

● **তথ্যের দৃষ্টিতে দেখুন ঃ**

যে কোন সমস্যা বা বাধা বিপত্তিকে তথ্যের নজরে দেখুন। পরিস্থিতিকে কোন তটস্থ পর্যবেক্ষকের দৃষ্টিতে দেখুন এবং এর সাথে আপনার কোন হিত যুক্ত আছে কিনা তা ভুলে যান।

● **সমস্যাকে এড়িয়ে চলুন ঃ**

কোন সমস্যায় নিজেকে না জড়িয়ে ফেলার সবচেয়ে কার্যকারী উপায় এটাই হতে পারে, তখনই এর প্রয়োগ করতে পারেন যখন অন্যের সমস্যা একান্তই তার ব্যক্তিগত সমস্যা হবে, অথচ সে চাইছো যে তার সমাধান করবেন আপনি, এর অর্থ সে জেনে বুঝে আপনাকে সমস্যায় জড়ানোর চেষ্টা করছে। এই অবস্থায় সমস্যা এড়িয়ে চলাই ভালো এবং অপরের সমস্যা সমাধান করার ইচ্ছাও ত্যাগ করা উচিত।

● **স্তরের খেলা ঃ**

উচ্চ ও নিম্ন স্তরের ব্যবহারের সাথে আমরা যে গুণগত মান যুক্ত করি, এটা তাকেই স্মরণ করিয়ে দেয়। যখন স্তরের দোহাই দিয়ে ব্যবহার বদলানোর কথা বলা হয় তখন সঠিক বিচার করা হয়না।

মনে রাখবেন, অন্যেরা নিজেদের মানসিক চাপ দূর করার জন্য এই ধরণের দোহাই দেয় কারণ তারা নিজেদের ইচ্ছা আপনার উপর চাপিয়ে দিতে চায়।

উচ্চ স্তরের ব্যবহারের দশটি ইতিবাচক দিক ঃ

● অন্যদের তুলনায় শারীরিক দিক থেকে উপরে থাকুন।
● নিজের সময় নিন।
● মৌন ব্রতের ব্যবহার করুন।
● সোজা হয়ে দাঁড়ান।
● স্পষ্ট ও সহজ সরল আওয়াজে কথা বলুন।
● নিজের বক্তব্য পুণরায় জানান।

- কোন রকম টিপ্পনী না করে অপরের বক্তব্য শুনুন।
- তর্ক-বিতর্ক করবেন না।
- দৃঢ়তার সাথে নিজের জায়গায় দাঁড়িয়ে থাকুন।
- অন্যের চোখের দিকে তাকিয়ে কথা বলুন।
- কোন সৃষ্ট-তর্কের দ্বারা প্রভাবিত হবেন না।
- কোন রকম ক্ষমা চাইবেন না, কোন রকম সাফাই দেবেন না।
- স্পষ্ট সীমা নির্ধারণ করুন।

নিম্ন স্তরের ব্যবহারের ইতিবাচক দিক ঃ

- শারীরিক দিক থেকে সমান ভাবে বা অপরের দিকে ঝুঁকে কথা বলুন।
- ধীরে, সহানুভূতিশীলতার সাথে কথা বলুন।
- বিবেচনার সাথে নরম সুরে কথা বলুন।
- অপরের দুঃখে সহানুভূতি জানান।
- অন্যের কথা অনুসারে উদাস হওয়া বা দুঃখ পাওয়া।
- মাটির দিকে দেখা।
- শারীরিক ভাবেও সহানুভূতি প্রকট করা।
- বার-বার ক্ষমা চাওয়া বা সাফাই দেওয়া।
- স্পষ্ট সীমা রেখার প্রদর্শন।

পরিস্হিতিতে পরিবর্তন ঃ

যখন পরিস্হিতিতে অনেকটা পার্থক্য থাকবে তখন বাবা-মা বা অন্য কাউর সাথে কথা বলার সময় নিম্নলিখিত বিষয়গুলি মাথায় রাখা খুবই জরুরীঃ-

- কাউর সাথে কথা বলার সময় সে ঠিক না ভুল তা বোঝার চেষ্ট না করে, সামনের লোককে এটা বোঝানোর চেষ্টা করুন যে আপনি ঠিক।
- যতটা সম্ভব ধৈর্য্যের পরিচয় দিন।
- অন্যেরা কি বলতে চাইতে তা মন দিয়ে শুনুন এবং তদের বক্তব্যের সম্মান দিল।
- অযথা তর্কের থেকে দূরে থাকুন।
- যে ক্ষেত্রে সফাই দেওয়া সম্ভবনা, সেক্ষেত্রে সাফাই দেবেন না।

- আপনার মনে হলেও কউকে কখনই এটা বলবেন না যে সে আপনার জীবন নিয়ন্ত্রণ করছে।
- তর্ক-বিতর্ক এগোতে দেবেন না।
- যে ব্যাপারে কথা বলছেন, সেই ব্যাপারেই কথা বলুন।

অপরকে বদলানোর আগে নিজেকে বদলাতে হবে ঃ

এই বই আপনাকে নিজেকে বদলাতে সাহায্য করবে। এটা আশা করবেন না যে, অন্যরা আপনার জীবন বদলে দেবে বা আপনার জীবন সুন্দর করে তুলবে। এর অর্থ হল, নিজের জীবনের নিয়ন্ত্রণ নিজের হাতেই সামলাতে হবে।

এই বই আপনাকে মানসিক দিক থেকে ব্যথিত হওয়ার পরিবর্তে মানসিক দিক থেকে সক্ষম হওয়ার জন্য প্রেরণা দেবে, আপনিই আপনার ভাগ্যের নির্মাতা হবেন। এরপর আপনাকে শুধুমাত্র অভ্যাস করে যেতে হবে।

আপনি কি বাধা এড়িয়ে যেতে চান ?

ভালো লোকেরা কখনই প্রতিবন্ধকতা পছন্দ করে না। কিভাবে আপনি বাধার মোকাবিলা করবেন ? আপনি কি উত্তেজিত হয়ে ঝগড়া করেন নাকি অসম্মতি জানানোর জন্য কোন শান্তি প্রিয় উপায় খুঁজে নেন ? আপনি কি সেই সমস্ত লোকের মতন যারা নিজেদের বেদনার কথা ভাবেনা অথচ যাতে অন্যরা আহত না হয় সেদিকে বেশী নজর রাখে। আপনি কি তাদের মত যারা বাধার সম্মুখীনতা করার আগেই কিনারায় ফিরে যেতে চেষ্টা করেন ?

আপনি যদি প্রয়োজনের অতিরিক্ত ভালো হোন তবে আপনি কখনই বাক্‌-বিতন্ডা, ঝগড়া-ঝাঁটি পছন্দ করবেন না। আপনার আশেপাশে যদি অশান্তির পরিবেশ থাকে তাহলে আপনার ভেতরেও তা প্রতিফলিত হবে তাই আপনি এমন কিছু কৌশল অবলম্বন করবেন যাতে আপনার আশেপাশে কোন রকম অশান্তি না থাকে।

হয়তো আপনি অস্হায়ী রূপে কানা হয়ে যেতে পারেন এবং অন্যরা যা বললে তা না শোনার ভান করতে পারেন। আপনি ঘটনা চক্র থেকে নিজেকে আলাদা রাখতে সক্ষম হতে পারেন, আপনি জরুরী মিটিং-এর বাহানা করে বেরিয়ে যেতে পারেন। ঐই ধরণের বাহানা করে আপনি ঝগড়ার ময়দান ছেড়ে পালাতে পারেন।

আপনি কি শান্তি বজায় রাখার পক্ষে ?

আপনি সুইজারল্যাণ্ডের ভূমিক পালন করতে পারেন। এটা এমন এক দেশ যা যুদ্ধরত রাষ্ট্রের মধ্যে তটস্হ হয়ে দর্শকের ভূমিকা পালন করে। আপনি এমন ব্যক্তি হতে পারেন, যে দুইপক্ষের কথাই শোনে, কিন্তু কখনই কোন পক্ষকেই সমর্থন করে না, বা আপনি এমন ব্যক্তি

হতে পারেন যে কখনই সম্মতি বা অসম্মতি খোলাখুলি ব্যক্ত করে না।

অনেক সময় আপনি নিজেই জটিল ও চাপপূর্ণ পরিস্থিতিকে হাল্কা করে নেন, যাতে আপনাকে কোন সমস্যা গম্ভীরতার সাথে সম্মুখীনতা করতে না হয়। এই কারণে কোন বিষয় নিয়ে এগিয়ে চলতে হলে আপনি সমস্যায় পড়ে যান।

আপনি কি নিজেকে এমন কোন আত্মকেন্দ্রীক প্রাণী বানাতে চান, যে কোন ঝামেলার গন্ধ পাওয়ার সাথে-সাথেই গায়েব হয়ে যায় ? নাকি বিপদ আছে যেনেও তা অদেখা করে নেয়। সত্যিকে এড়িয়ে চলার জন্য আপনার মনে সংকোচ হতে পারে, আপনি মিথ্যের সাহারাও নিতে পারেন যাতে পরবর্তী কালে যে কোন বিবাদের থেকে আপনি নিজেকে বাঁচাতে পারেন।

বাধা-বিঘ্নকে আপনি এতটাই অপছন্দ করেন যে, হাওয়াতে গন্ধ পেলেই আপনি অস্ত্র ফেলে দিতে প্রস্তুত হয়ে যান। হয়তো আপনি হাল্কা ভাবে প্রতিরোধ জানান, কিন্তু পরে আপনি অপরের মত স্বীকার করে নিতে বাধ্য হন। তাদের যা চাই দিয়ে দেবেন, তাদের যা ইচ্ছা তাই করতে দেবেন, তাদের বুঝতে দেবেন যে তারা ঠিক এবং আপনি ভুল।

এর ফলে আপনি যখন অসম্মতি প্রদর্শন করবেন তখনও সম্মতিই বলেই মনে হবে। আপনি অন্যদের ভুল তর্কও স্বীকার করে নেন বেং তারা ভুল পথে নিজেদের বাঁচাতে চাইলে, তাও আপনি স্বীকার করে নেন। আপনি অন্যের খারাপ ব্যবহারকেও যুক্তি সম্মত করে তোলার চেষ্টা করেন যাতে আপনি কতটা আহত এবং সমস্যায় পড়ে আছেন, তা যেন কেউ বুঝতে না পারে, আপনি এগুলি করেন যাতে কোনবিবাদে পড়তে না হয়। অন্যকে সমস্যায় দেখে আপনি ক্ষমাও চাইতে পারেন, অথচ তাতে আপনার কোন ভুল দোষই নেই।

এই উদাহরণটি দেখুন ঃ

অন্য ব্যক্তি আপনার সহকর্মী, অংশীদার, বন্ধু, আত্মীয়, বা অন্য কে কেউ হতে পারে। তাতে কিছু যায় আসেনা। অভ্যাস করার জন্য আপনি এমন কোন ব্যক্তির কল্পনা করতে পারেন যার ফলে আপনার সমস্যা হতে পারে এবং তার সাথে কথপোকথনের

কল্পনা করতে পারেন।

অন্য ব্যক্তি ঃ তুমি আমার একটা কাজ করে দেবে ?

আপনি ঃ কি কাজ তাতো আগে জানতে হবে।

অন্য ব্যক্তি ঃ ট্রান্সপোর্ট অফিসে আমার একটা প্যাকেট বাইরে থেকে এসে পড়ে আছে। তুমি গাড়ী নিয়ে যাও, আর আমার প্যাকেট নিয়ে আসো।

আপনি ঃ আমি বোধ হয় যেতে পারবনা। সারাদিন আমি ব্যস্ত থাকব।

অন্য ব্যক্তি ঃ দু-মিনিটের জন্য কি এমন অসুবিধা হবে ? দেখো সারা দিন আমি এখানেই থাকব, কাউকে না কাউকে তো যেতেই হবে।

আপনি ঃ ঠিক আছে, কিন্তু আমার অসুবিধা আছে। আমি ওদিকে যাবনা। আমার মনে হচ্ছ না আমি করতে পারব।

অন্য ব্যক্তি ঃ যা তো, এটাকোন সমস্যার কাজই না, তুমি তো সর্বদা অপরকে সাহায্য কর। আমি জানি আমি তোমার ওপর ভরসা করতে পারি।

আপনি ঃ ঠিক আছে, কিন্তু আমি বেশ কিছু কাজের কথা বল। তুমি যা ভেবে রেখেছো তা গুরুত্বপূর্ণ বিষয় নাও হতে পারে। কিন্তু আমার কাজটা সত্যিই খুবই গুরুত্বপূর্ণ।

আপনি ঃ আমি ঠিক জানিনা, বলতে পারব না।

অন্য ব্যক্তি ঃ ছাড়ো তো, সারা দিন ধরে তর্ক করতে থাকবনা কি। সময় চলে যাবে, আমি জানি তুমি আমাকে হতাশ করবেনা, তাই না ?

আপনি ঃ আমার মনে হচ্ছ না–

অন্য ব্যক্তি ঃ ঠিক আছে, আমি জানি আমি তোমার উপর ভরসা করতে পারি। এই নাও ঠিকানা। আমি যাই, হ্যাঁ।

এই উদাহরণের মধ্যে আপনি নিজেকে খুঁজে পাচ্ছেন কি ? আপনি কথাবার্তা বলার সময় এই ধরণের ভাষার ব্যবহার করেন কি ? এই উদাহরণ থেকে বোঝা যায় যে আপনি সরাসরি না বলতে পারন না, তাই সামনের লোকের কাছে অতি সহজেই আত্মসমর্পন করে দেন। আপনার ভদ্রতা এবং সংকোচবোধকে আপনার বিরুদ্ধে

ব্যবহার করে নেয়।

অন্য ভাবে বলা যায়, আপনি নিজেকে ব্যবহার করতে দেন। আর আপনি যা করতে চান না, অপরের জন্য তাই করতে হয়। আপনি যদি এইভাবে অপরের মর্জী মাফিক কাজ করতে থাকেন এবং না বলতে সংকোচ বোধ করেন তবে আপনার ভেতরে রাগও ক্ষোভ বৃদ্ধি পেতে থাকবে। এই ভাবে আপনি নিজেই নিজের ক্ষতি করে ফেলবেন এই ক্ষোভ যখন চরম সীমায় পৌঁছে যাবে তখন তা বিস্ফরিত হয়ে যাবে। তখন রাগ সঠিক দিকে প্রকট হলেও তা ভুল পন্হায় উপস্হিত হবে। এই পরিস্হিতির হাত থেক বাঁচার জন্য আর একটা উদাহরণ দেওয়া হল।

অপর ব্যক্তি ঃ তুমি আমার একটা কাজ করে দেবে ?

আপনি ঃ আগে শুনি কাজটা কি ?

অপর ব্যক্তি ঃ ট্রান্সপোর্ট অফিসে বাইরে থেকে আমার একটা প্যাকেট এসে পড়ে আছে। তুমি গাড়ী নিয়ে যাওয়ার আমার প্যাকেটটা নিয়ে এসো।

আপনি ঃ মনে হচ্ছে আমি যেতে পারব না। আমি সারাদিন ব্যস্ত থাকব।

অপর ব্যক্তি ঃ একটু খানি সময়ের জন্য কিছুই ক্ষতি হয়ে যাবে না। কাউকে না কাউকে তো আনতেই হবে। আমাকে আজ সারাদিন এখানে থাকতে হবে।

আপনি ঃ আপনি জানেন অমি কতটা ব্যস্ত থাকিতা সত্ত্বেও আপনি আমাকে কোন না কোন কাজ করতে বলেন।

অপর ব্যক্তি ঃ আমি কিভাবে জানব যে তুমি কতটা ব্যস্ত ? যদি আমার কাজ করতে না চাও তাহলে সরাসরি বলে দাও।

আপনি ঃ আমি কখন বললাম যে আমি পারব না, আমাকে একটু ভেবে দেখতে হবে।

অপর ব্যক্তি ঃ তুমি কি বলতে চাইছো আমি বুঝতে পারছিনা।

আপনি ঃ আপনি বুঝতে পারছেন না, আমি কি বলছি ?

অপর ব্যক্তি ঃ আমি বুঝেছি তুমি কি বলতে চাইছো, তুমি বলতে

চাইছো আমি কঠোর, তোমার কোন খবর রাখি না।

আপনি ঃ আমি একথা বলিনি। আপনি আমার কথার ভুল মানে করছেন। আপনি সবসময় এমন করেন–আপনি সেটাই শোনেন যা নিজে শুনতে চান।

অপর ব্যক্তি ঃ এখন তুমি কি ধরণের দোষারোপ করছো বলতো ?

আপনি ঃ আমি কোন দোষারোপ করছি না। কথাটা উল্টো ভাবে নেবেন না।

অপর ব্যক্তি ঃ তুমি কি বলতে চাইছো আমি কথা উল্টো ভাবে ধরি ?

এই ভাবে ঝগড়া চলতে থাকে। ট্রান্সপোর্ট অফিস থেকে প্যাকেট নেওয়ার কথা দূরে সরে যায়।

এই সময় দুই পক্ষই নিজেকে ছোট করার জন্য আলাদা-আলাদা তর্কের সাহায্য নিয়ে থাকে। দুজনেই নিজেকে সঠিক বলে প্রমাণ করতে চায়, এর ফলে যে বিষয় নিয়ে ঝগড়া শুরু হয়েছিল, তা ভুলে যায়। এই ধরণের প্রসঙ্গ আপনার পরিচিত বলে মনে হচ্ছে কি ?

প্রথম কথপোকথনের সময়ে আপনি সংকোচ করতে থাকেন এবং আপনি কি চান তা স্পষ্ট ভাবে বলতে পারেন না। দ্বিতীয় কথপোকথনের সময় আপনি সরাসরি বাধা দিতে প্রস্তুত হয়ে যান, আপনি জানেন যে এই ধরণের ব্যবহারের জন্য আপনাকে পিছু সরতে হতে পারে, এবং ক্ষমাও চাইতে হতে পারে। তৃতীয় কথপোকথনের সময় আপনি ঘুরিয়ে-ফিরিয়ে কথা বলেন, কোন সিদ্ধান্তেই পৌঁছাতে পারেন না।

তিনটি কথোপকথনের শেষেই আপনি নিজের একটা অসহায় অবস্হার সৃষ্টি হয়, কারণ বিবাদ করে কোন লাভ হয়না, কোন সিদ্ধান্তে পৌঁছানো যায়না। এর থেকে বোঝা যায় যে, আপনি কোন রকম বাধাকে এড়িয়ে চলতে কতটা অপরাধ। আর ভালে লোকেরা বাধার সম্মুখীনতা করতে অক্ষম হয় এটা ঠিকই। সাধারণত তিনটি প্রধান কারণের জন্যই ভালো লোকেরা বাধার সম্মুখীনতা করতে পারেনা।

প্রথম কারণ হল, বাধা আসার আগেই আপনি ভেবে নেন যে, আপনি হেরে যাবেন। বেশীর ভাগ ভালো লোকেরা বাধার মুহূর্তে

নিজেকে দুর্বল বলে মনে করে। তার ভাবে যে, 'বিষয় যাই হোক না কেন শেষ পর্যন্ত আমিই পরাস্ত হব।' তাই প্রথম থেকেই পরাজিত হওয়ার মানসিকতা তৈরী করে নেয়, আর তাই বাধা সৃষ্টির আগেই পিছু হট্টে যায়। আপনি যখন ধরে নেন যে আপনি হেরে যাবেন তখন বেশীর ভাগ ক্ষেত্রে আপনি হেরেই যাবেন।

অপর কারণ হল, পরিণামের ভয়। যখন আপনি বাধা দেবেন তখন আপনার অজান্তেই আপনি যুদ্ধ ক্ষেত্রে পা রেখে দেন। আপনি জানতে পারেন না, কি হতে পারে। যখন আপনি বাধা অতিক্রম করার জন্য দৃঢ় সংকল্প করেনেন তখনই আপনি জানত পারবেন কি হতে পারে। আপনার জন্য কেউ রাগ করতে পারে, কেউ কাঁদতে পারে, কেউ কিছু তুলে আপনার দিকে ছুঁড়তে পারে, বা কেউ শারীরিক ভাবে আপনার সাথে দুর্ব্যবহার করতে পারে। আপনি জানেন না কি হতে পারে, সেই কারণে আপনি যতদূর সম্ভব বাধা এড়িয়ে চলার চেষ্টা করবেন।

তৃতীয় কারণ হল, পারিবারিক ঝগড়ার স্মৃতি আপনাকে যে কোন বাধার থেকে দূরে থাকার প্রেরণা দেয়। হয়তো ছোট বেলায় আপনার বাবা-মার ঝগড়া আপনার ভালো লাগত না, কিন্তু আপনি ছোখ বলে তাদেরকে বাধাও দিতে পারতেন না, এই অসহায় বোধ বড় হওয়ার পরে আপনার মধ্যে থেকে যায়, তাই বাধার সময় আপনি ঘাবড়ে যেতে পারেন। পুরানো স্মৃতি আপনাকে এতটাই চেপে বসে থাকেয়ে তার জন্য আপনি অতীত ও বর্তমানের অনুভূতির মধ্যে পার্থক্য করতে পারেন না। বাধা এড়িয়ে চলার পিছনে আরো কিছু কারণ থাকতে পারে, এগুলি চেনা আপনার জন্য খুবই জরুরী। কিন্তু প্রধান যে তিনটি কারণ আপনাকে বাধার থেকে দূরে রাখে তা জানার আগে, বাধা কেন উৎপন্ন হয় সেটা জানা খুবই জরুরী।

এমনটা কেন হয় ?

বাধা কেন উৎপন্ন হয় ? এর পিছনে অবশ্যই কোন না কোন কারণ থাকবে। বাধার প্রধান কারণ গুলি হল ঃ

● জোর ইচ্ছা।

● অপর ব্যক্তিকে নিজের মতামত জানানো।

- নিজের কাজ বার করা।
- অন্যরা জানতে পারে যে তারা দোষী।
- নিজের সীমা রেখা নির্ধারণ।
- যে কোন পরিস্হিতিতে বচসা উপস্হিত করা।
- নিজেকে ব্যবহার করতে না দেওয়া।

এই রকমই কিছু কারণকে আমরা বাধা বা সংঘর্ষের পৃষ্ঠভূমি বলে মনে করি, কিন্তু এগুলি একটাও আসল কারণ নাও হতে পারে। সংঘর্ষ বা বাধা বিশ্বমানেরই হোক আর ব্যক্তিগত স্তরেই হোক, এর পিছনে একটাই কারণ থাকতে পারে সংঘর্ষ বা বাধার মূল উদ্দেশ্য হল একটা সমাধানে পৌঁছানো।

কিন্তু, বিশ্বমানেরই হোক বা ব্যক্তিগত স্তরেই হোক, বেশীর ভাগ লোকই সমাধান খুঁজে বার করার জন্য সংঘর্ষের দিকে যায়না। তাদের এমনটা করার কারণ হল, তারা নিজেদের সঠিক বলে মনে করে, আর আপনি যখন নিজেকে সঠিক বলে মনে করেন তখন কাউকে না কাউকে অবশ্যই ভুল হতে হয়।

এই বিবাদের কারণ যা খুশী হতে পারে, আপনি কাউকে বলত পারেন তার জমির থেকে আপনার জমি বেশী আছে বা আপনার ঈশ্বর সর্বশ্রেষ্ঠ, অপরকে ছোট করাই আপনার উদ্দেশ্য হতে পারে–বেশীর ভাগ বিবাদের কারণই হল জয় পরাজয়, যখন আপনি পরের উপর নিজের ইচ্ছা চাপিয়ে দিতে চান।

উপরে বর্ণিত কারণ গুলির জন্য বিবাদের সূত্রপাত হলে আপনি তার কোন রকম সমাধান খুঁজে পাবেন না। কাউকে নিজের ইচ্ছার সামনে ঝোঁকাতে পারলে হয়তো বিবাদ শেষ হয়ে যায়, কিন্তু তার সমাধানও খুঁজে পাওয়া যায়। আপনি নিজের ইচ্ছার বিসর্জন দিয়ে অপরের ইচ্ছাকে স্বীকার করে নিলে সমস্ত বিবাদ শেষ হয়ে যায়। আপনি যদি উত্তেজিত হয়ে যায় এর পরে ক্ষমা চাওয়ার সময় যদি স্বীকার করে নেন যে, দোষ আপনারই ছিল, তাহলেও সংঘর্ষ শেষ হয়ে যায়। আপনি যদি নিজের দোষকে ঠিক বলে চালানোর জন্য তর্ক করতেই থাকেন তবে কখনই সংঘর্ষ শেষ হবে না, কিছুক্ষণের জন্য বিষয়টি থিতিয়ে গেলেও,

তা পুণরায় ফুটে উঠবে।

এর মধ্যে কোন অবস্থাতেই বিবাদের সমাধান হয়না। সারা বিশ্ব জুড়ে এমন বহু দেশ আছে যারা বছরর পর বছর ধরে সংঘর্ষ করে চলেছে, তাদের এই বিবাদের থেকে পরিস্কার বোঝা যায় যে, তারা বিবাদের সমাধান নিয়ে চিন্তিত নয়। তাদের প্রধান উদ্দেশ্য হল, জয় লাভ করা।

একই ভাবে বহু পরিবারের মধ্যেও একটা ঘটনা পরিলক্ষিত করা যায়। নতুন প্রজন্মও সেই বিবাদকে চালিয়ে যায়, তারাও সেই বিবাদের সমাধান করতে চায়না। তারা নিজেদের সঠিক বলে প্রমাণ করতে চায়। ফলে বিবাদের মূল কারণ কাউরই মাথায় থাকে না।

সমাজে এমন স্বামী-স্ত্রীও আছে যারা সামান্য বিষয় নিয়ে একে-অপরের সাথে ঝগড়া করতে শুরু করে দেয়। তারা বিবাদের সমাধান করতে চায়না। তারা নিজেদের স্বাধীনতার জন্য লড়াই করে, কারণ তাদের মনে হয় বৈবাহিক বন্ধনের জন্য তাদের স্বাধীনতা নষ্ট হয়ে গেছে।

যখন আপনার আত্মসম্মান আহত হয়, আপনার আবেগ আহত হয়, আপনার মর্যাদা বোধ ক্ষুন্ন হয়, আপনার সংবেদনশীলতা আঘাত পায়, আপনার বিবেক নিয়ে প্রশ্ন ওঠে, আপনার যোগ্যতা নিয়ে সংশয় প্রকাশ করা হয়, আপনার একাগ্রতা নিয়ে সমালোচনা করা হয়, তখন আপনার অবশ্যই আক্রমণ করা উচিত।

আপনি যদি বাধা বা সংঘর্ষ করার জন্য প্রস্তুত না থাকে তাহলে আপনি কখনই সমাধান সূত্র খুঁজে পাবেন না। আপনার অনুভূতি চাপা পড়ে যাবে এবং অপ্রিয় পরিস্থিতিতে কোন রকম পরিবর্তন আসবে না। আপনি যদি প্রয়োজনের তুলনায় ভালো হন তবে আঘাত খাওয়ার পরেও আপনি বিরোধীতা করবেন না, এবং এমনটা দেখানোর চেষ্টা করবেন যে কিছুই হয়নি। আপনার নিজের অনুভূতি প্রকাশ করা কঠিন বলে মনে হতে পারে। ফলে আপনার ভেতরে চোট, নিন্দা, তিরস্কার প্রভৃতি সব সঞ্চিত হতে থাকবে।

যখনই আপনি কোন বিবাদের সম্মুখীনতা করেন তখনই হাতিয়ার ফেলে নিজের পরাজয় স্বীকার করে নেন। এর অর্থ হল আপনি যদি

কোন পক্ষ নিয়ে লড়াই করার চেষ্টা করেন তবে বহু অমিমাংশিত বিষয় আপনার ভেতরে চিৎকার করতে থাকে।

তাহলে এমন হল, ভদ্র আচরণ কারীরা কখনও সমাধান পেতে পারে কি ?

সংঘর্ষের সমাধান ঃ

কোন সমস্যা শেষ করার জন্য তার সমাধান খোঁজা খুবই জরুরী। এটা করাই সবচেয়ে ভালো। কোন সমাধান খুঁজে বার করাই যদি সংঘর্ষের কারণ হয়, তবে আপনি কেন নিজের মতন করে সমাধান বার করে নেননা। কেন আপনি অপরকে বলে দেন বা যে, তার সমাধানোর রাস্তা ভুল, কেন বলে দেন না আপনার প্রক্রিয়াই সঠিক। কাউর কাছে ক্ষমা চাওয়া সমাধান নয় কি ?

এগুলি সবই সমাধানের রাস্তা বলে মনে হতে পারে, কিন্তু অন্যরা আপনাকে যে ভাবে আহত করে আপনি যদি অন্যদের সেইভাবেই আহত করতে চান তবে তরা অর্থ হল, আপনি সমাধান চাননা। এখনও আপনি জয় সম্পর্কেই ভাবেন। অপরকে নিজের রাগের কথা জানানো সমাধানোর অংশ হতে পারে। কিন্তু যদি এটা আপনার প্রকৃত উদ্দেশ্য হয় তবে আপনি বেশী দূর যেতে পারবে না।

সংঘর্ষ বা বিবাদের সমাধানোর জন্য বা উভয় পক্ষকেই সন্তুষ্ট করার জন্য আপনি নিম্নলিখিত দিক গুলি মাথায় রাখত পারেন।

● দোষারোপ করবেন না।

● তর্ক-বিতর্ক করতে দেবেন না।

● আপনি যা চান, তা কেন আপনার কাছে নেই, সেই কারণ সন্ধান করা।

● অপরকে বদলানোর জন্য নিজেকে বদলানো।

এই বিষয়গুলি সম্পর্কে চর্চা করার আগে সংঘর্ষের সমাধান করার সঠিক উদ্দেশ্যপূর্ণ বিচারগুলি সম্পর্কে বিচার করা খুবই জরুরী। কারণ বিবাদ সম্পর্কে আপনি যে রকম মনোভাব ব্যক্ত করেন তা আপনার অভ্যাস আপনার অন্য ভালো অভ্যাস গুলির মতন – এই অভ্যাস সম্পর্কেও সচেতন হওয়া খুবই জরুরী।

দোষারোপ করবেন না ঃ

আপনি যখনই অখুশী হন তখনই নিজেকে বাঁচানোর জন্য আপনার প্রথম অস্ত্র হয় অন্যের উপর দোষারোপ করা। "এই গুলি সব ওর দোষ", "ওর জন্য হয়েছে।" যখন কোন কিছু আমাদের ইচ্ছা মতন হয়না তখন আমরা তা অন্যের ঘাড়ে চাপিয়ে দেওয়ার চেষ্টা করি। আপনি যদি সারা জীবন ধরে রাগ, হতাশা ও ক্ষোভ সঞ্চিত করতে থাকেন, তবে তা একদিন বৃদ্ধি পেতে পেতে বিশালকার ধারণ করবে, এমন অবস্হায় যার সাথে বিবাদ সংঘটিত হবে আপনি তার উপরেই সমস্ত দোষ চাপিয়ে দেবেন। আপনার রাগের কারণ সে না হলেও কিন্তু যায় আসেনা।

এই ধরণের বেশীর ভাগ বাক্য শুরু হয় 'তুমি' দিয়ে।'তুমি শুধু নিজের কথাই ভাব' "তুমি কখনও আমার কথা ভাব না।" "তুমি সর্বদা ভাব তুমি যা চাও আমি তাই করব। এই বাক্য গুলিার মধ্যে কখনও না" এবং "সর্বদা" প্রভৃতি শব্দ গুলিও থাকে–এইভাবে আপনি আবেগে ভেসে যান এবং মূল বিষয়ের থেকে বাইরে বেরিয়ে যান।

আপনি যদি দোষারোপ করতে না চান তবে আপনাকে সচেতনতার সাথে নিজের আবেগ সম্পর্কে ভাবতে হবে। তাই 'তুমি'-র পরিবর্তে "আমি" বলতে শুরু করুন।

সংঘর্ষের শুরুতে 'তুমি' শব্দই বলা হবে এমনটাই আশা করা হয়, যাতে অপরের উপর দোষারোপ করা যায়, অন্য ব্যক্তিকে এক ঘরে করার চেষ্টা করা হয়, তা ভুল প্রমাণ করার চেষ্টা করা হয় এবং তাকে ঝগড়া করার জন্য বাধ্য করা হয়।

এই উদাহরণটি দেখুন ঃ

"আপনি কখনও আমার কথা ভাবেন না।"

"আমি সব সময় তোমার খেয়াল রাখি।"

"কখন ?"

"অনেক বার।"

"আপনি" বা "তুমি" দিয়ে শুরু করা বাক্য অন্য ব্যক্তির দুর্বলতার সংকেত দেয়। কেউই চায়না যে তাকে কেউ ভুল বলুক।

একটু নিজের কথা ভেবে দেখুন। অতীতের এমন কোন বিবাদের কথা মনে পড়ছে কি, যখন কেউ তার বাক্য "তুমি" দিয়ে শুরু করেছিল ? এই ধরণের পরিস্থিতিতে আমরা বিবাদের মূল বিষয়কে ভুলে গিয়ে নিজেদের বাঁচানোর চেষ্টা করতে থাকি।

বিষয় সমস্যার থেকে আলাদা হয়ে যায় এবং ব্যক্তিগত স্তরে এসে একে অপরের উপর দোষারোপ শুরু হয়ে যায়। যদি কোন মহিলা চায় যে তার স্বামী তাকে সংসারের কাজে সাহায্য করুন, তাহলে সে স্বামীকে বলে, "তুমি কখনই সংসারের কোন কাজে আমাকে সাহায্য করনা।" এ কথা নিশ্চিত রূপে বিবাদের সূত্রপাত করে দেয়। স্বামী বলে, "আমিনিজের ভাগের কাজ করি।" স্ত্রী বলে, "না তুমি করনা", স্বামী বলে "হ্যাঁ, আমি করি।"

একই ভাবে যদি আপনি কাউকে বললেন, "তুমি নিজের ইচ্ছা মত চল, কোন সিদ্ধান্ত নেওয়ার সময় আমাকে জিজ্ঞাসা করার প্রয়োজন মনে কর না।" এটা একদম দোষারোপের মতনই শোনাবে, যা শুনে অন্য ব্যক্তি নিজেকে বাঁচানোর চেষ্টা করতে থাকবে। এর পরিবর্তে আপনি বলতে পারেন, "পরবর্তী কালে এই ধরণের সিদ্ধান্ত নেওয়ার আগে যদি আমরা একটু আলোচনা করে নিই, তবে আমার ভালো লাগবে।"

এই কথার মধ্যে দিয়ে নিজেকে নিয়ন্ত্রণ করার ভাবে প্রকাশ পায়। আপনি যে শুধু নিজের আবেগকেই ব্যক্ত করছেন তাই নয় বরং আপনি অন্যদেরকেও বুঝিয়ে দিতে চাইছেন যে আপনি কি চান। আপনি নিজের অনুভূতি এবং ইচ্ছার প্রতি যত বেশী দায়িত্ববান হবেন, ততই আপনি অপরের ত্রুটি কম ধরবেন।

এক্ষেত্রে এক ধরণের সতর্কতা খুবই জরুরী। এমন অনেক লোক আছে যারা জয়ী হতে চায় বা অপরকে ভুল প্রমাণ করার বিচার তারা কখনই ছাড়তে পারেনা। এক্ষেত্রে একটা বাক্যের সাহায্যে বিষয়টা বোঝানোর চেষ্টা করছি, "আমার মনে হচ্ছে তোমার দ্বারা সম্ভব না, আমার মনে হয় তুমি খুবই বেপরোয়া।"

'আমি' শব্দের ব্যবহার অন্য ব্যক্তিকে এটা বোঝানোর জন্য কম ক্ষতিকারক যে তার প্রভাব বা ব্যবহারের প্রভাব আপনার উপর কতটা

পড়ছে, "আপনি কখনই এটা জিজ্ঞাসা করেন না যে, আমি কি করতে চাই।" এর পরিবর্তে বলুন, "আপনি যখন আমাকে এমন কোন কাজ করতে বলেন যা আমি করতে চাইনা, তখন আমার নিজেকে খুবই উপেক্ষিত বলে মনে হয়। আমি না বলতে পারিনা।"

প্রথম কথাটা অস্পষ্ট এবং তার থেকে একটা স্পষ্টরূপে প্রকাশিত হয়। দ্বিতীয় উক্তির থেকে বোঝা যায়, আপনি নিজের অনুভূতির কথা বলছেন এবং এতে অপর ব্যক্তি নিজেকে বাঁচানোর অনুভব করেনা।

তর্ক-বিতর্ক বাড়তে দেবেন না ঃ

এই ব্যাপারটা সেই সমস্ত লোকেদের জন্য গুরুত্বপূর্ণ যারা কথাবার্তা বলার সময় আসল বিষয়ের থেকে বেরিয়ে গিয়ে অন্য বিষয়ে চলে যায়। এই ধরণের তর্ক-বিতর্ক চক্রাকারে চলতেই থাকে কিন্তু কোন সিদ্ধান্তে উপনীত হওয়া যায় না। উভয় পক্ষই হতাশা অনুভব করে। পুরানো আঘাত ও অসফলতা নতুন সত্যি রূপে সামনে এসে উপস্হিত হয়।

প্রায় এই ধরণের বিবাদ দেখা যায়, যা দেখে বোঝা যায় যে, কোন বিবাদ বা সংঘর্ষের জন্য সিদ্ধান্তে উপনীত হওয়ার প্রয়োজনীয়তা কি। আপনি এক বার চক্কর লাগাতে শুরু করে দিলে তাকে বাধা দেওয়া অসম্ভব হয়ে ওঠে। এর পরিণতি চোখের জল, দরজা ঠেলা বা কোন জিনিস ভাঙা প্রভৃতি রূপে প্রকট হয়।

ক্ষুব্ধ হওয়াকে সমাধান বলা যায়না, কোন কথপোকথনকে এগিয়ে নিয়ে যাওয়ার জন্য ভিন্ন মনোভঙ্গীর প্রয়োজন হয়। তর্কের মধ্যে সামান্য অন্তরাল থাকলে উভয় পক্ষই তর্ক কোন দিকে যাচ্ছ তা দেখে এবং তা সৃজনশীল দিকেও নিয়ে যাওয়া সম্ভব হয়ে ওঠে।

একটু এই উদাহরণের দিকে তাকান ঃ

আপনি ঃ তুমি কি বলতে চাইছো ? আমি তো শুধু এটাই বলছিলাম ঃ

অপর ব্যক্তি ঃ আমি জানি তুমি কি বলেছো। তুমি বলেছো যে আমার কোন মায়া-দয়া নেই এবং কখনও তোমার কথা ভাবিনা ?

আপনি ঃ আমার মনে হয় আমাদের এখানেই থেমে যাওয়া উচিত কারণ মনে হচ্ছে যেন আমরা একই বিষয় আমরা মূল বিষয় থেকে দূরে চলে যাচ্ছি। আমাদের পুণরায় কথা শুরু করা উচিত এবং সমস্যাকে

ঠিক মতন বোঝার চেষ্টা করতে হবে।

এই উক্তির সাহায্যে আপনি একটা তীর দিয়ে দুটো শিকার করতে পারবেন। অন্তহীন তর্ক-বিতর্ক থামাতে পারবেন, এবং একই সাথে দোষারোপের খেলাও বন্ধ করে কথাবার্তাকে সঠিক পথে এগিয়ে নিয়ে যেতে পারবেন।

সেতু বন্ধন ঃ

এর অর্থ হল অপর ব্যক্তিকে এমন কিছু দিন যার বদলে সেও আপনাকে কিছু দিতে পারে। যখন বিবাদের জেরে আপনি নিজেক উত্তেজিত বোধ করবেন, সেই আপনি কাউকেই কিছু দিতে চাইবেন, "আমি কেন দেব, আমার প্রতি ওর ব্যবহার দেখেছো ?"

অন্য ব্যক্তিকে কিছু দেওয়ার অর্থ এই নয় যে সে যা বলছে আপনি তা স্বীকার করে নিচ্ছেন। শুরুতেই যে উদাহরণ দেওয়া হয়েছে তার পরিপ্রেক্ষিতে বিচার করে দেখুন –

অপর ব্যক্তি ঃ তুমি আমার একটা কাজ করে দেবে ?

আপনি ঃ আগে তো শুনি কাজটা কি।

অপর ব্যক্তি ঃ ট্রান্সপোর্ট অফিসে বাইরের থেকে আমার একটা প্যাকেট এসে পড়ে আছে, তুমি গাড়ী নিয়ে যাও আর নিয়ে এসো।

আপনি ঃ আপনি এমন সময়ে বলবেন, আমি যেতে পারব না।

অপর ব্যক্তি ঃ আসলে আমি ভেবেছিলাম তুমিই পারবে।

আপনি ঃ আপনি আমাকে ভরসা করেন জেনে খুবই খুশী হলাম। আসলে আমার হাতে প্রচুর কাজও আছে।

অপর ব্যক্তি ঃ সত্যিই অনেক কাজ আছে। আমি বুঝতে পারছিনা কোথা থেকে শুরু করব। সব কাজই সমান গুরুত্বপূর্ণ। তাই তোমার সাহায্য চাইছিলাম।

আপনি ঃ আমি দেখতে পাচ্ছি সত্যিই আপনি কি চাপে আছেন। আমি সত্যিই ট্রান্সপোর্ট অফিসে যেতে পারব না। আমার পক্ষে এখন বাইরে বেরানো অসম্ভব। আসুন অন্তত দশ মিনিট আমরা একসাথে কাজ করে আপনার খানিকটা কাজ সেরে দিই। তারপর দেখি অন্য কাউকে ট্রান্সপোর্ট অফিসে পাঠানো যায় কিনা ? তাকে এক কাজের কথা বলতে পারি।

 ———————————————————— *না বলতে শিখুন*

অনিবার্য রূপে আপনাদের সামনে কেউই আসবেনা কিন্তু আপনাদের কথপোকথনের তীর ঘুরে অন্য ব্যক্তির দিকে চলে যাবে। এছাড়া আপনি এমন এক প্রস্তাব দিয়েছেন যাতে মনে হবে আপনি যে কোন রকম সাহায্য করতে প্রস্তুত, সে সাহায্য ঐই ব্যক্তির জন্য খুবই জরুরী হতে পারে। এইভাবে আপনি প্যাকেট আনার সমস্যা থেকে মুক্তি পান।

উপরের এই দৃশ্যে একবারও 'না' শব্দের ব্যবহার করা হয়নি, কিন্তু যেভাবে সমস্যার সমাধান করা হয়েছে তাতে করে এটা ঠিক হয়ে গেছে যে কেটা সীমা নিধারিত করে, স্পষ্ট রূপে যে কোন ব্যক্তিকেই 'না' বলা যায়। এটাই একটা বিশেষ কলা।

সেতু বন্ধনের কথা ভাবুন এবং পর্যাপ্ত পরিমাণে বিকল্প রূপী ইঁট রাখুন, যাতে অন্যেরা ঐই বিকল্পের থেকে কিছু বিকল্প পথের সন্ধান করে নিতে পারে। এই ক্ষেত্রে সবার প্রথম অন্যের প্রতি সহানুভূতি প্রকট করুন, তারপর স্পষ্টভাবে জানিয়ে দিন যে আপনার দ্বারা এই কাজ সম্ভবনা, কোন অজুহাত বা অস্পষ্টতা নেই, কোন রকম দোষারোপ নেই, এবং শেষে কিছু সাহায্য করার কথা বলুন। বেশী কিছু না, কিন্তু বর্তমান সমস্যা সমাধানের জন্য একটু তো সাহায্য করতেই পারেন।

এর অর্থ হল সেতু বন্ধনের জন্য আপনি নিজের দিক থেকে তিনটি ইঁট রেখে দিয়েছেন। অপর ব্যক্তির সামনে এমন নতুন কিছু বিকল্প আছে। এমনটাও হতে পারে যে, এই ব্যক্তি আপনার ইঁট স্বীকার করতে অস্বীকার করতে পারে এবং আপনি যাতে তার কথা মেনে নেন সে জন্য চেষ্টা চালিয়ে যেতে পারে এবং নিজের স্বার্থ-সিদ্ধির জন্য তর্কও জুড়ে দিতে পারে। বা সে এটাও ভাবতে পারে যে, দশ মিনিট আপনার সাহায্য নিলে তার ভালোই হবে এবং নিজের ছড়ানো কাজ গুলি গোছানোর পর, প্যাকেট আনার ব্যাপারটি বিচার-বিবেচনা করতে পারে।

কোন নতুন উপায়ে অসম্মতি প্রকাশ করতে পারলে সেতু বন্ধনের চেষ্টা কার্যকারী হয়ে উঠতে পারে। এর মাধ্যমে আপনি মাথা নত না করে অপরের প্রতি সহানুভূতি প্রকাশ করতে পারেন এবং সাহায্যের হাত বাড়িয়ে দিতে পারেন, এর দ্বারা অযথা তর্ক-বিতর্কের নিস্পত্তি ঘটানো সম্ভব।

আপনি যা চান, কেন তা পাচ্ছেন, তার কারণ খোঁজা ঃ

কখন-কখনও আপনার প্রকৃত ইচ্ছা পূরণের কোন সমাধান খুঁজে পাওয়া যায় না। অনেক সময় পরিস্থিতির জন্যই তা সম্ভব হয়না আর আপনি পরিস্থিতিকে মেনে নিতে বাধ্য হন। তখন আমরা এটা ধরে নিই যে, বর্তমান পরিস্থিতিতে বাঁচার কোন উপায় নেই।

আপনি যা চান কেন তা পাচ্ছেন না ? এই কারণ খুঁজে পেলেও দুঃখবোধ কমে যায়না। কিন্তু, আপনি যা চাইছেন কেন তা পাচ্ছন না, তার কারণ সন্ধানের জন্য অপরকে প্রশ্নের মুখে ফেলার কোন অধিকার আপনার নেই। এমনটা করলে দোষারোপের প্রবৃত্তি ফুটে ওঠে।

একটু বিশ্লেষণ করলে আপনি হয়তো অন্য ব্যক্তিদের নিজের অনুভূতির কথা জানাতে পারবেন। আপনি যা চাইছেন কেন তা পাচ্ছেন না যখন আপনি তা বুঝতে পারেন, তখন অধিক সচেতন হওয়ার জন্য আপনি সেই ব্যক্তির প্রতি রাগ দেখান না, যার জন্য আপনি নিজের আকাঙ্খিত বস্তু পাচ্ছেন না। পুণরায় সেই কথোপকথনের উত্থাপন করছিঃ-

অপর ব্যক্তি ঃ তুমি আমার একটা কাজ করে দেবে ?

আপনি ঃ আগে শুনি, কাজটা কি।

অপর ব্যক্তি ঃ ট্রান্সপোর্ট অফিসে আমার একটা প্যাকেট বাইরের থেকে এসে পড়ে আছে। তুমি গাড়ী নিয়ে যাও আর আমার প্যাকেটটা নিয়ে এসো।

আপনি ঃ আমার পক্ষে আজ ওখানে যাওয়া একটু সমস্যা জনক। আমি পারবনা।

অপর ব্যক্তি ঃ কিন্তু আমি ভাবলাম তুমি আমার কাজ করে দেবে।

আপনি ঃ আমার মনে হচ্ছে আপনি আমাকে ব্যবহার করতে চাইছেন। আপনি অন্য কাউকে বলতে পাচ্ছেন ? শহরের বাইরে গাড়ী চালিয়ে যেতে না হলে আমি খুবই শান্তি বোধ করব।

অপর ব্যক্তি ঃ   আমি তোমাকে ব্যবহার করছি না। আমি সত্যিই ব্যস্ত। আমি প্যাকেটের কথা ভুলেই গেছিলাম, তোমাকে বলা ছাড়া আর কোন উপায় আমার কাছে নেই। তোমার এই সাহায্যের কথা আমি সারা জীবন মনে রাখব এবং একদিন অবশ্যই তোমাকে প্রতিদান দেবো।

কারণ জানার পর আপনি এই ব্যক্তিকে চিন্তা করার সুযোগ দেন। আপনি কোন রকম দোষারোপ না করেই বুঝিয়ে দেন যে আপনি কি রকম বোধ করছেন এবং হয়তো এই ব্যক্তি আপনার সাহায্যের কথা মনে রেখে ভবিষ্যৎ-এ আপনাকে সাহায্য করবে।

নিজের ইচ্ছার পরিবর্তন ঃ

যখন আপনি বুঝতে পারবেন যে আপনি যা চান কেন তা পাচ্ছেন না, তখন নিজের ইচ্ছা পরিবর্তন না করার পিছনে কোন যুক্তি সম্মত কারণ নেই। অন্যেরা আপনাকে দিয়ে যা করাতে চায় আপনি তা করবেন না, সেটাই যদি আপনার ইচ্ছা হয় তবে আপনি নিজের ইচ্ছার পরিবর্তন করে অপর ব্যক্তির প্রশংসা অর্জন করতে পারেন, এবং তা স্বীকার করার কথা ভাবতে পারেন। তবে হ্যাঁ, এর জন্য আপনাকে ফরমাইশ করা হতে পারে। আমি লোকেদের বলতে শুনেছি যে, যে প্রশংসা চেয়ে পাওয়া যায় তার কোন গুরুত্বই নেই। কিন্তু এটা সত্যি কি ?

এটা ব্যবহারের একটা নিয়ম যে, যখন স্বীকৃতি নিজের থেকে পাওয়া যায় তখন তার গুরুত্ব থাকে। আপনি হয়তো এমন মানুষ যে অতি সহজেই অপরের প্রশংসা করে দিতে পারেন। কিন্তু অন্যেরা এতটা কৃতজ্ঞ নাও হতে পারে, তারা প্রশংসা করতে কৃপনতা করতে পারে। এর অর্থ এই নয় যে প্রশংসার কোন মূল্য নেই।

যদি প্রশংসা চাওয়া আপনার পক্ষে অসুবিধাজনক হয়ে ওঠে তবে আপনি একটু ঠাট্টা করতে পারেন। এই ভাবে আপনি নিজের ইচ্ছার পরিবর্তন করতে পারেন ঃ

অপর ব্যক্তি ঃ তুমি আমার একটা কাজ করে দেবে ?

আপনি ঃ আগে তো শুনি কাজটা কি ?

অপর ব্যক্তি ঃ ট্রান্সপোর্ট অফিসে আমার একটা প্যাকেট বাইরের থেকে এসে পড়ে আছে। তুমি গাড়ী নিয়ে যাও আর আমরা প্যাকেটটা এনে দাও।

আপনি ঃ আজ ওখানে যেতে আমার একটু অসুবিধা আছে। আমার পক্ষে এই কাজ করা একটু কঠিন হবে।

অপর ব্যক্তি ঃ আমি জানি তুমিই পারবে আমার কাজ করতে।

আপনি ঃ আমার মনে হচ্ছে আপনি আমাকে ব্যবহার করতে চাইছেন। আপনি অন্য কাউকে প্যাকেট আনার কথা বলতে পাচ্ছেন না ? শহরের বাইরে গাড়ী চালিয়ে যেতে না হলে আমি একটু শান্তি বোধ করব।

অন্য ব্যক্তি ঃ আমি তোমাকে ব্যবহার করছিনা। আমি সত্যিই চাপের মধ্যে আছি। আমি তো প্যাকেটের কথা ভুলেই গেছিলাম। তোমাকে বলা ছাড়া আমার আর কোন উপায় ছিল না। আমি তোমার সাহায্যের কথা মনে রাখব এবং একদিন অবশ্যই তোমাকে এর প্রতিদান দেব।

আপনি ঃ ঠিক আছে, আমি এনে দেব, কিন্তু তার পরিবর্তে আমার কিছু চাই।

অপর ব্যক্তি ঃ কি চাও ?

আপনি ঃ বর্তমানে দশবার ধন্যবাদ বলুন এবং ভবিষ্যৎ-এ আমার তিনটে কাজ করে দেবেন।

অপরকে বদলানোর জন্য নিজেকে বদলানো ঃ

এখনও পর্যন্ত যতটা আলোচনা করা হয়েছে তার থেকে একটা জিনিস খুবই স্পষ্ট যে, কথাবার্তার মোড় পরিবর্তনের জন্য আপনাকে হস্তক্ষেপ করতেই হবে। আপনাকে দোষারোপ এড়িয়ে চলতে হবে। নিরর্থক বিবাদ এড়িয়ে গিয়ে ঝগড়ার মুখ বদলাতে হবে, আপনাকে বিকল্প প্রস্তুত করতে হবে। আপনাকে কারণ খুঁজে বার করতে হবে।

আলাদা কিছু করার জন্য আপনাকে পুরানো ছাঁচ বদলাতে হবে। অন্যভাবে বলা যায়, আপনি যদি অন্যদের বদলাতে চান তবে সবার আগে নিজেকে বদলাতে হবে। প্রয়োজনের তুলনায় ভালোদের পক্ষে এমন কাজ করা খুবই কঠিন হয়ে ওঠে। তারা চায় অন্যরা আগেই বদলে যাক, যাতে আর তাদের হস্তক্ষেপ করার প্রয়োজন না হয়।

যারা অন্যদের বদলাতে চায় তাদের প্রিয় শব্দ হল, যদি ...। এখন কোন ব্যক্তি নেই যে জীবনের কোন একটা মুহূর্তে এটা বলেনি যে, ''যদি ও এমন না করত তাহলে আমার সাথে এমন ঘটনা ঘটত না।'' ''ও চাকরি পেলে আমি সুরক্ষিত হয়ে যেতাম।'' ''যদি ও বাজে কথা বলা বন্ধ করে তবে আমি একটু শান্তি পেতাম।'' ''ও নিজের প্রশংসা করা বন্ধ

করলে তবেই ঠিক ভাবে কথাবার্তা বলা সম্ভব হবে।'' ''যদিও বলে কেমন বোধ করছে, তবেই আমি বুঝব যে আমাকে উপেক্ষা করা হচ্ছে না।''

তাই আপনি ভালো বোধ করার জন্য চান যে, অপর ব্যক্তি বদলে যাক। এমন অবস্হায় আপনি এক নিষ্ক্রিয় ও পীড়িত ব্যক্তির ভূমিকা পালন করেন, পরিস্হিতি নিজের অনুকূলে করার জন্য অপরের পরিবর্তনের প্রতীক্ষা করেন। যা হচ্ছে তার জন্য অন্য কাউকে দায়ী করে আপনি পরিস্হিতি পরিবর্তনের আশা করেন।

এর অর্থ হল আপনি নিজের জীবনকে নিয়ন্ত্রণ করতে পারেন না। আপনি নিজের জীবনকে পরিবর্তন করতে চান কিন্তু আশা করেন যে, অন্যরা চাইলে আপনার জীবন অনুকূল হয়ে উঠবে। আপনি যদি কোন কিছু বদলানোর জন্য অপরের পরিবর্তনের আশা করে বসে থাকেন, তবে আপনার এই প্রতীক্ষা কোন দিন শেষ হবেনা।

আপনি যদি অপরের সাথে সুসম্পর্ক বজায় রাখতে চান তবে তার জন্য আপনাকে সক্রিয় ভূমিকা পালন করতে হবে, নিজের অনুভূতি এবং ইচ্ছার জন্য জবাবদেহি করতে হবে এবং ভিন্ন পরিণাম পাওয়ার জন্য চিন্তা-ভাবনা করে পা ফেলতে হবে।

না বলার কলা শেখার জন্য নিজের ব্যবহারে পরিবর্তন আনুন

আপনি যদি দীর্ঘ সময় ধরে ভদ্র ব্যবহার করেন তবে লোকেরা আপনার ছোট-খাট দোষ-ত্রুটির দিকে নজর দেওয়ার প্রয়োজনই মনে করেনা। তারা সেই রকম কথার দিকে ধ্যানও দেয়না, যে সমস্ত কথা তারা আপনার মুখ থেকে শুনতে চায়না। তারা সর্বদা আপনার মুখে সম্মতিই শুনতে চায়, আপনি অস্বীকার করবেন তা ভাবতেই পারেনা। এর অর্থ হল, যদি আপনি নিজের হয়ে কথা বলেন, কোন কিছু চান তবে আপনাকে এড়িয়ে চলা হবে।

আপনি যদি 'না' বলা অভ্যাস করত চান, তবে সবার আগে আপনাকে অপরের ধ্যান আকর্ষণ করার বিধি-নিয়ম শিখতে হবে। এখানে এমন কিছু উপায়ের কথা বলা হল যে দিকে আপনি সহজেই লক্ষ্য করতে পারবেন।

সম্মতি ঃ

সম্মতি একটা গুরুত্বপূর্ণ উপায়। অতি সহজে এর ব্যবহার করা যায়, পরিস্থিতির উপর এটা অতি সহজেই প্রভাব বিস্তার করতে পারে এবং এর সাহায্যে আপনি কথাবার্তার দিক পরিবর্তনকে নিয়ন্ত্রণ করতে পারেন। যদি কেউ আপনাকে আক্রমণ করতে চায় তবে আপনি এর ব্যবহার করে তাকে লাইনচ্যুত করতে পারেন।

যখন কোন ব্যক্তি আপনাকে চেপে ধরতে চাইবে এবং থামার নামই নেবেন না তখন আপনি কি করবেন ? ঐ সময় আপনি তার উত্তেজনাকে শান্ত করতে চাইবেন এবং তাকে বুঝিয়ে দেবেন যে, সে তার সীমা লঙ্ঘন করছে।

তার কথায় সম্মতি জানানোর চেষ্টা করুন। যদি সে বলে আপনি কোন কাজের নন, তাহলে সম্মতি জানানোর চেষ্টা করুন, "তুমি হয়তো ঠিকই বলছো, আমি কোন কর্মের নই।" যদি কেউ বলে, "তুমি তো জীবনটা বেকারই কাটিয়ে দিলে" তাহলে বলুন, "তুমি হয়তো ঠিকই বলছো। আমার জীবন বেকারই কেটে গেল।" যদি কেউ বলে যে, তুমি জানোনা তুমি কি করছে, তাহলে সম্মতি জানিয়ে বলুন, "তুমি একদম ঠিক বলছো, আমি সত্যিই বুঝতে পারছিনা আমি কি করছি।" এক্ষেত্রে একজনকে নিরস্ত্র করাই আপনার লক্ষ্য।

সাধারণত রক্ষাত্মক বাক্যালাপ এই প্রকারের হয়ে থাকেঃ

অপর ব্যক্তি ঃ তুমি কোন কর্মের না।

আপনি ঃ না, তা নয়।

অপর ব্যক্তি ঃ আমি বললাম, তুমি কোন কাজের না।

তুমি কোন কাজই ঠিক মতন করতে পারনা। আমি তোমাকে একটা ছোট্ট কাজ দিয়েছিলাম আর তুমি এ কি করেছো ?

আপনি ঃ না, কিছুই উল্টোপাল্টা করিনি। আমি জানি আমরা আমাদের সম্পূর্ণ উদ্দেশ্য পূরণ করতে পারব।

অপর ব্যক্তি ঃ হ্যাঁ, কিন্তু এর জন্য আমাকেই চেষ্টা করতে হবে।

যদি সম্মতি জানান তাহলে বাক্যালাপ এই প্রকারের হবেঃ

অপর ব্যক্তি ঃ তুমি কোন কর্মের না।

আপনি ঃ তুমি ঠিকই বলছো। আমি কোন কর্মের নই।

অপর ব্যক্তি ঃ আমি তো সেটাই বলতে চাইছি, এটা কি করেছো ?

আপনি ঃ সত্যি, এ কি হয়েছে ? আমার উপর এক মিনিটও ভরসা করা উচিত না। এটা শোধরানোর জন্য তোমার কাছে কোন উপায় আছে ? অবশ্যই আছে।

অপর ব্যক্তি ঃ তুমি এরকম কেন করেছো ?

আপনি ঃ জানি না। মনে হচ্ছে ভুল হয়ে গেছে। তোমার কি মনে হচ্ছ ?

● আক্রমণকারীর উপর সম্মতি সূচক বাক্য এক আশ্চর্য প্রভাব সৃষ্টি করে। প্রয়োজনের থেকে ভালো লোকেদের জন্য সম্মতি একটা উন্নততর অস্ত্র কারণ এর প্রয়োগ করার সময় অন্য ব্যক্তিদের নিন্দা করতে

হয়না ?

আপনি যখন সম্মতি জানান তখন অন্যরা নিজেদের বাঁচানোর চেষ্টা করে। সর্বদা অন্যরা আপনার সমালোচনা করে আর আপনি সম্মতি জানান, ফলে অন্যদের পক্ষে পরবর্তী পদক্ষেপ ফেলা কষ্টকর হয়ে ওঠে। হয়তো কোন ব্যক্তি আপনাকে বলতে পারে, ''ঠিক আছে। কিন্তু তোমার শোধরানোর প্রয়োজন আছে।'' তাহলেও আপনার সম্মতি জানিয়ে বলা উচিত, ''তুমি একদম ঠিক বলেছো, আমার একটু শোধরাতে হবে।'' এই ভাবে সম্মতি কার্যকারী হয়ে উঠবে।

সময় নিন ঃ

যারা প্রয়োজনের তুলনায় ভালো হয়, তারা অপর ব্যক্তির কথা খুব তাড়াতাড়ি জবাব দিয়ে দেয়। কেউ আপনাকে ফোন করে কোন সমস্যার সমাধান করতে বলবে, অপানার শীঘ্র জবাব দেওয়ার প্রয়োজন আছে কি ? কেউ আপনার উপর নিজের মর্জী চাপিয়ে দিয়ে, আপনাকে 'হ্যাঁ' বলতে বলবে। কেউ আপনাকে নিমন্ত্রণ করবে এবং তক্ষণি একথা শোনার আশা করবে যে, ''আমি অবশ্যই যাব, খুবই ভালো লাগবে।''

এই সমস্ত ক্ষেত্রে অন্যেরা আপনার মুখ থেকে সেই জবাবই শুনতে চায়, যেটা শোনার আশা তারা করে। আর আপনি বেশীর ভাগ ক্ষেত্রে সেই জবাবই দেন। আপনি হয়তো 'না' বলতে চান কিন্তু সেই মুহূর্তে আবেগ আপনার উপর এতটাই চেপে বসে যে আপনি 'হ্যাঁ' বলে দেন। আপনি নিজের কথা না ভেবেই অন্যেরা যেটা শুনতে চায়, সে রকম জবাব দিয়ে দেন। এই ভাবে আপনি নিজে অন্যের ইশারা অনুসারে চলতে থাকেন। অন্যের মর্জী অনুসারে কাজ করা আপনার পক্ষে যতই অসুবিধাজনক হোক না কেন, অন্যেরাই আপনার জীবনকে নিয়ন্ত্রণ করতে শুরু করে দেয়।

আপনি নিজের ইচ্ছার কদর না করে অপরের ইচ্ছানুসারে কাজ করতে শুরু করেন, তাই আপনি বুঝতে পারেন না যে, কোন নিমন্ত্রণে যেতে আপনার ভালো লাগে কিনা, হয়তো ইচ্ছা না থাকা সত্ত্বেও আপনি কাউকে বিয়ে করে বসেন। সে আপনার বক্তব্যের উপর চেপে বসে এবং আপনি নিজের কথা ভাবতে পর্যন্ত ভুলে যান।

আপনি যদি ভাবার জন্য একটু সময় নিয়ে নেন তবে আপনি

আবেগের হাত থেকে বেঁচে নিজের মস্তিষ্কের সাহায্যে সঠিক সিদ্ধান্ত নিতে সফল হতে পারেন, পরিস্থিতির গুরুত্ব অনুসারে আপনি সঠিক পদক্ষেপ নির্ধারিত করতে পারবেন। সময় চাওয়ার বেশ কিছু উপায় আছে এবং সময় চাওয়ার জন্য আপনি বেশ কিছু বাহানার ব্যবহার করতে পারেন। নিম্নে কিছু উদাহরণ দেওয়া হল ঃ

● খুব ভুল সময়ে কাজটা করার কথা বললে। আমি তোমার সাথে পরে যোগাযোগ করে নেব।

● আমি একটু টায়লেটে যাব। ফিরে এসে কথা বলছি।

● মনে হচ্ছে কেউ দরজা ধাক্কাচ্ছে। আমি একটু বাদে তোমাকে ফোন করছি।

● এক কাপ কফি খেতে পারলে আমি ঠিক মতন চিন্তা করতে পারতাম। তারপর আমি তোমাকে ফোন করে জানাচ্ছি।

আপনি যে ভাবে খুশী অজুহাত করতে পারেন। এমন কোন অজুহাত করুন যাতে শীঘ্র আপনাকে উত্তর দিতে না হয়। অজুহাত বানিয়ে আপনি পরিস্থিতির থেকে মুক্তি পাবেন, তারপর ঠিক ভুলের নির্ণয় নিত পারবেন।

চিন্তা করার সময় নিন আর তারপর গভীর ভাবে বিচার-বিবেচনা করুন। নিজেকে এমন ভাবে পরিস্থিতির থেকে সরিয়ে নিন যাতে অন্য ব্যক্তি আপনাকে নিয়ন্ত্রণ করতে না পারে। যা ইচ্ছা করুন, ঘরে হাঁটা-চলা করুন, দীর্ঘ শ্বাস গ্রহণ করুন, যেভাবে হোক অপরের নিয়ন্ত্রণ থেকে নিজের ধ্যান সরিয়ে নিন।

এগুলি এই জন্য করবেন না যে আপনি না বলতে চান। হয়তো আপনি এখন পর্যন্ত জানেনই না যে আপনি না বলবেন বা আপনি এটাও হয়তো জানান না যে, আপনি 'হ্যাঁ' বলবেন। হয়তো এই ব্যক্তি আপনার কাছে যা চাইছে তা ঠিকই চাইছে, আপনার 'হ্যাঁ' করা উচিত। অপরের ইচ্ছা অনুসারে সম্মতি দেওয়ার পরিবর্তে নিজের মনকেই প্রশ্ন করে দেখুন না।

হয়তো চিন্তা-ভাবনা করার পর আপনি সেই জবাবই দেবেন যা আপনি এক ঝটকায় দিতেন। কিন্তু পার্থক্য শুধু এটাই যে আপনি চিন্তা-ভাবনা না করে জবাব দেবেন না এবং এই সিদ্ধান্ত আপনি অপরের চাপেও নেবেন না ? এই ভাবে আপনি নিজের পছন্দ অনুসারে সিদ্ধান্ত

নেন, যা আপনি আগে কখনও করেননি।

সময় নিলে আপনি ধীরে ধীরে বিচার করতে পারবেন, ধীরে ধীরে বিচার করলে আপনি সমস্ত দিক গুলির প্রতি নজর দিতে পারবেন। এরপর আপনি যে সিদ্ধান্ত নেবেন তাতে কোনরকম হটকারীতা থাকবেনা। সময় নেওয়ার অর্থ জয়ের দিকে পা বাড়ানো। এর মানে আপনি 'না' বলার জন্য যোগ্য হচ্ছেন তা নয়।

ধীরে চলুন ঃ

পরিস্থিতির মধ্যে থেকেও আপনি নিজের গতি ধীরে করে নিতে পারেন। আপনি এই ধরণের কথা বলতে পারেন, "আপনি একটু ধীরে ধীরে বলতে পারছেন না কি? এত তাড়াতাড়ি বললে আমার পক্ষে বোঝা একটু কঠিন হবে।" "তুমি আরএকবার বললে আমার পক্ষে বোঝা একটু কঠিন হবে।" "তুমি একবার বললে আমি খুব ভালো করে বুঝতে পারব।" এই ধরণের কথা বললে কথাবার্তার গতি ধীরে করা যেতে পারে এবং আপনি চিন্তা করার জন্য সময় পেয়ে যাবেন।

যারা নিজেদের অসামঞ্জস্য প্রকট করাটাকে উচিত বলে মনে করেনা আপনি যদি তাদের মত হন তবে আপনি যেটা ঠিক মত বুঝতে পারবেন না তার জন্যও 'হ্যাঁ' করে দেবেন।

বেশীর ভাগ লোক চুপচাপ থাকতে পছন্দ করেন, চুপচাপ থাকতে হলে তাদের খুবই অসুবিধা হয়। বেশীর ভাগ সময় ব্যক্তিরা অসুবিধাজনক পরিস্থিতির হাত থেকে বাঁচার জন্য নিস্তব্ধতাকে দূর করার জন্য কিছুনা কিছু বলে দেয়।

এই ভাবে আপনি একটা খেলা-খেলতে পারেন। এটা এক প্রকার চুপ থাকার খেলা–বেশীর ভাগ লোকই জীবনে কখনও না কখন-এর প্রয়োগ করে থাকবে। এটা চুপ থাকার প্রতিযোগিতা–"তুমি যতক্ষন না বলবে আমি চুপ করে থাকব।" চুপ করে থাকতে আপনার অসুবিধা হতে পারে, কিন্তু যেহেতু আপনি জেনে শুনেই এটা করছেন, তাই আপনি চুপ করে থাকলে অন্য ব্যক্তির সমস্যা হতে পারে।

আপনি যদি এই খেলার অভ্যাস করেন তবে কোন সিদ্ধান্ত নেওয়ার সময় খুব ভালো করে এর প্রয়োগ করতে পারবেন। নিস্তব্ধতা এক কার্যকারী অস্ত্র, যার দ্বারা অপর ব্যক্তির ফন্দি অতি সহজেই কাটা যায়।

যদি পরিস্থিতির উপর নির্ভর করে একদম চুপ-চাপ থাকা সম্ভব না হয় তবে সামান্য নীরবতার পর কথা বলতে পারেন। কথা বলার সময়

চুপ করে গিয়ে আপনি এই নীরবতা সৃষ্টি করতে পারেন। সংক্ষেপে স্পষ্টভাবে নিজের বক্তব্য জানানোর পর আপনি চুপ করে যান।

দৃঢ়তার সাথে 'না' বলুন ঃ

না বলার এক সঠিক মন্ত্র হল দৃঢ়তার সাথে না বলা যখনই কিছু চাওয়া হয়–যতটা সম্ভব দৃঢ়তার সাথে না বলুন। এরপর আপনি কারণ জানাতে পারেন, ক্ষমা চাইতে পারেন, ভদ্রতা সূচক যে কোন কাজ করতে পারেন ঃ ''আমার সত্যিই খুব খারাপ লাগছে, আমি 'না' বললে আপনার খারাপ লাগবে, আশাকরি আমাকে ক্ষমা করবেন,'' ইত্যাদি। যদি আপনি সরাসরি না বলতে পান তবে নিজের কথার মধ্যে এমন কিছু ভালো ভাষার প্রয়োগ করুন যাতে 'না'-এর প্রভাব প্রতিকূল না হয়।

এই উদাহরণটি দেখুন ঃ

– আমি চাই তুমি একটু রাত পর্যন্ত থেকে রিপোর্ট তৈরী করে ফেলো।

– না, আজ রাতে আমি পারবনা। আমার খুবই খারাপ লাগছে। আমি সত্যিই তোমার সাহায্য করতে চাই কিন্তু আজ রাতে সম্ভব না। আমার সত্যিই খারাপ লাগছে।

এক মিনিট দাঁড়ান ঃ

আমরা একটু সময় নেওয়ার জন্য অতি সংক্ষিপ্ত ও সুবিধাজনক বাক্য 'এক মিনিট দাঁড়ান'-এর ব্যবহার করতে পারি। যদি আপনার মনে হয় যে না বলার ইচ্ছা থাকা সত্ত্বেও আপনার মুখ থেকে 'হ্যাঁ' বেরিয়ে যাচ্ছে তবে সঙ্গে সঙ্গে বলুন, ''এক মিনিট দাঁড়ান''। যদি আপনার মনে হয় যে কেউ কোন কথাবার্তাকে আপনার মর্জীর বিপরীত দিকে নিয়ে যাচ্ছে তবে তাকে বলুন, ''এক মিনিট দাঁড়ান।''

কিছু উদাহরণ দেওয়া হল ঃ

● এক মিনিট দাঁড়ান, আমি কিএটা বলতে চেয়েছিলাম।''

● এক মিনিট দাঁড়ান, আমি ঠিক জানিনা এই ব্যাপারে কি বলতে চাইছি।

● এক মিনিট দাঁড়ান আমি অন্য কিছু বলতে চাই।

● এক মিনিট দাঁড়ান, আমরা এই ব্যাপারে কি ভাবছি, আগে সেটা জেনে নেওয়া ঠিক হবে।

এই ভাবে আপনি কথার গতিকে আটকে নিজেকে নিয়ন্ত্রণ করতে পারেন। এই ভাবে আপনি নিজের বিচার জানাতে পারেন, এবং একটা ছোট্ট জয় পেতে পারেন।

বিচারে পরিবর্তন ঃ

এই ধাপ আসে 'এক মিনিট দাঁড়ান' এর পরে। আপনি যখন এক ঘন্টা, একদিন বা এক সপ্তাহ বাদে নিজের ভুল বুঝতে পারবেন তখন আপনি কি ভাবেন ? তখন আপনি কি করতে চান ?

আপনার মনে হতে পারে যে, আপনার অপরের মর্জী অনুসারে চলা উচিত ছিল, আপনার মনে হতে পারে যে আপনার বিচার বদলানোর কোন অধিকার নেই। ''আমি কথা দিয়ে ফেলেছি, আর মানা করতে পারব না।'' আপনি ভাবেন যে একবার কথা দেওয়ার পর না করা অসম্ভব। কিন্তু কেন অসম্ভব ?

আপনার মনে হতে পারে যা বলে ফেলেছেন তা বদলানো অসম্ভব। আপনি একবার 'হ্যাঁ' বলে ফেলেছেন, আর কোন মতেই না বলা ঠিক হবে না।

অন্যরা প্রায়ই তাদের মতামত বদলে ফেলে। এমন অগণিত লোক আছে যারা কথা দেওয়ার পর তা ভেঙে দেয় অথচ আপনি ভাবেন যে, আমার কথা যেন কখনও নড়চড় না হয়। খুব ভালো কথা, কিন্তু এই চিন্তা আপনাকে সমস্যায় ফেলতে পারে।

আপনার মতামত বদলানোর অধিকার আছে। পাঁচ মিনিট বাদে বদলাতে চান বা এক মাস বাদে, আপনি নিজের মতামত বদলানোর সময় বলতে পারেন, ''আমি ভুল করে ফেলেছি। আমি ক্ষমা চাইছি। আপনার একটু অসুবিধা হবে, কিন্তু আমি করতে পারব না।''

●